SABRINA FOX

Wenn wir uns trennen, lernen wir uns kennen

Ein Beziehungsbuch

GOLDMANN
Lesen erleben

SABRINA FOX

Wenn wir uns TRENNEN lernen wir uns KENNEN

Ein Beziehungsbuch

GOLDMANN

Sollte diese Publikation Links auf Webseiten Dritter enthalten,
so übernehmen wir für deren Inhalt keine Haftung,
da wir uns diese nicht zu eigen machen, sondern lediglich
auf deren Stand zum Zeitpunkt der Erstveröffentlichung verweisen.

Dieses Buch ist auch als E-Book erhältlich.

MIX
Papier aus verantwortungsvollen Quellen
FSC® C083411

Verlagsgruppe Random House FSC® N001967

1. Auflage
Originalausgabe November 2019

Umschlaggestaltung: UNO Werbeagentur, München
Bildnachweis: shutterstock/venimo
Lektorat: Ralf Lay, Mönchengladbach
SSt · Herstellung: cf
Satz: Satzwerk Huber, Germering
Druck und Bindung: CPI books GmbH, Leck
Printed in Germany
ISBN: 978-3-442-22269-8
www.goldmann-verlag.de

In Dankbarkeit

Solano
LD Thompson

Es gibt einige Gründe, ein Trennungsbuch zu lesen

- Vielleicht sind Sie gerade mitten in einer Trennung und wissen nicht, wohin mit dem Schmerz?
- Vielleicht wissen Sie nicht, wohin mit dem Zorn?
- Vielleicht überlegen Sie sich, ob Ihre Ehe, Ihre Beziehung oder eine Freundschaft zu Ende ist?
- Vielleicht trauern Sie über den Tod eines geliebten Menschen?
- Vielleicht sind Sie gerade dabei, alte Gewohnheiten und damit auch Verletzungen in Beziehungen aufzuarbeiten?
- Vielleicht trauern Sie um den Verlust Ihrer Beziehung?
- Vielleicht haben Sie sich gerade verliebt und möchten die »Fehler« von damals vermeiden?
- Vielleicht möchten Sie Freunden zur Seite stehen?
- Vielleicht sind Sie an Ihrem persönlichen Wachstum interessiert?
- Vielleicht finden Sie sich in einer Patchwork-Situation wieder und wissen nicht genau, wie Sie damit umgehen möchten?
- Vielleicht sind oder waren Sie die Geliebte und kommen mit der gegenwärtigen Situation nicht zurecht?
- Vielleicht fühlen Sie sich von Ihren Eltern oder Familienmitgliedern zu sehr in Anspruch genommen und suchen nach einer gesunden Form der Abgrenzung?
- Vielleicht hakt es bei Ihren Freundschaften, und Sie wissen nicht, wie Sie das lösen möchten?
- Vielleicht möchten Sie sich nur informieren?

Wenn wir uns in einer Beziehung verloren haben,
ist für manche die Trennung
der einzige Weg zurück zu sich selbst.

Inhalt

Anhang

Vorwort

Wenn wir das Wort »Trennung« hören, klingt das nach Abschied, Trauer oder danach, etwas nicht geschafft zu haben. Und doch ist jede Trennung auch ein Neuanfang. Ohne Trennungen – von unseren Milchzähnen, unserer Schule, von manchen ungesunden Angewohnheiten – gäbe es kein Wachstum und keine weitere Lebensgestaltung. Wir würden in alten Gewohnheiten verharren, und das ist im Leben nicht wirklich vorgesehen.

Dieses Buch möchte dabei unterstützen, eine Trennung als Chance zu sehen. Manche von uns haben das Gefühl verloren, in ihrem Leben eine Wahl zu haben. Sie fühlen sich eingeengt und bedrängt. Je mehr wir bereit sind, uns selbst zu erkennen, desto klarer wird uns, warum wir uns für oder gegen etwas entschieden haben.

Eine Trennung kann auch wieder rückgängig gemacht werden. Das allerdings nur dann erfolgreich, wenn beide ihre »Hausaufgaben« gemacht haben und wenn wieder zusammenzukommen auch wirklich zu unserem gemeinsamen Wohl und nicht aus Angst vor der Freiheit entstanden ist.

Selbsterkenntnis entsteht durch interessiertes Erforschen. Und wie beim Nachdenken ist das kein geradliniger Prozess. Es gibt Gedankengänge und Abzweigungen, die unseren Blick mal nach rechts und links schweifen lassen. Wir versinken gelegentlich in

Aspekten, um sie dann wieder ins Ganze zu integrieren. So gibt es auch in diesem Buch manche Kurve, die etwas weiter ausholt, um zusätzlich Wichtiges unterzubringen.

Normalerweise schreibe ich in Kapiteln und Abschnitten. Doch dieses Buch wollte anders geschrieben werden. Es gibt Sätze, die beim Schreiben mit einer Wichtigkeit gekommen sind und eine Sonderstellung bekommen wollten. Deshalb mag die Einteilung dieses Mal beweglicher sein, als man es von meinen Büchern sonst gewohnt ist. Die Struktur ist der eines Baums nicht unähnlich: Der Stamm ist das Thema, und manche Äste bewegen sich weit bis in die Spitzen der kleineren Zweige – um dann wieder zum Stamm zurückzukehren.

Dieses Buch ist im Laufe des Schreibens zum Arbeitsbuch geworden. Wenn wir etwas lesen, dann mag uns das vielleicht einleuchten, aber erst wenn wir uns etwas selbst erarbeiten, vertiefen wir es. Deshalb möchte ich Sie dazu einladen, sich auf diesen Versuch des Ausprobierens einzulassen.

Dazu gibt es hinten im Buch einige freie Seiten für persönliche Notizen.

Da es jetzt ein Arbeitsbuch ist, landete ich auch bei der Frage nach der Anredeform. Gerade in den letzten Jahren hat sich einiges getan, was unser Miteinander betrifft. Vieles geht automatisch ins Du über. Manchmal finde ich das völlig selbstverständlich, manchmal erlebe ich es als überraschend.

Das Buch hatte ich zuerst in der Sie- beziehungsweise Wir-Form geschrieben. Alle meine Bücher sind so, denn mir gefällt am »Sie«, dass ich damit meinen Respekt ausdrücken kann.

Bei meinen Workshops einigen wir uns aufs Du, und meine Online-Kurse sind auch – nach längerem Nachdenken – in der Du-Form entstanden. Aber ein Buch? Ich tat also das, was ich in solchen Fällen gern tue: Ich fragte meine Leserinnen und Leser in meinen Social-Media-Kanälen: »Du oder Sie?«

Neunzig Prozent sprachen sich für das persönliche Du aus, und so habe ich das Buch nochmal umgeschrieben. Ich bitte um Ihr beziehungsweise jetzt dein Verständnis.

Da der überwiegende Teil meines Lesepublikums weiblich ist und da die männliche grammatische Form in der deutschen Sprache gern überwiegt, habe ich mich entschlossen, in diesem Buch bei allgemeinen Nomen und Pronomen häufig die weibliche Form zu wählen. Ich bitte die lesenden Männer, großzügig die maskuline Variante mit zu erspüren – wie wir Frauen das umgekehrt ja auch schon eine ganze Weile üben – und zu wissen, dass sie selbstverständlich auch angesprochen sind. Jeder von uns hat ja beides: weibliche wie männliche Aspekte, Yin und Yang. Was wir besonders auch an Trans-Mitmenschen erkennen können.

In diesem Buch nenne ich einige Beispiele. Diese beschreibe ich ohne Namensnennung und in Details verändert, sachlich sind sie jedoch authentisch. Sie kommen aus meinen Workshops, Coachings oder aus dem Familien-, Freundes- und Bekanntenkreis.

Wir schauen uns mithilfe dieser Beispiele auch die Zeit vorher, während und nach einer Trennung an. Es braucht den Blick auf den Anfang und auf die Entscheidungen während einer Beziehung, um sie in ihrer Tiefe zu begreifen.

Ich beleuchte unterschiedliche Bereiche: Paartrennungen mit Kindern, Trennungen ohne, Freundschaften, Ursprungsfamilien, Tod.

Besonders liegt mir der Blick auf die Kinder am Herzen. In Trennungen mag einiges passieren, was den gemeinsamen Kindern mehr Schmerzen zufügen kann. Das muss nicht sein. Es ist möglich, diese Zeit für die Kinder anders zu gestalten.

Jeder von uns hat das Recht und die Wahl, sich zu verbinden und sich auch wieder zu trennen. Wäre es nicht für vieles erleichternd (Liebesbeziehungen, Freundschaften, Kündigungen), wenn wir das grundsätzlich akzeptieren könnten?

Eine Trennung ist kein Versehen und kein Fehler. Sie ist Teil unseres Lebens. Wie wir etwas gestalten, liegt in unserer Hand – und hoffentlich auch in unserem Herzen.

Je bewusster und wacher wir mit uns selbst und unseren Herausforderungen umgehen, desto angenehmer gestalten wir unser Leben.

Ich hoffe sehr, dass das Buch dir und euch Unterstützung sein kann.

Wir haben nichts falsch gemacht. Wir haben uns nur entschieden.

Von Herzen
Sabrina Fox
München, im Juni 2019

Vorab: Die spirituelle Basis

Dieses Buch über Beziehungen und Trennungen hat eine spirituelle Basis. Deshalb möchte ich gern ein paar Begrifflichkeiten klären. Selbstverständlich gilt, was in allen meinen Büchern gilt: Ich schreibe über meine Erfahrungen und teile Erlebnisse und Ansichten mit. Wie du auch bilde ich mir meine Meinung aufgrund meiner Erfahrungen oder weil mir etwas einleuchtet.

Für mich gilt Folgendes: Ich habe keine Seele, sondern meine Seele hat mich. Ich, als Seele, habe mir eine Persönlichkeit (Sabrina) und einen Körper erschaffen, um hier in diesem Leben Erfahrungen zu sammeln. Ich empfinde die Wiedergeburt als wahr, und wir entschließen uns deswegen für ein neues Leben, um diverse Erfahrungen zu sammeln, damit wir uns zu weiterem Verstehen entwickeln.

Die Seele hat den Überblick über mein jetziges Leben, wie eine Regisseurin den Überblick über ein Theaterstück hat.

Die Seele ist nicht die Psyche. Das Wort »Seele« wird häufig benutzt, um die sensible Seite unseres Wesens zu benennen. Für mich ist das keine zutreffende Beschreibung. Meiner Meinung nach kann die Seele nicht krank werden. Denn dazu braucht es Gefühle, und das sind Aspekte meiner Persönlichkeit. Die Seele hat keine wechselnden Gefühle, denn sie braucht sie nicht. Die Seele *ist*. Ihr Zustand ist Liebe und Wohlwollen. Die Persönlichkeit hingegen braucht Gefühle, weil sie sich dadurch über den Status des eigenen Erwachens und des Wohlfühlens informiert.

Wenn wir die Seele mit einem Apfelbaum vergleichen, dann würde sich das ungefähr so anhören: Der Apfelbaum hat Blüten, die dann Äpfel werden. Der Baum weiß um die Äpfel. Er weiß, dass sie heranwachsen werden. Weiß, dass sie eventuell von Würmern befallen werden. Weiß, dass sie im Sturm vielleicht abfallen werden. Weiß, dass sie letztendlich herunterfallen und der Arterhaltung dienen. Weiß, dass sie Menschen schmecken und sie zur Nahrung verwendet werden. Der Baum *ist*. Selbst wenn es keine Äpfel mehr gibt, gibt es trotzdem noch den Baum.

Jede von uns hat Begabungen, Talente und Vorlieben. Wie in einem Samen die Basis für eine blühende Pflanze gelegt wurde, so liegt es auch in unserem Ursprung, zu wachsen und zu erblühen. Allerdings gilt auch für uns, was für den Samen gilt: Damit sich Potenzial entfalten kann, braucht der Samen bestimmte Wachstumsbedingungen: Wasser, Licht, Erde und liebevolle Zuwendung. Wenn wir unsere Pflanze nicht gießen, ihr niemals frische Erde zuführen, sie nicht ausreichend Licht bekommt, wenn wir sie nicht liebevoll beobachten und betreuen, dann wird sie verkümmern. Das ist bei uns nicht anders: Es ist unsere Aufgabe, dass wir uns um unsere Samen kümmern, damit sie zu einer blühenden Pflanze werden können. Unser Wachstum liegt in unserer Hand.

Wachstum. Eine interessante Sache. Wir verstehen es völlig, dass wir uns vom Säugling zum Kind, zum Teenager und dann zum Erwachsenen entwickeln. Und dann glauben viele, das Wachstum sei abgeschlossen.

Mit 21 Jahren? Das ist gerade mal ein Viertel oder ein Fünftel unseres Lebens. Die darauf folgende Zeit bis zu unserem Abschied vom Körper ist weniger dem körperlichen Wachstum gewidmet als dem zu mehr Weisheit. Dabei gibt es einige Fragen: Lasse ich mich durch äußere Einflüsse von meinen eigenen Möglichkeiten abbringen? Hetzen mich meine Gefühle, Ziele, Sehnsüchte und Sorgen durch mein Leben? Verlasse ich die Gegenwart und lebe gedanklich in der Vergangenheit oder Zukunft?

Liebe ich mich überhaupt? Verstehe ich meine Intuition? Weiß ich eigentlich, was mir guttut? Habe ich mich meiner Umgebung angepasst? Lege ich mich mit der Realität an? Reagiere ich auf Unvorhergesehenes mit Gelassenheit? Erfreue ich mich an meinem Leben?

Es ist unsere innere Sehnsucht, wacher zu werden und das eigene Leben so zu gestalten, damit wir uns darin wohlfühlen. Alles, was passiert, hat einen Sinn – für unser Wachstum. Wir erkennen durch die Art unserer Erlebnisse und wie wir darauf reagieren, was wir schon an Weisheit angesammelt haben – und was uns noch fehlt.

Wenn wir die Welt durch die Augen unserer Seele betrachten, erkennen wir, dass niemand Fehler macht, sondern jede von uns Erfahrungen sammelt. Alle geben immer ihr Bestes – je nach dem persönlichen Erfahrungs- und Wissensstand.

Sehen wir die Welt nur durch die Augen unserer Persönlichkeit, gibt es Zufälle, Glück und Pech, Richtig und Falsch und – jede Menge Idioten.

Das Beste, was wir tun können, ist, uns Zeit zu nehmen

Die meisten werden von einer Trennung emotional durchgeschleudert. Und das ist kein Wunder. Wir sind traurig, besorgt, verletzt, wütend, einsam, ängstlich, pleite, rachsüchtig, verloren, entsetzt, überfordert, gelähmt, schuldig oder befreit, erleichtert, ungebunden, endlich wieder glücklich. Was immer sich da in uns abspielt, zeigt uns, dass es wahrscheinlich auch um uns herum stürmisch zugeht.

Wir brauchen

- Zeit, um das stürmische Wetter weiterziehen zu lassen,
- Zeit, um die Wunden verheilen zu lassen,
- Zeit, um zu trauern,
- Zeit, um neu anzufangen,
- und es braucht Zeit, um allen Beteiligten einen Raum zu geben, damit sie das Ganze »verdauen« und sich mit der neuen Situation zurechtfinden können.

Gerade während Trennungen fällt es uns enorm schwer, das Erlebte mit Distanz zu betrachten. Wir sind mittendrin! Das ist anstrengend. Emotional. Wir werden hin und her geschleudert. Es gibt diverse Ratschläge, die wir erhalten, die sich häufig widersprechen oder die Situation aufheizen, statt sie zu beruhigen. Wir wünschen uns Rache oder Ruhe und wissen nicht, wie wir das eine oder andere erreichen können. Wenn das nur alles schon vorbei wäre! Wir hoffen auf einen Rat, der alles löst. Bei dem entweder Frieden einkehrt oder wir mit unserer Rache jemanden wirklich getroffen (manchmal auch zerstört) haben.

Wir alle haben uns schon mal an einem Knoten abgemüht. Die Kette, der Strick, die Schnur – was immer es ist – liegt vor uns und ist so nicht mehr zu benutzen. Schmeißen wir das weg, oder dröseln wir das auf? Es ist leichter und schneller, eine Schere zu nehmen und den Strick einfach durchzuschneiden. Dann ist das Ding zwar eventuell nicht mehr lang genug, aber das reicht vielleicht. Es ist sehr viel komplizierter und langwieriger, den Knoten aufzukriegen. Aber befriedigender.

In Beziehungen etwas aufzulösen bringt uns Klarheit darüber, wie wir überhaupt zu diesem Punkt gekommen sind. Denn selbst wenn die Beziehung, in der wir gerade über Trennung sprechen, nicht mehr zu retten ist, gibt es doch eine Beziehung, die danach kommt. Und die hätten wir wahrscheinlich gern wacher.

Das Aufdröseln einer Schnur beginnt mit der genauen Betrachtung: »Ah, hier ging die Schlinge dadurch. Da muss ich das lockern. Hier was umdrehen …« Wir sehen diese Verknotung aufmerksam an. Wir alle haben dabei aber auch schon den Frust erlebt: »Krieg ich das Sch…ding denn nie auf? Wieso ist das überhaupt so verknotet? Wer hat das nicht ordentlich aufgewickelt?« Und ab und zu möchte man das Teil einfach entsorgen. Doch dann versuchen wir, uns selbst zu beruhigen, indem wir uns eine Pause gönnen. Wir stehen auf, gehen an die frische Luft und versuchen es später nochmal. Jetzt sind wir ruhiger, geduldiger und probieren es erneut. Und voilà! Der Knoten ist auf.

Bei der verknoteten Schnur wie bei der verknoteten Trennung braucht es Zeit. Erst wenn wir eine Situation mit einer gewissen Distanz betrachten, erkennen wir gesunde Lösungsmöglichkeiten.

Am Ende einer Beziehung trauern wir auch um eine Zukunft, die jetzt nicht mehr stattfinden wird. Wir haben vielleicht enorm viel Zeit und Kraft investiert. Haben gemeinsam Kinder bekommen oder/und uns um die geschenkten Kinder des Partners gekümmert, ein Haus, eine Wohnung zusammen gekauft oder eingerichtet, vielleicht unsere gewohnte Umgebung verlassen, unseren Job aufgegeben, uns irgendwie angepasst. Oder wir haben Schuldgefühle, dass wir diese Zukunft jetzt nicht mehr stattfinden lassen oder dass wir zu wenig oder zu viel gefordert haben. Vielleicht haben wir uns neu verliebt, oder wir wurden vom Tod eines geliebten Menschen erschüttert.

Das gilt natürlich auch für Freunde, Kolleginnen, Gemeinschaften. Auch dort haben wir Zeit, Liebe und Aufmerksamkeit investiert. Manche Beziehungen bestehen vielleicht sogar seit Kindertagen. Wir haben viel miteinander erlebt und sind uns beigestanden. Manche Gemeinschaften haben wir vielleicht mit aufgebaut und viel dafür getan.

Wir haben uns mal für eine gemeinsame Zukunft entschieden, und jetzt stellen wir fest, dass sich die Spielregeln geändert haben. Wir erkennen, dass wir dabei sind, Weggefährtinnen beziehungsweise Weggefährten aufzugeben.

Entscheidungen, die in dieser Trennungszeit – also jetzt, in diesem wogenden Gewitter – getroffen werden, scheinen uns vielleicht in ein paar Wochen oder Monaten, wenn sich die Situation wieder beruhigt hat, unpraktisch. Dinge, die wir uns im Eifer des Gefechts an den Kopf geworfen haben, unpassend und ungerecht.

Wir müssen uns in den wirklich seltensten Fällen sofort entscheiden. Viele Entscheidungen lassen sich durch eine Zwischenlösung entschärfen. »Wir haben noch nicht entschieden, wie wir als Familie mit den Umständen umgehen wollen, aber für die nächsten vier Wochen probieren wir mal das aus.« Oder: »Ich habe das Gefühl, als ob sich unsere Interessen gerade auseinanderdividieren würden. Ich brauche etwas Abstand, um zu schauen, was das in mir auslöst.«

Das reicht erst mal. Wie wir wissen, erkennen wir oft erst, wenn wir es ausprobieren, ob eine Situation stimmig ist. Da hilft es, sich Zeit zu nehmen.

Manche von uns wünschen sich eine sofortige Entscheidung, damit die Unsicherheiten und das Nachdenken ein Ende haben. Aber Entwicklungen brauchen Zeit. Das sind Prozesse, und es ist wenig sinnvoll, sie zu verkürzen – manchmal gänzlich unmöglich. Genauso wenig, wie wir unsere Pubertät verkürzen konnten, können wir Wachstumsschübe verkürzen.

Sie dauern, solange sie dauern.

Innere Prozesse suchen, keine schnellen Lösungen

Sie erfordern einen achtsamen Umgang. Deshalb kann man die Zeit nutzen, sich zu informieren, nachzudenken, sich einzuspüren und sich mitzuteilen. Je länger und intensiver ein innerer Prozess dauert, desto größer ist der Entwicklungssprung. Darin liegt ein Trost, wenn wir uns von der Dauer überanstrengt fühlen. Es lohnt sich. Langfristig gesehen.

Wenn sich der Sturm gelegt hat, beginnen verschiedene Gedankenprozesse. Stehen wir vor dem Ende einer Beziehung, dann entwickelt sich in uns eine Sehnsucht. Nach unglücklichen Beziehungen wünschen wir uns so etwas nie wieder. Nach glücklichen trauern wir um das Verlorene.

Ein »Trennungsbuch« ist immer auch ein Beziehungsbuch. Wenn wir erkennen, warum wir uns gerade in diese Person verliebt haben beziehungsweise sie ausgewählt haben und welche Gewohnheiten wir mitgebracht oder dazugewonnen haben, dann heilen wir nicht nur das Alte, sondern sind in der Lage, in Zukunft klarer und weiser zu entscheiden.

Deshalb beginnt dieses Buch nicht mit dem Zeitpunkt der Trennung, sondern wir beleuchten den Anfang der Beziehung. Nach jeder Beziehung schauen wir irgendwann einmal aufmerksam zurück, und es beginnt eine Erkenntnis darüber in uns zu reifen, wie die Beziehung gestaltet worden ist. Da gibt es Bereiche, die uns gefielen, und Situationen, mit denen wir nicht so umgegangen sind, wie wir das heute machen würden. Wir haben die Phase der Verteufelung wie die der Glorifizierung verlassen, und wir schaffen es jetzt, uns das Ganze mit klarerem Blick anzuschauen: Was war da eigentlich passiert?

Die Partnerwahl

Passiert ist erst einmal, dass wir unsere Wahl getroffen haben. Wir haben zu einem Partner oder einer Partnerin Ja gesagt (außer du bist zwangsverheiratet worden, aber davon gehe ich jetzt mal nicht aus).

Meistens haben wir uns verliebt. Das gilt ähnlich natürlich auch für Freundschaften oder Gemeinschaften: Da hat uns etwas angezogen – ein Interesse, eine Neugier, der Wunsch nach Nähe. Auch bei Freundschaften »verlieben« wir uns in die andere Person. Wir finden sie interessant und spannend.

Dieses Gefühl kann langsam aufgeblüht sein, erst durch Annäherung beziehungsweise Freundschaft entstanden sein, oder es traf uns wie ein Blitz – als die berühmte »Liebe auf den ersten Blick«.

Jetzt beginnt das Glücksgefühl: Wir fühlen uns großartig! Nie war die Welt schöner! Wir finden uns gegenseitig toll. Wir empfinden uns als angekommen. Wir spiegeln uns in den Augen des anderen und genießen die Bewunderung. Alles Übrige ist erst mal in den Hintergrund gedrängt, denn ab jetzt beginnt das Leben im Paradies. Wir hoffen, dieses Mal hält die Beziehung und mit ihr dieser Glückszustand »ewig«.

Es gibt natürlich auch eine Partnerwahl, die ganz ohne das bezaubernde Verliebtsein auskommt. Manche haben sich aus Sicherheitserwägungen für einen Partner entschieden. Manche, weil sie dazu gedrängt wurden. Andere aus Angst davor, allein zu sein oder zu bleiben. Manche aus Statusdenken. Einige wollten gesellschaftlich »nach oben« heiraten. Nicht wenige wollten emotional oder aus finanziellen Gründen versorgt sein. Manche, weil sie jemanden »retten« wollten oder selbst gerettet wurden (aus einer anstrengenden Kindheit, aus einer schwierigen Beziehung). Einige, weil sie das Gefühl brauchten, unersetzbar zu sein. Manche eben auch einfach zu früh, entweder aus dem ersten Liebesgefühl heraus oder weil sie »aufgeräumt« sein wollten. Das ist bei neuen Freundschaften oder einer neuen Gemeinschaft nicht viel anders.

Und das bietet dir eine wunderbare Gelegenheit, einmal selbst zu schauen, welche Entscheidungen du damals getroffen hast. Bitte nimm dir die Zeit, und sieh dir die aktuelle/letzte Beziehung an. Erlaube dir, dich zurück zu erspüren an den Anfang der Beziehung.

Fragen zur aktuellen/letzten Beziehung

Was hat mich zu meiner letzten Beziehung besonders hingezogen? (Erscheinung, Begabungen, körperliche Anziehung, Status, Wohlstand, Auftreten, Charme, Witz, Tiefe, Vertrautheit und so weiter.)

Vertrautheit, Warmherzigkeit

Aus welchen Gründen bin ich die Beziehung eingegangen? (Die Antwort »Ich habe mich verliebt« reicht nicht.)

Ich habe Cora's warmen raum gefühlt

Eine Anregung:
Wenn ich ein Buch lese, dann fällt es mir oft schwer, das Angeregte auch umzusetzen. Also in diesem Fall die Fragen auch ausführlich zu beantworten. Früher dachte ich: »Das mache ich später«, oder ich »schluderte« so drüber hinweg. Mittlerweile weiß ich, dass ein Buch mir nur dann nützlich ist, wenn ich es ab und zu weglege und über das gerade Gelesene nachdenke. Vielleicht geht es dir ähnlich. Ein Aspekt von uns ist neugierig, wie es weitergeht, und bevorzugt es weiterzulesen (Persönlichkeit), ein anderer möchte darüber nachdenken (Seele).

Es gab eine Anziehung, und die hatte ihre Gründe.

In Liebesbeziehungen gibt es zwei:
die hormonelle und
die spirituelle Anziehung

Die hormonelle kennen wir wohl alle. Der Kerl da an der Bar – das weiß unser Verstand, wenn er denn mitspielen dürfte – wird uns nicht guttun. Aber Himmelherrgott, er sieht einfach zu gut aus, und alles in uns fängt zu beben an, wenn er uns nur lang genug in die Augen schaut. Oder für die Frau da drüben, bei der man den Blick kaum aus ihrem Ausschnitt herausbekommt, würde man sofort alles aufgeben, wenn sie nur Ja sagte. Das andere Wesen zieht uns so stark an, dass wir befürchten, ohne sofortige Berührung auf der Stelle einzugehen.

Hormonelle Beziehungen – wenn das ihre einzige Basis ist – sind meistens stürmisch. Alles kreist um das andere Wesen, und jede Sekunde ohne diese Nähe ist verlorene Zeit. Das Wort »Sehnsucht« kommt mit drei Ausrufezeichen daher, und wenn man sich in einsamen Stunden vorstellt, dass man es verlieren könnte, hätte das Leben keinen Sinn mehr. Das ist die große Liebe, und alles vorher war Kindertennis. Das ist jetzt der Deckel zu meinem Topf, die Liebe meines Lebens, das Ein und Alles, und es ist – natürlich – für immer.

Irgendwann darf allerdings auch mal wieder der Verstand mitspielen, und man erkennt, dass man zwar in dem Moment der Nähe im siebten Himmel schwebt, aber den Rest der Zeit auf unterschiedlichen Planeten lebt:

Sie kam gerade von Peru zurück. Zwei Jahre lebte sie dort mit dem peruanischen Musiker zusammen, den sie auf einem Festival kennengelernt hatte. Sie spürte damals gleich, dass er etwas ganz Besonderes war, vor allem auch, weil er mit ihrem Mann zu Hause, einem Versicherungsmakler, so gar nichts gemeinsam hatte. Immer wenn er Flöte spielte, schaute er nur sie an, und die Musik erreichte ihr Herz wie nichts sonst vorher. Endlich ein Mann, der etwas anderes im Sinn hat als das sichere finanzielle Standbein!

Der Peruaner (wie sie ihn nannte) war jeden Abend umringt von weiblichen Fans, und als er die Hand nach ihr ausstreckte, fühlte sie sich gesehen. Sie muss schon etwas Besonderes sein, wenn er gerade sie aus dem Kreise der anwesenden Bewunderinnen auswählte.

Sie sah angestrengt aus, als sie zwei Jahre später wieder in Österreich ankam. Von der Begeisterung von damals war nicht mehr viel übrig geblieben. Der Peruaner reiste viel, und immer öfter spürte sie, dass er sie zwar erwählt hatte, aber sonst auch weiterhin gern wählte. Seine finanzielle Situation war ein Desaster, und sie hörte sich langsam wie ihr früherer Mann an. Sie erlebte sich als fremd in Peru, besonders weil sie hoch auf den Bergen lebten und sie noch nie gern gewandert ist. Natürlich war ihr klar, dass es nicht so schnell gehen würde, sich hier einzuleben; aber wenn die stürmischen Nächte vorbei waren, fragte sie sich immer öfter, ob sie wirklich so leben will. Was sie am Anfang als Freiheit betrachtet hatte – die vielen Reisen, die neuen Menschen, das neue Land –, empfand sie jetzt als Anstrengung. Ihre Spanischkenntnisse reichten zu einem tieferen Austausch nicht aus, und es frustrierte sie enorm, dass sie ihre eigenen Talente und Begabungen nicht mehr zum Einsatz brachte, sondern sich zur Assistentin eines Künstlers degradiert hatte. Als sie gemeinsam in Montreal auf einem weiteren Festival war, sah sie eine Frau, die ebenfalls von »ihrem« Peruaner angezogen war, und sie hatte so etwas wie ein außerkörperliches Erlebnis: Er war fast, als würde sie sich selbst vor zwei Jahren beobachten, und als sie in den Augen des Peruaners die gleiche Aufmerksamkeit wie damals bei ihr sah, ging sie ins Hotel zurück, packte weinend ihre Sachen und flog nach Hause.

Spirituelle Beziehungen sind nicht das Gegenteil von hormonellen – das wäre ja auch schade –, sondern sie vereinen beides, und sie haben das Potenzial zur Tiefe und Innigkeit. Beide Liebenden sind zwar auch manchmal im siebten Himmel, aber auch sonst auf demselben Planeten.

Was ist eine spirituelle Beziehung? Hier geht es um mehr als um körperliche Anziehung. Sie hat ein hohes Potenzial zum gemeinsamen Wachstum und ist mit der Bereitschaft zum Austausch und einer tiefen Nähe verbunden. Meistens gekoppelt mit dem Gefühl einer Vertrautheit, die sich mit dem Verstand nicht erklären lässt, denn man hat sich ja gerade erst kennengelernt. Oft geht sie einher mit der Hoffnung, einen »Seelenpartner« gefunden zu haben.

Und damit hängen diverse Illusionen zusammen: Wenn wir den richtigen Seelenpartner oder die richtige Seelenpartnerin gefunden haben, dann werden wir gemeinsam ewige Flitterwochen erleben. Wir werden uns ohne Worte verstehen. Niemand anders wird jemals verlockender sein. Jede Berührung ist zutiefst erfüllend. Wir hoffen auf ein Leben ohne Partnerprobleme.

Doch auch das ist höchst illusorisch: Jede Partnerschaft mit Wachstumspotenzial hat ihre Herausforderungen. Seelenpartner hin oder her. Wir wollen lernen, und das gelingt uns nicht, wenn wir die nächsten Jahre eng umschlungen mit einem Glas Champagner am Strand sitzen. Da lernen wir nichts, da holen wir uns höchstens einen Sonnenbrand.

Wie wir uns unseren Partner aussuchen

In einer Partnerschaft oder Freundschaft wählen wir einen Partner innerhalb von vier Kategorien: einmal jemanden, der sich so verhält, wie es uns vertraut ist. Jemanden, der eine Eigenschaft hat, die wir auch gern hätten. Einen Partner, der uns fasziniert oder wir möchten dazugehören.

Vertraut ist uns das Verhalten der Menschen, mit denen wir aufgewachsen sind oder die uns umgeben. Ab und zu treffe ich Männer, die rührend um ihre Frauen besorgt sind und sie auf Händen tragen. Als Reaktion darauf ernten sie häufig aber nur ein kaltes Schulterzucken. Diese Männer haben eine enorme Geduld und Leidensfähigkeit, und das nicht – wie ich früher dachte –, weil diese Frauen besondere außergewöhnliche Fähigkeiten oder Eigenschaften besäßen. Wenn ich nachfrage, erwächst in mir der Eindruck, dass diese Männer es gewohnt sind, um die Liebe der Mutter betteln zu müssen. Viele wurden mit Liebesentzug bestraft, wenn sie nicht folgsam waren. Deshalb fühlen sie sich von Frauen angezogen, die die gleichen Angewohnheiten haben. Eine Frau, die herzlich ist, die ihre Liebe nicht alle fünf Minuten zurückzieht und ihren Mann schätzt – das sind diese Männer nicht gewohnt, und sie bleiben mit stoischer Verlässlichkeit in solchen Beziehungen.

Oder manche Frauen erspüren sich nur als lebendig und wichtig, wenn sie ihre Weiblichkeit einsetzen. Sie verführen. Vielleicht ist dies entstanden aus einem kindlichen Umgarnen des Vaters, bei dem sie als Mädchen dann bekamen, was sie wollten, einer frühen Sexualisierung in der Kindheit (eventuell missbräuchlich) oder dem Gefühl, das sei das »einzige« Mittel, das sie zur Verfügung haben, um etwas zu bekommen. Da geht es im erwachsenen Sein nicht um eine sinnliche Spielerei, sondern um eine als Machtmittel eingesetzte Sexualität. Es ist eine Art, sich aufzudrängen. Sei es durch Gesten, Worte oder Kleidung. Es ist häufig auf Konkurrenzdenken aufgebaut und entspringt der Auffassung, nur in Verbindung mit einem Mann wichtig zu sein. Er wird zur Trophäe. Es macht stolz, »ihn gekriegt zu haben«. Sein Status, seine Darstellung nach außen, vielleicht auch sein anfängliches Desinteresse oder die Tatsache, dass er schon anderweitig liiert ist, reizen: »Den will ich haben!« – »Ich nehme mir, was mir gefällt, selbst wenn er bereits in einer anderen Beziehung ist.« – »Ich bin besser/schöner als sie, und das weiß ich nur, wenn er sie für mich verlässt.« Oder es treibt sie die Verzweiflung: »Ich brauche Versorgung und/oder Schutz.« Manchmal auch entstanden aus dem schmerzlichen Gefühl, ohne aufgesetzte sexuelle Attraktivität nicht wichtig zu sein.

Dahinter steckt oft ein enormer Schmerz. Das Gefühl, nur als »Fassade« erlebt zu werden, irritiert uns als Seele. Wir wollen wahrgenommen werden in unserem ganzen Sein – aber wir zeigen uns als lebendige Barbie-Puppe. Die Außenwahrnehmung ist die Nahrung, die das Ego braucht, und wir – als Seele – spüren die Leere dahinter.

Natürlich ist Sexualität in jungen Jahren immer auch ein Ausprobieren. Wir machen Erfahrungen und treffen Entscheidungen:

Die Mutter fand die handgeschriebenen Zettel ihrer fünfzehnjährigen Tochter an ihre beste Freundin, als sie ihre Bettwäsche in die Waschmaschine stopfte. »Ist das nicht toll, dass wir die Jungs so verrückt machen können?«, konnte sie auf einem lesen. Und als sie noch ein paar von diesen Zetteln fand, zeigte sich ein Bild von zwei jungen Mädchen, die ausprobierten, was es denn braucht, um Jungs »verrückt« zu machen. An diesem Abend setzte sie sich zu ihrer Tochter und legte ihr den Zettel hin.

Bevor es zu irgendwelchen Erklärungen kam, gab ihre Mutter ihr eine dieser Grußkarten zu lesen, die sie mal vor Jahren gefunden hatte und die sie lustig fand. Es gab eine Vorder- und eine Rückseite.

Auf der Vorderseite stand: »Wie verführe ich eine Frau? Bring ihr Blumen. Sag ihr, wie schön sie ist. Lad sie zum Essen ein. Hör ihr zu. Mach ihr Geschenke. Schreib ihr Liebesbriefe. Bring sie zum Lachen. Überrasch sie.«

Die Tochter schaute sie erstaunt an. Die Mutter drehte die Karte um. Auf der anderen Seite stand: »Wie verführe ich einen Mann? Bring Bier. Zieh dich aus.«

Die Mutter sagte dazu: »Einen jungen Mann zu verführen ist nicht so schwer. Jede Frau kann das. Das ist aber nicht das Ziel. Du benutzt ihn, damit du dich besser fühlst. Und du hast keinen Respekt vor seinem Herzen. – Und auch nicht vor deinem. Überlege dir, ob du das weiter machen willst. Wie gesagt, jede Frau kann das.«

Ihre Tochter schaute etwas enttäuscht, als hätte man ihr gerade das Taschengeld gekürzt.

Welche Eigenschaften hätte ich denn gern?

Angenommen, wir sind hektisch veranlagt und sehnen uns nach Ruhe. Dann fühlen wir uns möglicherweise zu einem Mann hingezogen, der gelassen und entspannt ist. Und genau diese Ruhe und Entspannung wird uns nach ein paar Jahren oder schon Monaten sehr wahrscheinlich auf die Nerven gehen.

Umgekehrt ist es ähnlich: Jemand sucht sich eine Partnerin mit mehr Temperament, weil er selbst mehr Begeisterung in seinem Leben haben möchte. Doch auch hier besteht die Gefahr, dass genau dieser Elan den anderen nach einer Weile unglaublich anstrengt.

Wenn wir »wach« sind, wissen wir, warum wir vom anderen angezogen werden: »Wach« erfreuen wir uns daran, dass wir jemanden in unserem Leben haben, der ein Talent hat, das wir (noch) nicht ausgebildet haben. Dazu erschaffen sich beide in einer gesunden Liebesbeziehung gemeinsam ein Gleichgewicht: Nur temperamentvoll ist anstrengend. Nur ruhig ist langweilig.

Im Idealfall lernen wir voneinander und schätzen die Begabungen des anderen. Derjenige, der »zu« entspannt ist, lernt jetzt, häufiger den Hintern auch mal hochzukriegen. Er wird mitgerissen von den Ideen und Vorschlägen und öffnet sich für Gelegenheiten, die für ihn ungewöhnlich sind.

Diejenige, die »zu« temperamentvoll ist, lernt, auch mal innezuhalten. Nicht gleich jeder Idee zu folgen. Entspannter zu sein. Vorher darüber nachzudenken, ob sie sich wirklich ein Klavier kaufen will, nur weil sie gerade ein schönes Pianostück gehört hat.

Beide betrachten ihre Partnerschaft bewusst und wissend, was es zu besprechen und auszugleichen gibt. Es geht um Balance und die Fähigkeiten, die Einzigartigkeit des jeweils anderen zu erkennen und ihn nicht zu einer Kopie von sich selbst machen zu wollen. Wenn das gelingt, werden beide sich gegenseitige, verlässliche Unterstützung sein. Das bedeutet, dass es vorher ein Gespräch gegeben hat, in dem wir uns ausgetauscht und uns gegenseitig versichert haben, dass wir die Angewohnheiten des anderen schätzen und uns einander Unterstützung sein wollen. Also die Temperamentvolle bittet zum Beispiel den entspannten Partner, sie in Zukunft zu warnen, falls sie wieder schnell, schnell was entscheiden will, was sie dann später bedauern könnte:

Der Entspannte: »Liebste, wolltest du nicht mit Weiterbildungen etwas warten, bis du das jetzige Projekt beendet hast?«

Die Temperamentvolle: »Ja, stimmt. Da wäre ich doch beinah wieder in mein altes Muster reingehüpft. Und ich habe sowieso noch so viel um die Ohren. Danke!«

Oder andersherum:

Die Temperamentvolle: »Schatz, komm! Lass uns das jetzt machen.«

Der Entspannte: »Ja. Ich muss mich nun wirklich entscheiden. Ich habe da jetzt lange genug darüber nachgedacht. Danke, dass du mich da anschiebst.«

Der Wunsch, den anderen erziehen zu wollen, ist weit verbreitet. Das kenne ich nur zu gut. Damit kann man sich das Leben gegenseitig schwer machen. Es gilt vielmehr, die jeweiligen Talente zu erkennen und sie dann dort einzusetzen, wo sie nützlich sind. Wenn jemand nicht gut darin ist, etwas zu organisieren, ist es eher unpraktisch, wenn er den Urlaub planen soll. Wenn jemand ungern kocht, macht es keinen Sinn, dass er sich in die Küche stellt. Ein Aspekt von uns wünscht sich dann das Versagen des anderen, denn sonst würden wir nicht darauf bestehen, dass er etwas macht, wofür er keine Begabung hat. Möchte er oder sie das lernen, ist das eine andere Sache.

Du faszinierst mich

Manchmal treffen wir auf Menschen, die so völlig anders leben als wir, was eine große Faszination auf uns ausüben kann:

- Sie ist in einem gutbürgerlichen Elternhaus aufgewachsen und trifft auf den Globetrotter mit Gitarre.
- Seit Jahren ist sie mit einem erfolgreichen mittelständischen Unternehmer verheiratet und verliebt sich in den ewigen Studenten.
- Ihr Mann ist Versicherungsmakler, und dann kommt der Musiker aus Peru.
- Sie ist Börsenmaklerin und er freischaffender Künstler auf Bali.

Wir betrachten unser altes Leben und ordnen es als gewohnt und langweilig ein. Wir sehen plötzlich die Möglichkeit, ein neues Leben an der Seite von jemandem zu verbringen, der darin Erfahrung hat. Es braucht also nicht ganz so viel Mut, das eigene Leben zu verändern, weil wir es an der Seite von jemandem wagen, der offensichtlich »weiß, wie es geht«. Die hormonelle Anziehung tut ihr Übriges, und schon fliegen wir in seine Arme. Manchmal allerdings nicht für lange.

Wenn wir die bisher besprochenen Anziehungsmöglichkeiten betrachten, dann haben wir die Anziehung durch Gewohnheit, die durch Interesse an neuen Qualitäten und jetzt auch an einer faszinierenden, weil neuen Lebensphilosophie.

Ich möchte endlich dazugehören

Auch das ist ein Grund für die Wahl einer Beziehung: Wir möchten wissen, wo wir dazugehören. Welche Familie ist meine? Welche Gruppe ist mir vertraut? Wo kann ich mich endlich mal entspannt anlehnen? Besonders tritt das ein, wenn wir als Kinder dieses Zugehörigkeitsgefühl sehr vermisst haben. Da kann eine geschlossene Gemeinschaft mit klarem Gefüge, festen (nicht selten starren) Regeln und vorgegebenen Strukturen eines gewünschten Benehmens beruhigen.

Dieser Wunsch nach Zugehörigkeit ist übrigens auch der unterschwellige Grund für viele Abwehrhaltungen gegen andere (fremde) Rassen, andere (fremde) Herkunftsländer, andere (fremde) sexuelle Orientierungen oder eine andere (fremde) Kultur: »›*Das*‹ kennen wir nicht«, »›*Die*‹ gehören nicht zu uns!« … Wenn wir dringend Sicherheit brauchen, irritiert uns Fremdes. Wir wollen nur Vertrautes um uns haben. Und als vertraut werten wir, was uns ähnlich zu sein scheint. Auch hier sieht man die anderen durch die Augen der Persönlichkeit und nicht durch die Augen der Seele. Der Grund dafür ist die Angst vor dem Unbekannten.

Fragen zur Anziehungskraft eines Partners

Betrachte deine jetzige beziehungsweise die letzte Beziehung. Ich möchte dich bitten, dazu ein paar Fragen zu beantworten: Hat dich die Vertrautheit angezogen, gab es Eigenschaften, die dir noch fehlten, war es das faszinierend Neue oder der Wunsch irgendwo dazu zugehören?

Der Wunsch angenommen zu werden wie ich bin.

Welche Vertrautheit hat dich angezogen?

Coras wunderbares Herz.

Welche besondere Eigenschaft hat dich angezogen?

Wie sie über Menschen spricht.

Welches Neue hat dich angezogen?

Ihre Andersartigkeit.

Andersherum: Was war deinem (vorherigen) Partner vertraut an dir?

Verbundenheit, Vertrautheit

Welche Eigenschaft von dir hat deinen Partner angezogen?

Mein Potenzial in mir.

Warst du im Vergleich zu seinen vorherigen Erfahrungen neu und faszinierend?

Ja, würde ich sagen.

Warst du in der Lage, seine Eigenschaften als Geschenk zu sehen, oder gingen sie dir eher auf die Nerven? Welche Eigenschaften störten dich besonders?

Alles zu hinterfragen.

Es ist normal, dass Eigenschaften von anderen uns ab und zu irritieren. Deshalb sind es ja andere Eigenschaften. Dennoch: Verhält sich dein(e) Partner(in) »normal« für seine/ihre Persönlichkeit?

Ja, die Liebe auf distanz.

Kannst du das akzeptieren?

Langsam verstehe ich es.

Die Wachheit einer Beziehung erkennt man daran, dass man bei anderen Ansichten oder Verhaltensweisen trotzdem noch interessiert bleibt: Ist das, was dein Gegenüber gesagt oder gemacht hat, vielleicht nützlicher als das, was du dir denkst? War dir das möglich?

Ja das war mir möglich.

Kannst du wirklich wissen, dass deine Idee die bessere ist?

Nein, ein Mittelmaß wäre schön.

Glauben wir, immer alles besser zu wissen, dann stecken wir bis zum Hals in Arroganz und sind weit davon entfernt, jemanden so zu akzeptieren und zu sehen, wie er ist. Wir bewerten, und wir bewerten hart.

Ein Beziehungsproblem entwickelt sich erst dann aus den unterschiedlichen Begabungen und Verhaltensweisen, wenn wir glauben, der/die andere sei dumm oder unfähig. Deshalb ist es äußerst hilfreich, sich daran zu erinnern, dass wir nicht gleich fühlen und handeln. Das Ziel ist nicht, immer nachzugeben und das zu tun, was uns der andere vorschlägt. Das Ziel ist zuzuhören, ohne gleich abzuwehren, und die Idee zu nehmen, die besser ist. Und so lange weiterzuforschen, bis es etwas gibt, was gemeinsam erfreut.

Wenn wir also davon ausgehen, dass wir uns entwickeln, dass wir uns auf gleichem Schwingungsniveau unsere Partnerinnen und Freundinnen aussuchen, dann wird klar, warum es für langfristige Beziehungen wichtig ist, dass sie sich auch weiterhin zugewandt entwickeln. Sie müssen sich nicht gleich entwickeln, aber es braucht eine Entwicklung beziehungsweise eine Vertiefung. Und eine Vertiefung entsteht nur durch Austausch: Austausch von Gedanken, Austausch von Berührungen, Austausch von Aufmerksamkeit. Austausch von liebevollem Betrachten und Annehmen.

Entwickelt sich nur eine, beginnt das ganze Gebilde zu wackeln. Das ist zwar am Anfang unangenehm, aber grundsätzlich nichts Schlechtes. Denn alles ist Bewegung, und auch in Beziehungen braucht es Bewegung. Wenn allerdings eine sich konstant weigert, an dieser Bewegung teilzunehmen, dann kracht das Gebilde irgendwann einmal zusammen. Die eine hat sich für eine Entwicklung, die andere für das Vertraute entschlossen.

Wir alle wählen. Wir sagen Ja oder Nein oder … gar nichts. Auch das ist eine Wahl. Wir wollen keine eigene Entscheidung treffen, treffen aber damit doch eine Entscheidung. Häufig stellen wir dann irgendwann einmal fest, dass wir uns beim Folgen selbst verloren haben. Auf Seelenebene bedeutet dies, dass es jetzt Zeit ist, uns wieder auf den Weg zu uns selbst zu machen. Entweder innerhalb oder nach einer Partnerschaft.

Ein Beispiel – meines

Es fällt uns am leichtesten, ein Leben gelassener zu betrachten, wenn es nicht unser eigenes ist. Deshalb biete ich meines an. Es gibt dir die Möglichkeit, bestimmte Gewohnheiten, Entscheidungen und Lernprozesse von außen zu betrachten.

Die Vergangenheit ist wie ein fremdes Land

Dinge wurden dort anders gemacht. Ich kann mich nicht mehr daran erinnern, was ich vorgestern zum Abendessen hatte, und ich will mich genau daran erinnern können, was in meiner Kindheit war? Das ist nicht möglich. Wir glauben, uns an Sätze zu erinnern, an bestimmte Momente, aber auch diese haben wir damals durch die Augen unseres früheren Entwicklungsstands gesehen. Als Erwachsene begreifen wir, dass Aussagen aus dem Zusammenhang gerissen werden können, und so sind eben auch unsere Erinnerungen aus dem Zusammenhang gerissen. Dann haben wir diese Fragmente wiederholt und anderen erzählt. Anschließend ist Zeit vergangen. Wir haben uns vielleicht festgebissen oder etwas falsch verstanden und darüber eine Story aufgebaut. Das ist die Quintessenz unserer Vergangenheit: Sie ist eine zumindest zum Teil konstruierte Geschichte.

Wenn wir aber durch die Augen der Seele sehen, dann erkennen und betrachten wir das als eine Erinnerung – und nicht als ein Fakt –, die sich möglicherweise so abgespielt hat. Eventuell ist das also nur ein Fragment, das zwar so gewesen sein kann, aber eben vielleicht auch nicht. Durch diese Sichtweise weicht die Verbissenheit und macht einer leichteren Schwingung Platz.

Meine Erinnerungen sind schwammig geworden, und meine Gefühlswelt ist heute eine völlig andere. Meine damaligen Beweggründe verstehe ich zwar noch (meistens), aber bei vielem wundere mich über mich selbst. Das ist natürlich ein normaler Vorgang. Schließlich haben wir Erfahrungen gesammelt und dazugelernt. Unsere Wahrnehmung hat sich verfeinert.

Selbstverständlich möchte ich auch mit Achtung über meine früheren Beziehungen schreiben, mich aber trotzdem wahrhaftig mitteilen. Deshalb nenne ich keine Namen. Das ist ja kein Enthüllungsbuch, sondern es soll Beispiel sein. Warum helfen Beispiele? Weil wir uns bei allem, was wir von anderen aufnehmen, immer auch gleichzeitig selbst betrachten.

Oft erleben wir Ähnliches. Erspüren verwandte Schwierigkeiten. Und können durch das Miterleben auch selbst unsere eigenen Erfahrungen klarer sehen. Und: Es schafft die nötige Distanz, die wir für das eigene Leben vielleicht ganz gut gebrauchen können. Das würde ich mir wünschen.

Sätze, die dich ebenfalls betreffen, die dich berühren, die bei dir irgendetwas antriggern, möchtest du vielleicht in irgendeiner Form markieren oder hinten im Buch notieren? Und dann, wann immer du Zeit und Lust hast, nimm dir diese Sätze, und erlaub dir, tiefer hineinzugehen. Gerade wenn sich Widerstand meldet, ist das ein Zeichen nachzuforschen. Wohin führen dich deine Gedanken, deine Gefühle, dein Körper? Was kommt da hoch an Erinnerungen, an Klarheit, an eigener Weisheit?

Ein Leben ist immer auch eine Art Reise

Manche von uns reisen länger, manche kürzer. Manche erleben viel, manche lieben es überschaubarer. Egal wie wir diese Reise erleben, sie wird von uns gestaltet. Wenn wir uns wünschen, andere Erfahrungen zu machen, dann braucht es erst einmal die Sehnsucht nach einem anderen Leben und die Ahnung oder Hoffnung, dass es möglich ist, anders zu leben. Wie bei einer Reise entscheiden wir uns für eine andere Gegend, ein andere Klimazone, eine andere Sprache, eine andere Kultur.

Ich habe in meinem Leben eine komplette 180-Grad-Wende gemacht. Anfang dreißig stellte ich mich und mein Verhalten durch eine berufliche Krise infrage. Ich verließ den Standpunkt meiner Persönlichkeit und öffnete mich für die Möglichkeit, durch die Augen meiner Seele zu sehen.

Das schreibt sich so leicht, und doch war es ein jahrelanger Prozess. Besonders wichtig war es, meine Ängste zu betrachten. Sie zeigten mir genau, wo ich noch hinschauen musste. Die meisten Ängste entstehen in unserer Kindheit. Wir erleben etwas, was uns schmerzt, und wir treffen die Entscheidung, dieses Gefühl nicht mehr haben zu wollen. Und so versuchen wir, es zu vermeiden, indem wir beschließen, Situationen aus dem Weg zu gehen, die den Schmerz wieder hochholen können. Dieses Vermeiden begleitet uns oft ein ganzes Leben lang, und die daraus resultierenden Überreaktionen können sehr gut durch die »Innere-Kind-Arbeit« verstanden und gelöst werden: In Krisensituationen kommen in der Kindheit entwickelte Emotionen hoch, die uns zu Entscheidungen drängen, welche wir – wenn wir klarer sähen – jetzt nicht mehr träfen. Indem wir uns unsere früheren Entscheidungen anschauen, begreifen, verstehen und updaten, beginnen wir, unser Verhalten zu verändern.

Ich habe früher viel gelogen und wurde ehrlich. Ich war kleinlich und wurde großzügig. Ich war nachtragend und wurde verständig. Ich war nach außen orientiert und orientiere mich jetzt nach innen. Ich hatte viele Geheimnisse und habe keine mehr. Ich war verängstigt und fühle mich heute frei.

Wer mir dabei geholfen hat? Meine Bereitschaft zum genauen Hinschauen, meine Begeisterung für mein Wachstum und meine Beziehungen. Jede einzelne davon hat meinem Wachwerden beigestanden. Durch jede Krise durfte ich erfahren, wer ich gerade im Moment war. Ich lernte zu verstehen, was mir wichtig war und was nicht. Ich merkte, was mir guttat und was ich loswerden möchte. Ich erkannte, wo ich schon klüger wurde und wo es mir noch an Wissen, Klarheit und Weisheit fehlte.

Erst durch meine Beziehungen wurde ich wacher.

Beziehungen: Ein Spielfeld für Erfahrungen

Die erste Ehe meines Lebens war die Ehe meiner Eltern. Ich kann mich nicht daran erinnern, jemals gesehen zu haben, dass meine Eltern liebevoll miteinander umgegangen wären. Mit den Jahren wurde mein Vater Alkoholiker – und damit unser Familienleben nicht nur für unsere Mutter, sondern auch für uns drei Töchter anstrengend.

Schon als kleines Mädchen verwirrte mich diese Ehe, und ich dachte mir: »Das muss besser gehen.« Unser Familienleben fühlte sich so an, als würden wir in einem schwankenden Boot sitzen. Gleichzeitig traf ich eine Entscheidung: »So will ich mal nicht leben.«

Die Stimmungen meines Vaters wechselten ohne ersichtlichen Grund, und das irritierte mich. Als Kind (an das Alter kann ich mich nicht mehr erinnern) wollte ich meine Mutter nach einem lautstarken Streit mit meinem Vater trösten, und mir war klar, was nun geschehen müsse: Sie sollte sich von unserem Vater trennen, damit wir zu Hause Frieden hätten. Ich wusste, es hatte etwas mit Geld zu tun, deshalb bot ich an, auf mein Taschengeld zu verzichten, damit sie sich scheiden lassen konnte. Meine Mutter schaute mich weinend an und meinte: »Aber ich liebe ihn doch!« Diese Antwort schenkte mir zwei Lektionen:

- Wenn das Liebe ist, dann will ich das nicht.
- Ich muss später eigenes Geld verdienen können, um bloß nicht von einem Mann abhängig zu werden.

Es gab in meinem Umfeld keine Ehe, die ich als Vorbild hätte nehmen können. Alle schienen irgendwie eingeschlafen zu sein. Ich kann mich nicht daran erinnern, dass ich als Kind verheiratete Paare getroffen hätte, die öffentlich zärtlich miteinander waren. Klar wurde mal gelacht und auch gefeiert, aber dauerhaft zugewandte Ehepaare hatte ich nicht erlebt. Damals war es natürlich auch so, dass man sich »nicht zeigte«. Die Generation meiner Eltern war zum Gehorsam erzogen worden. Die relevanten Erziehungsbücher warnten vor zu viel Nähe mit dem Kind, denn das würde sie zu Tyrannen erziehen. Der Wille des Kindes sollte gebrochen werden. Nähe wurde nicht gefördert. Das machte es nicht leichter.

Die Ehe erschien mir eine Notwendigkeit, um erwachsen zu werden. Nicht zu heiraten bedeutete damals noch, »nicht ausgesucht« worden zu sein.

Ich hatte meine Eltern damals in Gut und Böse eingeteilt. Natürlich kann man als Kind die komplexen Lebensentscheidungen nicht einordnen. Erst später wurde mir klar, wie unglücklich mein Vater gewesen sein muss, und konnte Verständnis für ihn in meinem Herzen finden. Ebenfalls begriff ich, allerdings erst als ich selbst Mutter wurde, dass es meiner Mutter nicht gelang, uns zu schützen.

Natürlich hatte sie dafür ihre Gründe: Sie hatte nicht gelernt, sich zu wehren. Sie war als junge Frau von ihrem Chef vergewaltigt worden, und sie befürchtete, niemand würde ihr glauben. Sie war zur Anpassung erzogen worden. Ihre Meinung wurde nicht geschätzt. Sie hatte kein eigenes Geld. Deshalb ist das keine Schuldzuweisung, sondern nur eine Erkenntnis. Jeder gestaltet sein Leben so gut, wie er es eben kann.

Die Vorteile einer unglücklichen Kindheit

Ohne meine unglückliche Kindheit wäre ich jetzt nicht glücklich. Denn eine solche Kindheit kann eben auch ein Antrieb sein. Ein Antrieb, es anders, es wacher zu machen.

Jede unglückliche Kindheit hat auch ihre lichten Momente. Meine Mutter tröstete sich und uns durch Musik und Gesang. Ein Geschenk, das ich täglich zu schätzen weiß. Mein Vater zeigte mir durch seine Sprachlosigkeit, wie wichtig es ist, sich mitzuteilen. Ebenfalls ein Geschenk, für das ich enorm dankbar bin.

Und wir hatten die Möglichkeit, verzeihen zu lernen. Auch sehr nützlich. Meine Eltern gaben ihr Bestes.

Wir haben in unserer Familie viel geheilt. Wenn wir jetzt gemeinsam über unsere Erfahrungen von damals sprechen, haben wir oft Tränen in den Augen – vor Lachen.

Eine Kindheit ist dann geheilt,
wenn wir mit Leichtigkeit darüber sprechen können

Ich war als Kind schüchtern und fühlte mich einsam. Unpassend. Eigenartig. Ich betrachtete meine Umgebung, wie eine Wissenschaftlerin etwas unter dem Mikroskop betrachtet: Was die anderen zu empfinden schienen, empfand ich nicht. Wenn ich ein Geschenk bekam, spürte ich keine großen Gefühlsregungen. Ich beobachtete, wie die anderen sich gaben, und versuchte, das Gleiche zu tun. Seltsam unbeteiligt. Irgendwie schauspielernd. Anders und fremd.

Die Schlussfolgerung daraus: Mit mir stimmt was nicht. Die anderen sind anders als ich. Ich muss mich anpassen.

Eine weitere Erfahrung meiner Kindheit sollte mich mein Leben lang begleiten: Ich wurde oft unterbrochen. Wenn ich las, wenn ich in etwas versunken war, wenn mich etwas völlig vereinnahmte, dann wurde ich gestört: meistens mit Pflichten wie Abtrocknen, Aufräumen oder die Beaufsichtigung meiner jüngeren Schwestern.

Das war keine böse Absicht meiner Mutter, um mir meine Freuden zu nehmen, sondern auch ihre Gewohnheit: »Nur rumzusitzen« gab es nicht in ihrer Kindheit und so zwangsläufig auch nicht in meiner. Mittlerweile 92 Jahre alt erzählt sie immer noch mit lobender Stimme, dass sie mich als Vierjährige mit dem Kinderwagen meiner neugeborenen Schwester vor einem Laden stehen lassen konnte und ich mich nicht vom Fleck rührte.

Nimm dir bitte die Zeit und erforsche die Erinnerungen deiner Kindheit und wie du sie erlebt hast:

Fragen zu deiner Kindheit

Gab es Nähe und Zärtlichkeit?

Nähe war bei uns sparsam.

Durftest du so sein, wie du warst?

Nein, es wurde kommentiert was in mir verstimmtheit & Wut auslöste

Fühltest du dich ausgegrenzt, wenn du dich anders als die anderen verhalten hast?

Nein

Gab es eine »äußere Instanz«, die bemüht wurde (zum Beispiel: »Was sollen denn die Nachbarn sagen?«)?

Nachbarin hat beobacht was ich mache.

Musstest du dich anpassen?

Ja

Hat man dir zugehört?

Nicht immer

Fühltest du dich geliebt?

Nein

Hattest du das Gefühl, du musstest zwischen deinen Eltern vermitteln?

Ja

Haben sich die erwachsenen Eltern beziehungsweise Bezugspersonen bei dir angelehnt?

Nein, meine Oma Ja

Wie hat sich das für dich angefühlt? Fühltest du dich erwachsen, und warst du teilweise »stolz« darauf, oder fühltest du dich überfordert – oder irgendwas dazwischen?

Irgendwas dazwischen

Es geht bei alldem nicht um Schuldzuweisungen. Es geht um das Gefühl und das Erleben im Kindesalter. Den Eltern mag es nicht aufgefallen sein, dass wir uns ungehört vorgekommen sind. Trotzdem ist es wichtig, diesen Aspekt zu erkennen. Weil diese frühen Erfahrungen – und anschließenden Entscheidungen, die wir dabei getroffen haben – uns bis ins Erwachsenenalter hinein begleiten und unsere Beziehungen beeinflussen.

Es gibt Familien, die ein gesünderes Miteinander gestaltet haben. Um gesund und ungesund einordnen zu können, möchte ich dir die Beavers-Scale für Familienwachstum vorstellen. Frei nach dem Psychiater W. Robert Beavers werden die Familiendynamiken in fünf Stufen eingeteilt:[1]

- *Schwer gestört:* keine Regeln. Niemand ist unter Kontrolle. Wir befinden uns in einer Art Anarchie, die von Verzweiflung und Zynismus geprägt ist. Als Kind kann man sich auf nichts und niemanden verlassen. Es gibt keine Ordnung und keine Regeln, an denen wir uns orientieren können.

- *Grenzwertig:* Hier gibt es eine Person, einen Despoten, der die Kontrolle übernimmt. Wir leben in strengen Schwarz-Weiß-Kategorien: Es gibt keine Zwischentöne, keine Flexibilität. Nicht nur das Benehmen, sondern auch die Gefühle sollen kontrolliert werden. Es entsteht ein häufiger Wechsel zwischen chaotischem und tyrannischem Verhalten: Wutausbrüche, emotionale Distanz und Depressionen.
- *Mittelwertig:* Es gibt zwar keinen Tyrannen als »Chef«, aber immer einen Schiedsrichter, der bestimmt, wie wir uns zu verhalten haben, zum Beispiel: »Was sollen denn die Nachbarn sagen?« Negative Emotionen sind nicht erlaubt, und es gibt emotionale Erpressung: »Wenn du mich liebst, dann machst du das für mich.« Verhält man sich anders als die anderen, wird man unter Druck gesetzt. Obwohl die Kommunikation in dieser Phase klarer ist, bedeutet lieben jemanden zu kontrollieren.
- *Ausreichend:* Man wird bis auf gelegentliche Machtkämpfe durch Schuldgefühle so akzeptiert, wie man ist. Emotionen können ausgesprochen werden, und zwar *ohne* die Liebe zu verlieren.
- *Optimal:* Teamwork wird großgeschrieben. Kinder fühlen sich geliebt mit all ihren Stärken und Schwächen, und es wird akzeptiert, wenn man anders ist als der Rest der Familie. Es gibt keine Machtkämpfe, sondern fähigen, kommunikativen und klaren Austausch. Individuelle Wünsche und Persönlichkeiten werden respektiert und geschätzt. Wärme, Nähe und liebevoller Humor sind Basiseigenschaften.

In vielen Fällen prägen mehr als einer dieser Level den Familienalltag. Wenn du die Beziehung deiner Eltern oder deiner Versorgerfamilie (wie auch immer sie gestaltet war) genauer betrachtest, dann erkennst du, welche Glaubenssätze du über Beziehungen ins Erwachsenenalter mitgenommen hast:

Fragen zu Vorbildern für Beziehungen

Was sind die drei Dinge, die du als gutes und gesundes Vorbild in deiner Kindheit über Beziehungen erfahren hast?

Ich hatte keine Vorbilder.

Was sind die drei ungesunden Dinge, die du in deiner Eltern- beziehungsweise Versorgerfamilie in Hinblick auf Beziehungen erfahren hast?

Es wird geschwiegen.
Vorwürfe und Schuldzuweisung
Es wird nur auf den anderen gezeigt.

Solche Antworten sagen dir einiges über dich aus. Manches wirst du schon betrachtet haben, manches ist vielleicht neu. Plötzlich verstehen wir möglicherweise einen Zusammenhang, der uns bisher noch nicht aufgefallen war …

Die Liebesfähigkeit unserer Ursprungsfamilie – die Erfahrungen, die wir dabei gemacht haben – schwingen selbstverständlich auch schon in unser erstes Verliebtsein ein.

Das Ausprobieren von Liebe

Jungs im Allgemeinen waren für mich ein fremdes Land, so wie mein Vater für mich ein fremdes Land war. Als ich einen ersten Freund hatte – später als alle Gleichaltrigen, die ich kannte –, war ich erleichtert und froh, endlich auch zur Gruppe von Mädchen zu gehören, die von einem Jungen gewollt wurden. Man musste damals warten, bis »man« gefragt wurde. Die ersten Küsse, einen neuen Menschen und einen neuen Status zu bekommen, das war aufregend, und ich fühlte mich erwachsen.

Ich bin im sozialen Wohnungsbau aufgewachsen, und da gibt es nicht viel zum Angeben. Deshalb gab man mit Erfahrungen an. Was konnte man vor den anderen vorweisen? Langes Ausbleiben. Sex. Drogen. Drogen interessierten mich nicht, denn ein Kontrollverlust war mir enorm suspekt. Ich hatte genug Erfahrung mit einem alkoholisierten Vater gemacht, der sich nicht in der Gewalt hatte. Und für überlanges Ausbleiben war ich zu brav. Also blieb nur Sex übrig. Und dafür war ich, gemessen an meinem Umfeld, schon ziemlich spät dran. Ich wollte meinen Jungfrauenstatus verlieren, wie man einen Schnupfen loswerden will.

Als junges »Paar« verbrachten wir kaum Zeit allein. Wir waren in einer Freundesgruppe eingebunden, die vieles gemeinsam machte. Ich war im Schauspielerinnenmodus, und er war … still. Nicht unähnlich dem, was ich von zu Hause kannte. Da wurde auch nicht über Gefühle gesprochen. Was ich fühlte, was mich bewegte und was ich dachte, behielt ich für mich.

Als ich ihm gestehen musste (so empfand ich es damals), dass ich Jungfrau war, stöhnte er und meinte: »Immer ich.« Und obwohl ich daraufhin annahm, dass er etwas davon verstand, musste ich feststellen … nein.

Damals dachte ich: Sexualität ist halt so. So sprachlos, so schmerzhaft, so ohne Zärtlichkeit oder Vorbereitung, und ich spürte bei keinem unserer Zusammenkünfte körperlich Angenehmes. »Vielleicht bin ich ja frigide?«, war meine stumme Frage.

Mein Freund verließ mich mit den Worten »Wir sollten uns trennen, bevor wir uns streiten«. Ich weiß nicht, ob er diesen Satz wirklich so formuliert hat, aber da ich ihn in den folgenden 45 Jahren immer mal wieder wiederholt hatte, wenn ich von meinem ersten Freund sprach, hat er sich fest in mir eingeprägt.

Damals war ich … ja, was war ich? Ich glaube, mich zu erinnern, dass ich gekränkt war. Es hatte eine Weile gedauert, bis ich endlich einen Freund hatte, und dass ich ihn schon nach sechs Wochen (mit meiner Jungfernschaft) verlieren sollte, kam dann doch etwas unvermittelt. Ich fühlte mich damals in meinem Körper nicht wohl. Ich empfand mich als unförmig, war übergewichtig und trug eine dicke Brille. Kein Wunder, dachte ich.

Ein paar Wochen später kam er mit einer neuen Freundin in unserer Clique an, und sie war deutlich hübscher, deutlich erwachsener und deutlich klüger.

Tja.

Mir fehlte jegliche Möglichkeit gesunder Kommunikation. Mich mitzuteilen hatte ich nicht gelernt. Ich wusste um Manipulation. Obwohl ich mich nach Wahrheit sehnte. Wenn ich meinen Vater um etwas bitten wollte, instruierte mich meine Mutter zu warten, bis er in guter Stimmung war. Das fand ich nicht richtig, denn ich spürte, dass es nicht mehr um die klare Beantwortung meiner Frage ging, sondern die Zustimmung oder Ablehnung hing nur von der Laune des Vaters ab.

Am Ende meiner ersten Beziehung probierte ich Rache aus. Ich erfand eine Schwangerschaft. Fast jedem Teenager fehlt die Möglichkeit der Voraussicht und das korrekte Einschätzen von Reaktionen, aber so weit war ich dann allerdings schon, um zu wissen, dass bei einer Schwangerschaft auch irgendwann einmal ein Kind kommen muss …

Meine Lügen waren sehr konkret in der Planung, denn zu lügen war ich gewohnt. So musste auch bei der erfundenen Schwangerschaft ein passender Schluss her. Dieses Mal ein überraschender Abgang. Als ich davon traurig erzählte, redeten mir Freundinnen ins Gewissen. Sie glaubten mir nicht.

Was ich daraus erkannte?

Vielleicht sollte ich doch bei so großen Sachen wie Schwangerschaften vorsichtiger mit dem Erfinden sein, und … Rache ist unpraktisch. »Er« nämlich zeigte überhaupt keine Reaktion – zumindest keine, an die ich mich erinnern kann. So hätte ich mir das ganze Drama sparen können.

»Eigentlich« wollte ich nicht lügen. Mein Mund öffnete sich, mein Gehirn schubste etwas nach vorn, und dann kam … die Übertreibung, die Story, eine Aussage, von der ich annahm, dass sie »besser« war als das, was wirklich passierte. Bei der ich mich nicht schämen musste. Etwas, was mehr Eindruck machte. Mich in einem besseren Licht stehen ließ. Mich wichtiger machte. Mir Aufmerksamkeit oder Mitgefühl brachte. Ich spürte eine hohe Dringlichkeit, sofort etwas sagen zu müssen. Ich erkannte aber auch, dass die frühen »Lügen« als Kind mein Versuch waren, mir eine andere, schönere Kindheit herzufantasieren, indem ich zum Beispiel von einem Pferd im Keller erzählte.

Wenn man mir nicht glaubte, war es mir unmöglich, meine Lüge zu korrigieren. Ich erinnere mich noch gut an das Gefühl, ertappt worden zu sein. Den Gesichtsausdruck meiner Freundinnen voller Zweifel. Den fragenden, kritischen Blicken, denen ich ausweichen wollte. Das Bemühen, mein Gesicht so hinzuarrangieren, dass man mir glaubte.

Die anderen spürten gelegentlich, dass ich log. Und wenn ich aufgefordert wurde, doch endlich die Wahrheit zu sagen, dann fühlte sich das an, als ob ich mich ausziehen müsste. Ich konnte es einfach nicht zugeben. Da gab es eine enorme innere Blockade. Daraus habe ich Verständnis entwickelt, wie schwer es sein kann, Lügen zuzugeben.

Fragen zur ersten Beziehung

Wie war deine erste Erfahrung? Wenn wir unsere erste Beziehung eingehen, dann ist die erste Liebe ähnlich der zu einem unserer Eltern. Bei mir war es der Vater. Mein erster Freund war ähnlich schweigsam, zurückgezogen und teilte sich nicht mit.

Wie war das bei dir? Hatte deine erste Liebeserfahrung Eigenschaften, die du einem Elternteil zuordnen kannst?

Mutter:

Vater:

Andere Erziehungsberechtigte (Patchwork-, Pflegeeltern und so weiter):

Cora hat eigenschaften meiner Oma

Ich erkannte, dass ich wohl weder interessant noch attraktiv war, weil man mich so schnell verlassen kann. Das entsprach meiner Selbstwahrnehmung. Ich musste also besser werden.

Vor Jahren schrieb ich das Theaterstück »Blütenstaub«, und ich interviewte dazu Frauen und Männer zu ihrer Entjungferung. Ich wollte durch das Theaterstück mehr Aufmerksamkeit darauf legen, wie prägend dieses »erste Mal« ist. Von den befragten knapp hundert Personen war es für ein Drittel ein wunderschönes Erlebnis, ein weiteres Drittel machte gemischte Erfahrungen, und für ein Drittel war es unangenehm bis verletzend.

Einige Frauen hatten zärtliche Jungs, die mit Rosenblättern, dem Lieblingsgetränk und Duftkerzen aufwarteten. Andere harte Vergewaltigungen, nach denen sie erst später erleben durften, dass nicht alle Männer »so« sind. Ein Freund von mir wurde von seinem Vater ins Bordell geschickt – mit zwei Damen, die ihn bedienten. Dadurch hatte er später immer das Gefühl, dass mit nur einer Frau eine fehlte.

Durch diese offenen Gespräche erfuhr ich viel über die Entscheidungen, die jede oder jeder Einzelne danach getroffen hat. Manche erkannten erst durch das Gespräch, wie sehr sie dieses Erlebnis geprägt hat.

Fragen zur ersten körperlichen Annäherung

Wie war deine erste körperliche Annäherung? (Zärtlich, unbeteiligt, spannend, aufregend, mühsam, lästig, schmerzhaft, schön, brutal, erfüllend und so weiter?)

unbeteiligt, schmerzhaft

Welche Entscheidung hast du danach getroffen? (In Zukunft werde ich vorsichtiger sein/mehr davon haben wollen/lieber tun, was man mir sagt/andere ausprobieren/damit manipulieren/mich bewundern lassen/mich unauffällig verhalten – und so weiter.)

Alles zugeben um geliebt zu werden.

Beeinflusst diese Erfahrung noch heute dein Leben? Wenn ja, in welche Richtung?

Ja, verfalle in dieses Gefühl.

Was hast du über den anderen gelernt?

Nähe zuzulassen.

Mein nächster Freund wurde mein erster Mann. Auch er war in unserer Clique; und wie wir zusammenkamen, weiß ich nicht mehr. Es war aber – so glaube ich – weder für ihn noch für mich diese leidenschaftlich-begeisterte Liebe. Wir kamen zusammen wie Knödel mit Soße. In Bayern gibt es den Ausspruch: »Passt!« Wir beide waren in der gleichen Clique. Passte also.

Und so heiratete ich mit neunzehn Jahren. Ganz in Weiß. In der Kirche. Wegen einer Wohnung. Damals, 1978, bekam man selten eine gemeinsame Wohnung, wenn man nicht verheiratet war; und als unser Vermieter darauf bestand, war der Heiratsantrag so pragmatisch wie mein erster Mann: »Dann heiraten wir halt.« Wir wollten zusammenziehen. Ich schien keine Wahl zu haben. Ich wollte mich unbedingt erwachsen zeigen und die Anrede »Fräulein« loswerden, die damals für unverheiratete Frauen noch gang und gäbe war.

Mittlerweile war ich durch Gewichtsverlust und Kontaktlinsen hübscher geworden. Ich hatte mir einen wirklich netten und zuverlässigen Ehemann ausgesucht. Nur ein paar Jahre älter als ich, aber stabil wie ein Fels. Er war der Typ Mann, der auf jeden Fall verheiratet bleiben wollte, »bis dass der Tod uns scheidet«. Und doch hatte ich ein kurzzeitiges außerkörperliches Erlebnis auf dem Weg zum Altar. Ich betrachtete mich von oben und dachte mir: »Was machst du da eigentlich?«

Ich hatte ein Ziel: Wenn ich schon als Freundin so versagt hatte und so austauschbar war, dann wollte ich wenigstens die beste Ehefrau werden. Da meine Eltern gemeinsam unglücklich waren – eine der wenigen Gemeinsamkeiten, die sie hatten –, wollte ich ihnen zeigen, dass ich es besser machen kann.

In meinem damaligen Verständnis von Ehe war das Folgendes: Ich sorgte dafür, dass er glücklich ist. Das hieß, ich versorgte ihn. Ich war es, die kochte. Ich war es, die die Wäsche machte. Ich war es, die aufräumte. Gleichzeitig begann ich mich in meinem beruflichen Sein zu entwickeln und wusste, dass dies der einzige Weg war, aus dem Leben herauszukommen, das ich von meinen Eltern her kannte. Ich war ehrgeizig, besonders auch weil das Geld immer noch sehr knapp war. Ich hatte bis dato noch nie Urlaub gemacht und wünschte mir ein schönes Zuhause. Dazu brauchte ich mehr Geld, also einen besseren Beruf.

Nach vier Jahren »perfekter« Ehe ging ich eines Tages in der Nähe von unserem Zuhause spazieren. Ich ging verheiratet in den Wald und kam getrennt heraus. Was war passiert?

Ich habe mich aus meiner Persönlichkeit herausgezogen und in diesem Wald mein Leben unter dem Blickwinkel der Seele gesehen. Damals war mir das natürlich nicht bewusst. Ich erkannte durch längeres Nachdenken und Forschen, dass ich mich einer Vision vom Leben untergeordnet hatte, die nicht meine war – etwas, was mir noch öfter passieren sollte. Ich hatte mich auf dem Altar der »perfekten Ehefrau« geopfert, aber jetzt konnte ich nicht mehr.

Meinen Teil dieses Spiels erkannte ich trotzdem noch nicht. Ich hatte ihm ja nur gegeben, was er wollte! Das ist doch nett von mir! Ich sah nicht ein, warum es ein Problem in unserem Eheleben war, dass ich ihm zuliebe jeden Samstag auf dem Fußballplatz stand (ich mag keinen Fußball), dass wir immer in der gleichen Kneipe saßen (ich wäre lieber mal irgendwo anders hingegangen), dass ich nicht dauernd bayerisch kochen und essen wollte (was er aber bevorzugte). Da dürfte man doch eigentlich Dankbarkeit dafür erwarten, oder nicht?

Beruflich war ich gerade zur Fotoredakteurin befördert worden und traf dadurch neue Menschen und Möglichkeiten, die in meinem bisherigen Umfeld nicht aufgetaucht waren. Mein Vater war Handwerker, meine Mutter Hausfrau. Ich hatte gerade noch die Fachschulreife geschafft, bevor mein Vater mich im Rausch aus der Wohnung schmiss, und traf jetzt auf Journalisten, Künstler, Kreative. Mein Mann wollte, dass ich kündigte und mir einen Städtischen-Angestellten-Job suchte, damit ich wie er am Freitagnachmittag um zwei Feierabend hätte. Ich aber mochte, was ich beruflich tat, und merkte erst jetzt, dass seine Vorstellung vom Leben und meine meilenweit voneinander entfernt lagen. Wir hatten weder vor noch während der Ehe wirklich darüber gesprochen.

Monatelang kämpfte ich mit mir, wie und wann ich es ihm sagen soll, dass ich mich trennen möchte. Als ich es endlich wagte, fiel er aus allen Wolken. Ich hatte mit keinem Wort vorher erwähnt, dass ich unglücklich war. Ich war so Schauspielerin in meinem eigenen Leben, dass ich in der Lage war, sämtliche inneren Gefühlswelten komplett zu verbergen. Ich war mit dem Vorbild meiner Mutter und ihrem Mantra von »durchhalten, durchhalten, durchhalten« und »nichts anmerken lassen« groß geworden, und das hatte ich verinnerlicht.

Er ging. Und unsere Freunde – die hauptsächlich seine waren – fühlten, sie müssten sich entscheiden, und sie entschieden sich für ihn.

Was ich daraus lernte, sollte mich mein Leben lang erfreuen: Behalte deine Freunde.

Damals war mir eine weitere Lektion nicht klar, denn erst Jahre später habe ich erkannt, dass es höchst unfair ist, den Partner so wenig über die eigene Gefühlslage wissen zu lassen.

Erstaunlicherweise fühlte ich noch eine Erleichterung nach meiner Trennung. Ich konnte hinter das Wort »verheiratet« einen Haken machen. Mich wollte schon mal jemand, und ich hatte einen neuen Nachnamen, um das zu beweisen.

Dieses Gefühl, dass man verheiratet sein muss, um seinen Wert zu belegen, war mir gesellschaftlich noch so anerzogen worden. Und da ich das jetzt »hinter mir hatte«, fühlte ich mich erlöst. Ich war 23 Jahre alt.

Obwohl ich damals keine Ahnung hatte, wie meine Intuition funktionierte, so folgte ich ihr doch. Ich wollte offiziell noch verheiratet bleiben, um mich vor unerwünschten Avancen zu schützen. Nein zu sagen hatte ich da noch nicht wirklich geübt. Und falls ich doch nochmal den Wunsch verspüren sollte zu heiraten, wollte ich mir damit Zeit verschaffen, länger darüber nachzudenken. Scheidungen dauern nun mal.

Das sollte sich als sehr nützlich erweisen. Ich traf einen Mann, der von seiner Frau verlassen worden war, und ich fand mich in der Rolle der Trösterin wieder. Die Rolle gefiel mir. Er trank zu viel, was ich zuerst auf die Trauer um die Affäre seiner Frau schob und erst später als Gewohnheit erkannte.

Diese Beziehung brachte mir einige neue Freundschaften, neue berufliche Blickwinkel und eine weitere Erfahrung: Ich wurde betrogen. Er wollte vielleicht durch eine Affäre heilen, was er in seiner damaligen Ehe selbst erlebt hatte. Ich fühlte mich lächerlich gemacht, denn seine Affäre hatte er zwar vor mir, aber nicht vor allen anderen verborgen.

Auch in dieser Beziehung war ich nicht ich selbst. Ich lebte immer noch nach dem Motto: »Welche Art von Frau hättest du denn gern?« Auch während dieser Beziehung unterbrach ich immer noch Beschäftigungen, die mir Freude bereiteten, um sie dem gemeinsamen Leben zu opfern.

Ich hatte mich angepasst. Eine Eigenschaft, die einiges an Vorteilen (wenn man auf Reisen ist oder sich in eine neue Situation einfinden muss), aber ungefiltert auch enorme Nachteile mit sich bringt. Ich bevorzugte es noch wegzuschauen, als es um meine eigenen Bedürfnisse und Schwächen ging, und erlaubte mir keinen wirklich klaren Blick auf mich selbst, meine Vorlieben und meine Sehnsüchte.

Obwohl er die Geliebte aufgab – ich hatte ihm großzügig zwei Wochen eingeräumt, um sich darüber klar zu werden, wen von uns er denn behalten wolle –, zerbröselte unsere Beziehung. Wir versuchten es zwar noch einmal, aber ich bekam die penetranten Gedanken nicht mehr aus meinem Kopf: »Was hat sie, was ich nicht habe?« – »Was kann sie, was ich nicht kann?«

Mit dieser Beziehung verlor ich auch gleichzeitig meine damals engste Freundin. Die Freundschaft endete, als ich mit einer kleinen Reisetasche in der ersten der zermürbenden Nächte während der Trennung zu ihr flüchtete und sie gerade mit ihrem Freund zusammengezogen war. Er gab mir den Schlüssel zu seiner Wohnung und bot mir das Gästezimmer an. Sie fragte mich Stunden später: »Und wo schläfst du morgen?«

Was ich damals gelernt habe? Ich beschloss, in Zukunft noch mehr für meine Freundschaften zu tun, damit die anderen sich dann mehr verpflichtet fühlen würden, auch für mich da zu sein. Eindeutig noch keine wache Entscheidung.

Mein Angebot, dass mein damaliger Freund zwei Wochen Zeit habe, sich zwischen mir und seiner Geliebten zu entscheiden, entsprach meinen Vorstellungen von einer »coolen« Reaktion. Ich agierte strategisch, manipulativ. Während dieser zwei Wochen gingen wir viel aus, und ich flirtete mit den anwesenden Männern, wollte ihm zeigen: »Sieh mal, wie begehrt ich bin.« Ich war auch hier nach außen orientiert und nicht nach innen. Mein Augenmerk lag darauf, wie *er* agierte, damit ich *re*agieren konnte.

Ich hatte lange die Angewohnheit zu warten, bis die Karten des anderen auf dem Tisch lagen, um dann zu versuchen, die passenden von mir dazuzulegen. Erst mal schauen, was gewünscht wird, dann erfüllen, was die Anforderungen sind, und anschließend sehen, ob noch der eine oder andere Wunsch von mir ein kleines Plätzchen findet.

In dieser Situation fühlte ich mich nicht nur betrogen, sondern auch öffentlich bloßgestellt – etwas, was ich später in meinem Beruf als Fernsehmoderatorin noch öfter erleben sollte und mir ein wichtiger Baustein zur inneren Freiheit wurde.

Dann lernte ich einen Aspekt von ihm kennen, der sich zwar angekündigt hatte, den ich aber vorher nicht in seiner vollen Tragweite erkannte. Er sprach von Anfang an schlecht über seine erste Frau – und jetzt eben auch über mich.

Ich lernte daraus, wie enorm wichtig es ist aufzupassen, wie meine neue Liebe über ihre ehemaligen Beziehungen spricht. Denn die Chance, dass ich auch mal zur Vergangenheit gehöre, ist dann doch nicht so unmöglich. Wenn also ein neuer Partner über seine vorherige Beziehung lästert, kein gutes Haar daran lässt, noch wütend ist und sich kleinlich verhalten hatte, dann kann das eine Vorschau darauf sein, wie es mit mir ausgehen wird. Wenn kein reflektiertes Nachdenken über die vorherigen Beziehungen stattgefunden hat, kann auch keine Entwicklung stattgefunden haben.

Gerade wenn wir im Trost-Modus sind und gern »retten« möchten, fallen wir da leicht hinein: »Der Arme! Die vorherige Frau war ja wirklich schlimm!« Damit fühlen wir uns nicht nur als Trösterin aufgewertet, sondern auch als Frau: »*Ich* bin ja so viel besser!« Das ist eine sehr ansprechende Ego-Falle. Und da dieser Typ Mann sich natürlich auch am Anfang von seiner liebenswerten Seite zeigt, ist es für uns als neue Freundin völlig unverständlich, dass die Probleme an ihm liegen könnten.

Was über vorherige Beziehungen gesagt wird, kann später auch über mich gesagt werden

Ich gewöhnte mir nach dieser Trennung an, die früheren Freundinnen beziehungsweise Ehefrauen meiner (potenziellen) Partner kennenzulernen.

Fragen zu früheren Partnerschaften

Bitte schau dir an, wie du selbst über vergangene Partnerschaften sprichst. Es geht nicht darum, die Erinnerung als rosarot und toll zu feiern, sondern um ein reflektiertes Erkennen von Ursache und Wirkung.

Wie sprichst du über vergangene Partnerschaften? (Ein paar Beispiele: »Es war bereichernd«, »Ich denke immer noch gern an ihn«, »Ich denke überhaupt nicht mehr an sie«, »Der vorherige Partner ist für mich gestorben«, »Sie war schuld«, »So eine Beziehung kann jedem Mal passieren«, »Ich wurde ausgenutzt«, »Er hat mich nicht verstanden« – und so weiter.)

Ich habe mich ein Teil durch Cora entdeckt.

Bin ich eifersüchtig auf das Vorleben des Partners?

Nein

Falls ja, warum? Das ist eine interessante Frage. Warum sind wir eifersüchtig auf das Vorleben? Fühlen wir uns unsicher? Befürchten wir, dass die vorherige Liebe besser (schöner, klüger, erfolgreicher) war, als wir es sind? Befürchten wir, er/sie könnte wieder zurückgehen? Also: Warum bist du eifersüchtig auf das Vorleben des Partners?

Nein

Bin ich grundsätzlich eifersüchtig?

Nicht genug zu bekommen

Warum? Haben wir kein Vertrauen? Wenn ja, warum haben wir das nicht? Oder klopft unsere Intuition an, und erspüren wir, dass unser Partner nicht treu ist? Beißen wir alles an Weiblichkeit weg, was sich in die Nähe unseres Mannes begibt? Sind wir schon mal betrogen worden und glauben deswegen, dass wir nicht mehr vertrauen? Wenn wir eifersüchtig sind, dann hat das meist andere Gründe, als vorher betrogen worden zu sein. Also: Warum bin ich häufig eifersüchtig?

Das die Liebe nicht reicht.

Habe ich zu früheren Liebsten noch Kontakt und warum?

Ja, weil ich mich verbunden fühle

Warum ja, warum nein?

Weil sie mir wichtig ist.

Kann ich mich mitteilen, oder lüge ich noch häufig? Diese Frage betrifft nicht nur die Liebesbeziehung.

Mir fällt es schwer Worte zu finden.

Bei welchen Gelegenheiten lüge ich?

Im Thema Beziehungskonstelation

Möchte ich mir das abgewöhnen?

Ja

Ich war jetzt 24 und arbeitete selbstständig als Pressefotografin. Obwohl ich schon lange nicht mehr bei meinen Eltern lebte, wurden Beschäftigungen, denen ich gern nachging, immer noch unterbrochen. Doch jetzt nicht mehr von meiner Mutter, sondern von mir selbst. Ich hatte es mir zur Gewohnheit werden lassen.

In der Sexualität wollte ich immer noch »eine tolle Liebhaberin« sein und ließ Zärtlichkeit und Aufmerksamkeit in meine Richtung kaum zu. Was eben auch mit meiner Erfahrung als Kind zu tun hatte: abbrechen, wenn es schön wird. Und: Ich schauspielerte immer noch. Auch da.

Während dieser Zeit lernte ich einen Mann kennen, der einiges vom Liebesspiel verstand und, nachdem er mir verwundert bei meinen akrobatischen Verrenkungen zuschaute, mich festhielt und meinte: »Jetzt bleibst du erst mal liegen.« Obwohl mein Körper das konnte, war es meinem Verstand nicht möglich. Je weniger ich mich bewegte, desto intensiver tobte es in meinem Hirn. Es dauerte eine lange Weile, bis es in meinem Kopf ruhiger wurde und ich meinen Körper endlich genießen konnte. Obwohl ich zum ersten Mal sexuell erfüllt war (jetzt hatte auch ich erfahren, warum die meisten so begeistert davon sind), spürte ich, dass unsere Gemeinsamkeit sich auf das beschränken würde, und zog mich zurück.

Beruflich war ich Gast in einer Fernsehsendung und wurde fürs Fernsehen entdeckt. Somit begann ein neuer Lebensabschnitt, der mir half, das Alleinsein zu überwinden. Jede Minute meines Terminkalenders war gefüllt. Ich lebte jetzt zwar allein, aber der Fernseher lief konstant, sollte ich mal zu Hause sein. Ich brauchte immer Menschen um mich herum, und falls sie nicht da waren, telefonierte ich stundenlang. Obwohl sich ein Teil von mir nach Ruhe sehnte, gab es einen anderen Teil, der dabei in Panik geriet: »Man« mag mich nicht.

Fragen zum Alleinsein

Wie komme ich mit dem Alleinsein zurecht?

Ich denke über die Menschen nach und fühle mich nicht geliebt.

Welche Gedanken habe ich über meine Zeit, die ich allein verbringe?

Mag es ruhe zu haben (Pendelt sehr)

Genieße ich die Zeit allein?

Bin hin und her gerissen.

Falls nein: Warum genieße ich sie nicht?

Weil ich Angst habe in Vergessenheit zu geraten.

Was mache ich, wenn ich allein bin?

Lesen, Youtube, Meditieren, Gedanken-Karussell

Fülle ich diese Zeit mit Ablenkungen oder mit eigener Kreativität beziehungsweise eigenen Interessen?

Pendelt zwischen beiden

Nach meiner kurzen Affäre hatte ich einen Kollegen beim Fernsehen kennengelernt, mit dem ich mich sehr gut unterhalten konnte; und wir verbrachten immer mal wieder Zeit miteinander und wurden Freunde. Er war ein attraktiver Mann und wurde oft angeflirtet. Er genoss es sichtlich, Aufmerksamkeit zu erhalten, und war auch gelegentlich mitten im Gespräch mit mir abgelenkt. Da dachte ich mir jedes Mal: Wie gut, dass ich nicht seine Freundin bin. Aber er sprach nett über frühere Freundinnen.

Als wir uns dann doch ineinander verliebten, glaubte ich, dass er sich ändert. Schließlich hatten wir ja zuerst ein freundschaftliches Verhältnis. Wie heißt es oft so passend? Der Mann hofft, dass die Frau so bleibt. Die Frau hofft, dass der Mann sich ändert …

Das hoffte ich auch.

Vergeblich natürlich.

Ich hing an ihm. In manchen Bereichen verstanden wir uns großartig (beruflich, Interessen), in anderen waren wir nicht kompatibel (Nähe, Beziehungswerte). Gerade wenn wir uns im öffentlichen Raum aufhielten, wurde ich oft allein gelassen. Ich wollte ihn nicht verlieren, und so nahm ich meine emotionale Achterbahn hin. Ich war fasziniert, genervt, aber eben auch unterhalten von den Dramen. Ich war immer noch bereit, mein Wohlergehen für eine Beziehung aufzugeben.

Gegen Ende unserer vier gemeinsamen Jahre schnüffelte ich hinter ihm her, weil ich spürte, dass es da Geheimnisse mit anderen Frauen gab. Ich hatte noch nicht gelernt, dass Menschen sich in der Regel auch weiterhin so verhalten, wie sie sich normalerweise verhalten. Ich merkte erst später, wie unehrlich ich mich selbst auch noch in dieser Beziehung verhielt. Ich war nicht nur tagsüber Schauspielerin in meinem Leben, sondern immer auch noch nachts. »Hingabe« war ein Fremdwort für mich. Ich legte mir ein sexuelles Repertoire zu, das nicht meines war. Den Gesprächen über unsere Beziehung fehlte die Tiefe: Es gab eher

Streit, stichelnde Angriffe, auch Tränen, aber keinen wirklich tieferen Gedankenaustausch.

Was mich an dieser Beziehung immer wieder festhalten ließ, waren nicht nur unsere Gespräche, sondern auch seine Familie, die ich sehr mochte. Die Gesprächsthemen dort drehten sich nicht um die Nachbarn und die letzte Fernsehserie. Es schmerzte mich fast mehr als die Trennung von ihm, als mir klar wurde, dass ich nicht in dieser Familie bleiben würde.

Allerdings hatte ich eine frühere Lektion wirklich umgesetzt: Ich hatte alle meine Freunde behalten. Unsere gemeinsamen Freunde wurden weder von ihm noch von mir vor die Wahl gestellt, und unsere Trennung – da weder Kinder noch Haustiere vorhanden waren – brauchte nur eine Entscheidung: Wer geht in Zukunft in welche Kneipen? Denn ich wollte ihm nicht dauernd über den Weg laufen. Mein Selbstbewusstsein war im Keller. Nach außen hingegen war ich die erfolgreiche, gutgelaunte, hübsche Fernsehmoderatorin.

Zu meiner Überraschung änderte sich mein Freund nach unserer Trennung. Er verliebte sich wieder (viel zu schnell für meinen Geschmack; mein Ego hätte es besser gefunden, wenn er noch länger um mich getrauert hätte). Und für die Neue tat er »alles«. Er überlegte sich sogar, sein Auto zu verkaufen, um mit ihr eine Urlaubsreise zu machen. Mir hingegen hatte er mal den Schneekratzer in die Hand gedrückt und sich ins Auto gesetzt, um es zu starten …

Irgendwas musste ich falsch machen! Aber was? Können diese anderen Frauen etwas, was ich nicht kann? Sind sie so großartig im Bett (das dachte ich damals wirklich), dass die Männer dann alles für sie tun? Er war plötzlich aufmerksam. Liebevoll. Hingerissen. Ich kannte diesen Aspekt nicht von ihm. Jahre später verstand ich den Zusammenhang: Sie war eine ganz andere Frau als ich: Sie bemutterte ihn nicht. Sie ließ ihren Worten Taten folgen. Sie war selbstbewusst. Sie wusste, was sie wollte.

Mein früherer Freund und ich haben uns später oft über die einzelnen Stationen und Situationen unterhalten. Über vieles haben wir herzlich lachen können. Und ich habe gelernt, dass die Liebe nicht aufhören muss. Mit ihm wie mit allen meinen Männern, die danach kamen, bin ich in Liebe verbunden.

Fragen zum Thema Sexualität

Sexualität ist im Idealfall ein inniges Miteinander. Wir schauen uns in die Augen und erfreuen uns aneinander. Zärtlichkeit wie Leidenschaft darf existieren. Man macht nichts, was man nicht möchte oder bei dem man sich unwohl fühlt. Es gibt keinen Zwang und keine Scham. Wir erspüren diese tiefgehende Innigkeit. Lust darf kommen und gehen. Niemand muss »fertig« werden. Es gibt ein ausgewogenes Geben und Empfangen. Es gibt Zeit und Pausen. Die gemeinsame Innigkeit und die Sexualität können offen besprochen werden, zum Beispiel auch in Zeiten der Wechseljahre, in denen sich die Sexualität verändert:

Sexualität ist ein spannender Bereich in einer Beziehung. Wie ist es mit deiner? Bist du eine Schauspielerin im Bett?

Ich bin jetzt offener. Bei Thema Orgasmus bin ich noch nicht frei.

Gibt es Herausforderungen?

Ja

Wenn ja, in welchem Bereich?

Orgasmus

Erlaubst du dir, dich ganz zu zeigen?

Ich lasse nicht gleich los.

Vergleichst du dich mit anderen?

Nein

Kannst du deinem Partner beim Liebesspiel in die Augen schauen?

Ja

Stimmst du nur Praktiken oder Zärtlichkeiten zu, die du auch wirklich magst?

Nicht bei allem.

In einer meiner Beziehungen kam das Sexualleben nach dem ersten Jahr fast komplett zum Erliegen, und das stürzte mich damals in das Gefühl, abgelehnt zu werden. Ich weinte oft. War häufig verzweifelt. Er wollte sich damit nicht auseinandersetzen, und ich versuchte es mit Gesprächen, Verführung, Beleidigtsein, Distanz. Ich spielte in seinem Spiel nach seinen Regeln. Ich war erst nach langer Zeit in der Lage, endlich die Konsequenzen zu ziehen und zu gehen. Der Grund war eben nicht nur die fehlende Sexualität. Der Grund war auch, dass er sich weigerte, darüber zu sprechen, mit mir gemeinsam keine Lösung suchen wollte und er damit meine Bedürfnisse ignorierte.

Wie wir mit unserer Sexualität umgehen, sagt uns etwas darüber, wie wir mit uns selbst umgehen. Ich zeigte mich nicht, wie ich wirklich war. Davon hatte ich auch noch zu wenig Ahnung. Ich zeigte meine Gefühle nicht. Ich hörte nicht auf meinen Körper. Mein Kopf bestimmte, wie ich mich bewegte und mich zu verhalten hatte. Ich sehnte mich nach Akzeptanz und Anerkennung. Ich hing in konstanten Gedankenschleifen fest. Ich zog kaum Konsequenzen. Ich hatte keine Ahnung und keinen Plan für ein anderes Verhalten als das, was ich gewohnt war.

Ich war mittlerweile 28 Jahre alt, und während dieser Zeit starb mein Vater. Es war für mich kein emotionales Erlebnis, sondern eine Erleichterung. Aus der Retrospektive betrachtet weiß ich jetzt, dass ich in meiner Ursprungsfamilie keine Rückendeckung empfand. Als ich zu Hause rausflog, stand ich von da an auf eigenen Beinen. Das war natürlich für mein Wachstum ein großer Vorteil, denn es gab keine Möglichkeit, mich irgendwo entspannt zurückzulehnen. Und doch sehnte ich mich danach.

Die zweite Ehe

Ich traf auf einer Hochzeit meinen zweiten Mann, und er verliebte sich in mich. Sein Werben war zielstrebig. Da wackelte nichts an seinem Interesse. Das beruhigte mich enorm, denn ich hatte in meiner letzten Partnerschaft und bei meinen Flirts nur wackelige Männer kennengelernt.

Endlich jemand, der weiß, was er will. Das hat mich sehr beeindruckt.

Mittlerweile wusste ich auch mehr, was ich wollte – hatte aber immer noch kein »Werkzeug«, das umzusetzen.

Die erste Frau, die mir mein neuer Ehemann vorstellte, war seine Ex, und wir wurden enge Freundinnen. Dass ich meine Freunde behielt, war jetzt Selbstverständlichkeit. Ich log auch weniger häufig. Das hatte sich auf ein »Notfall-Lügen« eingependelt. Nur hatte ich immer noch zu viele Notfälle.

Da ich in ein fremdes Land zog und in Deutschland berufstätig war, verspürte ich in der ersten Zeit eine enorme Panik, in die Rolle meiner Mutter zu schlüpfen: kein eigenes Geld mehr zu verdienen. Das wusste ich dann doch zu vermeiden.

In meiner Ehe lernte ich langsam, mich klarer mitzuteilen. Ich wurde Mutter, war in der Lage, in Deutschland weiterhin als Fernsehmoderatorin zu arbeiten, und kurz danach hatte ich eine enorm schmerzhafte berufliche Krise. In deren Folge begann ich mich mit spirituellen Themen zu beschäftigen – zum Schrecken aller. Ich legte mein fokussiertes Augenmerk auf mein Wachstum und damit auf meine Gewohnheiten.

Ich veränderte mich komplett in meiner Ehe. Ich entschied mich für diverse Therapien und Fortbildungen. Alles, um mehr Selbsterkenntnis und mehr Verständnis zu entwickeln. Nicht nur für die anderen, sondern auch für mich. Und endlich hörte ich auch auf zu lügen. Ich hatte mir jetzt anderes Handwerkszeug angeeignet.

In unserer Ehe gab es diverse Herausforderungen, die nicht einzeln beschrieben werden müssen, die größte war allerdings, dass wir nicht kompatibel waren. Und obwohl ich jahrelang hoffte und für meine Tochter die Familie erhalten wollte, musste ich irgendwann einmal erkennen, dass es mir nicht gelingen würde. Wir passten nicht zusammen. Wir waren diverse Male in Ehetherapien, und in der letzten rief ich verzweifelt: »Als wir uns kennenlernten, hast du dich vollkommen anders dargestellt, als du wirklich bist!« Er schaute mich überrascht an und meinte nur: »Aber natürlich! Sonst hättest du mich doch nicht geheiratet!«

Da verstand ich, was ich vorher nicht begriffen hatte: Nicht unsere Ehe hatte sich verändert, sondern der sich meinetwegen während der Verliebtheitsphase veränderte Mann kam in seinen

Ursprung, sein wahres Sein zurück: *Wenn wir uns trennen, lernen wir uns kennen.*

Das Männerbild heilen – oder das Frauenbild

Ich hatte enge weibliche Freundschaften, aber wenige männliche, und auch da gab es einen Unterschied in der Tiefe der Freundschaften. Durch meinen Vater hatte ich in mir abgespeichert, dass ich mich auf Männer nicht verlassen konnte. Und obwohl ich das später und auch in meiner Ehe anders erlebte, so erspürte ich wenig emotionale Rückendeckung. Fast alle Tiefen machte ich mit mir selbst aus. Meine Sehnsucht nach Spiritualität war auch deswegen so groß, weil ich in unserer Ehe Nähe vermisste. Und vieles, was ich außerhalb seines Interessenfeldes erforschte, stieß bei ihm auf enormen Widerstand.

Zum Vergeben und zum Verständnis gehört auch, sich über das innere Männerbild beziehungsweise das Frauenbild klar zu werden. Dabei half mir meine Schreibgruppe, der ich über zehn Jahre lang angehörte und die sich jeden Mittwoch traf. Von Nancy Bacal – der Leiterin – wurde ein Thema vorgegeben (Entscheidungen, Verlust, Neuanfang, Nähe, Enge und so weiter), und jeder hatte dann eine halbe Stunde Zeit, etwas darüber zu schreiben. Danach las man es vor, und Nancy und die Zuhörenden gaben Feedback.

In meiner Schreibgruppe erlebte ich zum ersten Mal Männer, die sich völlig offen zeigten und auch äußerten. Das war für mich Neuland. Ich bemerkte keinen Unterschied mehr in dem emotionalen Erleben von einem Mann oder einer Frau. Einer in der Gruppe schrieb über seine erste Liebe, und mit welcher Hingabe und Aufmerksamkeit er vierzig Jahre später ihren Duft, ihr Wesen, ihr Lächeln und den glückseligen Schauer der Berührungen beschrieb, berührte uns alle.

Während jener Gruppentreffen – den Erlebnissen dieser verschiedenen Männer lauschend – heilte ich meine Distanz zum anderen Geschlecht. Durch meinen Vater hatte ich Männer als fremd und stumm kategorisiert, und erst jetzt durfte ich sie als nah, ähnlich und genauso sensibel wie mich begreifen.

Unsere Erlebnisse aus der Kindheit prägen unser Partnerschaftsbild enorm. Wird zum Beispiel das ursprüngliche Männerbild nicht betrachtet und bleibt es unerlöst, so wabert es in unserem weiteren Leben herum und wird uns weiterhin zu einem bestimmten Menschentypus hinziehen. Haben wir den schon in Grün, Rot und Blau gehabt, ist es ganz praktisch, spätestens bei der vierten Farbe mal genauer hinzuschauen.

Ob wir weiblich, männlich oder trans sind – wir haben prägende frühkindliche Erlebnisse und Entscheidungen über das andere und auch das eigene Geschlecht beziehungsweise andere Geschlechter. Wir stoßen auf einen wahren Wissensschatz, wenn wir uns erlauben, das genau zu betrachten.

Bitte nimm dir auch bei diesem Thema Zeit: Was hältst du von dem anderen Geschlecht beziehungsweise anderen Geschlechtern? Es geht hier nicht nur um das Geschlecht, von dem du dich in einer Liebesbeziehung angezogen fühlst, sondern allgemein um den Eindruck unseres Gegenübers. Aufgrund unserer Sozialisierung haben wir tief verwurzelte Vorstellungen von Geschlechterrollen.

Sie war ein »Papakind«. Jede Zeit, die sie mit ihrem Vater verbrachte, wurde von ihrer Mutter eifersüchtig kommentiert und häufig unterbrochen. Sie kam auch in der Schule besser mit Jungs klar. In der Pubertät war sie das einzige Mädchen in der Jungs-Clique, und bis heute hat sie keine beste Freundin.

Beruflich hat sie es weit gebracht und betrachtet die nachkommenden weiblichen Kolleginnen mit Argwohn. Sie erlebt Frauen als unzuverlässig, schwankend, eifersüchtig. Sie ist oft die einzige Frau im Kreis von Männern, und sie mag das so. Das alles änderte sich schlagartig, als sie eine weibliche Chefin bekam, die ihre schnippischen und kühlen Bemerkungen nicht einfach so durchgehen ließ. Doch statt mit Ablehnung, Kontrolle und Druck zu reagieren, verhielt sich ihre Chefin nach einem Vierteljahr ganz anders: Sie lud sie zu sich nach Hause zum Abendessen ein. Und dort begann ein erstaunliches Gespräch, das sie zum Nachdenken brachte. »Ich möchte, dass Sie eine Abteilung leiten, aber so, wie Sie noch mit anderen Frauen umgehen, kann ich Sie nicht fördern. Ich kann sehen, was Sie von Ihren Geschlechtsgenossinnen halten. Gibt es denn irgendetwas, was Ihnen an Frauen gefällt?«

Ein Blick in das Gesicht ihrer Vorgesetzten zeigte ihr, dass diese aus ehrlichem Interesse fragte, und so begann ein Dialog, ein Lernen und damit auch eine Zusammenarbeit, die langfristig nicht nur ihr Leben veränderte, sondern auch das ihrer Kolleginnen. Als sie selbst weibliche Zusammenarbeit und Fürsorge erlebte, entwickelte sie sich mit der Zeit von der überzeugten Konkurrentin zur weiblichen Mentorin.

Das, was sie am meisten berührte, war aber die Erkenntnis, wie sehr sie sich nach weiblichen Freundschaften gesehnt und welche Aspekte sie in anderen Frauen und damit auch in sich selbst abgelehnt hatte. Sogar ihrer Mutter gegenüber konnte sie jetzt eine gewisse Gelassenheit und Nachsicht zeigen, und auch da öffnete sich eine Gesprächsbereitschaft, die ihr das Verhalten ihrer Mutter erklärte. Sie verstand, dass ihre Mutter ihr gestörtes Frauenverhältnis ungefiltert an ihre Tochter weitergegeben hatte. Denn das entsprach auch dem Erleben in ihrer Kindheit.

Es ist immer interessant nachzuschauen, was wir von anderen halten. Ich habe zu den folgenden Fragen auch das »dritte Geschlecht« hinzugefügt, da nicht alle eindeutig dem männlichen oder weiblichen zuzuordnen sind. Es gibt nun mal mehr als zwei. Falls du niemanden kennst, versuch die Frage danach aber trotzdem zu beantworten. Dadurch ermöglichen wir uns, unsere Vorstellungen zu erkennen.

Fragen zum Männer- und Frauenbild

Welche Eigenschaften schätze ich an Frauen?

Sanftheit, liebevoll, zärtlich

Welche Eigenschaften schätze ich an Männern?

Stärke, geduld, ruhe

Welche Eigenschaften schätze ich an Trans?

eine Mischung aus beiden

Welche Eigenschaften stören mich an Frauen?

zickig, launisch, arrogant

Welche Eigenschaften stören mich an Männern?

weich, ungesprächig, kleinlich

Welche Eigenschaften stören mich an Trans?

Wankelmütig

Glaube ich an geschlechtsspezifische Eigenschaften?

Ein Teil von mir hat noch Vorurteile

Mag ich bei Männern etwas anderes als bei Frauen?

Gelassenheit

Und wenn ja, warum?

Sie wirken gefestigter gelassener.

Erlaube ich mir selbst manche Eigenschaften nicht, weil ich sie eher dem anderen Geschlecht zuordne? Wurden mir in meiner Kindheit bestimmte Geschlechter-Eigenschaften nahegelegt? Zum Beispiel bei Mädchen: »Sei nicht so wild!«, oder bei Jungs: »Ein Indianer kennt keinen Schmerz!«

Wurde als Kind Bubi genannt.

Behandle ich andere unterschiedlich aufgrund ihres Geschlechts? (Das kann man übrigens häufig bei Homophobie [Feindseligkeit gegenüber anderer sexueller Orientierung] beobachten.) Nur weil jemand eine gleichgeschlechtliche Orientierung hat, stülpen wir bestimmte Eigenschaften auf ihn oder sie.

Kampflesbe,

Ich fand es immer sehr bereichernd, mir meine Angewohnheiten nicht nur selbst anzuschauen, sondern meine Nächsten danach zu fragen. Sehr häufig war mir etwas entgangen, was für sie offensichtlich war. Deswegen bespreche die folgenden beiden Fragen bitte mit den Menschen, die dich sehr gut kennen:

Welche Eigenschaften habe ich, die ich verbessern könnte?

. . . .

Welche Eigenschaften habe ich, die du an mir schätzt?

. . . .

Wir sehen, was wir sehen wollen

Bei mir sind die Eigenschaften, die ich schätze, nicht geschlechtsspezifisch. Und doch gibt es gesellschaftliche Schwingungen, die uns mit beeinflussen. Die liebevolle, sich selbst aufgebende Mutter und der starke, selbstbewusste Vater gelten immer noch in weiten Kreisen als Idealvorstellung.

Der sich selbst aufgebende Mann? Hm. Schon gar nicht mehr so sexy. Die starke, selbstbewusste Mutter? Regt sich da Abwehr?

Was wir sehen wollen, beeinflusst unsere Wahrnehmung:

Drei Frauen machen einen Ausflug. Eine ist schwanger, eine hat Hunger, und die andere ist auf Partnersuche. Sie besuchen einen kleinen Ort und halten sich dort eine Weile auf.

Auf der Rückfahrt tauschen sie sich aus: »Erstaunlich, wie viele gutaussehende Männer es dort gab«, meint die eine. »Was? Da war doch wirklich niemand Interessantes. Aber es gab tolle kleine Restaurants!« – »Restaurants? Männer? Also, ich hab nur jede Menge schwangerer Frauen gesehen!«

Was bedeutet das in unserer Partnerschaft? Wenn wir in der Liebe oder Freundschaft eine Eigenschaft als »typisch« eingeordnet haben, sehen wir andere Eigenschaften oft nicht mehr. Uns entgehen Veränderungen.

Wir alle entwickeln uns.
Manche schneller, manche langsamer

In meiner Ehe entwickelte ich mich enorm. Ich war nicht mehr die gleiche Person. Mein Mann hatte eine erfolgreiche, charmante, aber auch angepasste Fernsehmoderatorin geheiratet und ein paar Jahre später eine seltsame Frau zu Hause, die sich nicht mehr anpassen wollte, die sich ein Tipi zu Weihnachten wünschte, komische Freunde mitbrachte, täglich meditierte, mittwochs kein Wort sprach und dann auch noch Bücher schrieb, die damals gern in die Kategorie »Jetzt spinnt sie aber« eingeordnet wurden.

Für ihn entwickelte ich mich von der idealen Frau und sozial kompatiblen Begleiterin eines Karrieremanns zu einer Anstrengung. Für mich war es genau andersherum: Ich erlebte mich als Wesen, das vorher angepasst und unfrei war, jetzt aber endlich alles infrage stellte und keinen Stein mehr auf dem anderen ließ und mit einem Mann verheiratet war, der mir mindestens einmal die Woche sagte, ich sei auf dem falschen Weg.

Eine Beziehung lebt durch die Veränderung. Und obwohl wir uns manchmal vor Veränderungen fürchten – es ist nun mal etwas

Neues –, so ist es doch auf Seelenebene enorm gewünscht. Und gerade bei Paaren, die über dreißig Jahre glücklich verheiratet sind, erkennt man die wechselnde Entwicklung, die wohl in den meisten Fällen für eine Weile mühsam war.

In meiner Ehe gab es aber in Bereichen, die mir enorm wichtig wurden – tief gelebte Spiritualität –, keine Annäherung. Ich hatte mich verändert. Und das war nicht mehr rückgängig zu machen.

Das, was eine Beziehung lebendig und im Wachsen begriffen hält, ist die Art und Weise, wie wir miteinander kommunizieren. Dabei können sich enorme Schwachstellen zeigen. Uns ist als Kindern vielleicht der Mund verboten worden, es interessierte niemanden, was wir sagen wollten, man hat uns nicht geglaubt, uns wurde gedroht – all das hat uns geprägt, und in Beziehungen wie auch bei Trennungen kommt uns das geballt entgegen.

Wenn wir in unserer Kindheit etwas erlebt haben, was uns traumatisiert hat – das mag eine mehr oder weniger übergriffige Situation oder auch nur ein dahingeworfener abfälliger Satz gewesen sein –, dann versuchen wir alles, um diesen Schmerz nicht mehr zu erleben. Wir treffen mit den uns bisher zur Verfügung stehenden Erfahrungen und aus unserer kindlichen Wahrnehmung bestimmte Entscheidungen:

Kam es zur Gewalt in unserer Kindheit, haben wir uns vielleicht entschlossen, in Zukunft so unsichtbar wie möglich zu sein. Gab es Sarkasmus, haben wir vielleicht entschieden, unsere Zartheit nicht mehr zu zeigen. Was immer unsere Entscheidung war, sie war damals klug, aber jetzt – und das ist wichtig zu wissen – braucht diese Entscheidung dringend ein Update.

Warum war das damals klug? Weil wir uns durch unser angepasstes Verhalten wahrscheinlich zusätzlichen Schmerz und Ärger erspart haben. Außerdem waren wir Kinder. Da standen uns nicht viele Möglichkeiten zur Verfügung. Unsere Eltern beziehungsweise unser Umfeld war in einer Machtposition.

Nun aber sind wir erwachsen und haben andere Möglichkeiten, damit umzugehen. Wenn wir unsere kindliche Entscheidung jetzt nicht bewusst erkennen, reagieren wir so, wie wir damals als Kind reagiert haben. Bei mir war das unter anderem die Gewohnheit zu lügen.

Das zu erkennen und zu lösen gehört auch in die »Innere-Kind-Arbeit«.

Eine weitere Trennung – eine weitere Lernerfahrung

Es war enorm schmerzhaft, die Ehe nach fünfzehn Jahren aufzugeben und damit auch das Familienleben. Es ändert sich alles, wenn gemeinsame Kinder da sind, und wir beide wollten unserer Tochter neben dem Schmerz über unsere Trennung nicht noch weitere hinzufügen. Ich habe viel geweint während dieser Zeit. Hauptsächlich darüber, was die Trennung mit unserer Tochter machte. Ich überlegte mir am Anfang auch, ob ich nicht bleiben sollte, bis sie erwachsen wäre. Dazu hätte ich aber meinen Mann anlügen, ihm also eine Paarsituation vorgaukeln müssen, die dann drei Jahre später abrupt beendet würde. Das widersprach meinem Ehrgefühl.

Trennungszeiten sind nicht einfach. Es gab genug Momente, in denen wir wackelten, aber wir hielten uns beide vor Augen, was wir wollten: gemeinsam gute Eltern bleiben und unsere Freundschaft aufrechterhalten. Wir hatten uns beide als zuverlässig erlebt und wussten, dass wir für unsere Tochter Ursprungsfamilie sind. Und wir beide wussten auch eines: Wer immer als Partner(in) folgt, muss mit unserer Familiensituation umgehen können, sonst kommt er/sie nicht infrage.

Mir war es wichtig, dass mein Mann das gemeinsame Familienhaus behält, denn mir fällt es leicht, ein neues Zuhause zu gestalten. Dadurch hatte meine Tochter bei ihrem Vater immer noch das Gefühl, zu Hause zu sein. Bis ich etwas Passendes fand, schlief ich im Gästezimmer. Da wir während unserer Ehe eine Haushälterin hatten, die eher wie eine Tante für unsere Tochter war, blieb sie bei meinem Ex-Mann, und so gab es weiterhin eine Art Mutterfigur im Haushalt, der ich komplett vertraute. Unsere Tochter wechselte etwa alle zwei Wochen von einem Zuhause zum anderen, und doch gab es keine festen Zeiten, in denen sie da oder dort sein musste. Wir richteten uns nach dem Reiseplan ihres Vaters und hatten einmal die Woche ein Familienabendessen. Wenn unsere Tochter Mutter oder Vater sehen wollte, konnte sie beide sehen. Freunde fragten mich, ob ich wieder zurück nach Deutschland wollte. Und obwohl ich das gern getan hätte, war mir klar, dass ich die nächsten Jahre noch in den Staaten bleiben würde, denn ich wollte unserer Tochter auf gar keinen Fall den Vater wegnehmen.

Was erfuhr und lernte ich in dieser Beziehung? Während und auch noch nach der Ehe war ich nicht geübt darin, Grenzen zu setzen. Ich zog mich zurück und weinte heimlich. Nur in Ausnahmefällen und mit dem Rücken zur Wand wurde ich vehement. Ich hatte einen Mann geheiratet, der zwar viel einsah und auch verstand, warum ich etwas ändern wollte, der aber sein Leben nicht ändern mochte. Er lebte genau so, wie er leben wollte.

Ich nicht.

Ich brauche Entspanntheit in einer Beziehung. In seiner Persönlichkeit war das damals kein erstrebenswerter Zustand. Seine Stimmungen konnten ebenfalls täglich schwanken; und obwohl ich damit umzugehen wusste, erlebte ich es als enorme Anstrengung und als Erinnerung an meine Kindheit. Ich habe selten

Stimmungsschwankungen. Ich brauche Ruhe in meinem Leben. Das war mir lange nicht klar. Wenn ich allein war, dann hinterließ das früher das Gefühl in mir, »nicht beliebt zu sein«, und so war mir die Dringlichkeit von Alleinsein und Ruhe für mich noch nicht wirklich aufgegangen. Erst später verstand ich das.

Außerdem hatte ich vier Angewohnheiten und die damit verbundene Hoffnung beziehungsweise Erwartungshaltung noch nicht aufgegeben:

- Ich fühlte mich noch für alles in meinem Umkreis verantwortlich, wollte alles richten und übernahm deswegen viele Aufgaben, an denen ich keine Freude hatte. In der Hoffnung, dass die anderen merken, wie wenig mir das gefällt, und das nicht mehr von mir fordern. Die Realität ist: Ich bin für andere nicht verantwortlich, und es ist unmöglich, alles zu richten.
- Ich mischte mich noch zu sehr in das Leben der anderen ein, wollte sie alle beruhigen und für ihre emotionale Stabilität sorgen. In der Hoffnung, dass, wenn alle glücklich wären, es endlich Frieden gäbe. Die Realität ist: Ich kann nur für meinen eigenen inneren Frieden sorgen wie die anderen für ihren – wenn sie das überhaupt wollen.
- Durch mein übertriebenes Pflichtbewusstsein sagte ich immer noch zu oft Ja, wenn ich besser Nein gesagt hätte. Die Hoffnung dahinter war, dass ich dafür geliebt würde. Die Realität ist, dass man wenig Respekt erlebt und oft ein schlechtes Gewissen hat, immer noch nicht genug zu tun.
- Ich stellte das Wohlbefinden aller anderen über mein eigenes. Und wenn ich das schon machte, dann hoffte ich wenigstens auf Dankbarkeit. Auch das tritt langfristig nicht ein. Die Realität ist: Wir werden vielmehr als übergriffig, eingebildet und manipulierend empfunden.

Fragen zu deinen Angewohnheiten und den damit verbundenen Hoffnungen

Welche Angewohnheiten möchtest du gern ablegen?

Pflichtbewusstsein, Druck ausüben

Was sind die Hoffnungen dahinter?

Meine Entspanntheit zu leben.

Sind diese Hoffnungen Illusionen, oder hältst du sie für realisierbar?

Es ist jetzt da.

Sorgst du für dein Wohlbefinden?

Gerade stehe ich am Wasser alleine.

Was erhoffst du dir davon?

Zu ruhe zu kommen

Ist diese Hoffnung bisher eingetreten?

Ja Jetzt

Wie viel Zeit gibst du dir noch, bis sie eintritt?

Ich lebe es jetzt

Der Grund für die letzte Frage ist der, dass es keine Erfolgskontrolle gibt, wenn wir die Hoffnung in diesem zeitlosen Rahmen herumschwirren lassen. Dies zeigt etwa das folgende Beispiel:

Er hat ein Ziel. Seit Jahren schon arbeitet er an einem Start-up, das angeblich immer wieder kurz vor der Finanzierung steht. Dann kommt das Geld doch nicht. Sie hält seine Vision mit ihm hoch. Beide würden dann in ein anderes Land ziehen. Beide wollen dorthin. Sie hat bisher beide finanziert, und jetzt geht ihr langsam das Geld aus. Sie ist schon 65 Jahre alt. Er siebzig. Beide halten an der Vision fest, denn mittlerweile hängt ihre Altersversorgung davon ab. Das, was sie bisher angespart haben, geht für diese Vision drauf.

Das läuft jetzt schon seit zehn Jahren so. Sie kümmert sich nicht mehr um ihr eigenes Leben, sondern nur noch um seines. Immer wieder heißt es auf Nachfrage: Das Geld kommt bald. Die Verträge sind schon beim Anwalt. Von ihren Freundinnen hat sie sich in den letzten Jahren immer mehr zurückgezogen. Diese halten ihn für einen arroganten Hochstapler und sie in einer Illusion gefangen. Obwohl die Beziehung nicht glücklich ist, weigert sie sich, genau hinzuschauen. Die Zeichen ihres Körpers ignoriert sie. Obwohl sie sich immer wieder verletzt, schon mehrmals gestürzt ist und mittlerweile eine Gehhilfe braucht. Sie deckt die Realität mit dem Mantel der Spiritualität zu: »Ich weiß, wie man etwas manifestiert, und das wird passieren.« Sie möchte nicht, dass ihr Traum (ihre Hoffnung auf ein leichteres, sorgenfreies Leben) zerstört wird. Sie ist sich sicher, es wird gelingen. Das Geld kommt bestimmt nächste Woche …

Ihre Seelenhausaufgabe ist es, sich wieder ihrem eigenen Leben zuzuwenden und sich mit offenen Augen anzuschauen, was in ihrem Leben passiert. Es braucht die Erkenntnis, dass sie sich von der Angst leiten lässt. Doch das will sie nicht. Das will ihre Persönlichkeit nicht. Spiritualität wird hier als Märchen-Wunschvorstellung verstanden. Das kann gelegentlich passieren. Manchmal wünschen wir (als Persönlichkeit, als Ego) uns etwas so sehr, dass wir uns als Seele nicht mehr wahrnehmen. Obwohl ihr Körper ihr Zeichen ihres Unwohlseins gibt, ignoriert sie auch das. Jede Verletzung wird zum »Zufall«. Sie ist in dieser Beziehung, weil sie sich Hoffnung auf eine Versorgung macht, die jetzt nicht eintritt. Um sich wieder auf eigene Beine zu stellen – im wahrsten Sinne des Wortes – müsste sie Entscheidungen treffen. Würde sie sich einen Zeitrahmen setzen, gäbe es immer wieder Überprüfungsmöglichkeiten. Sie möchte ihre Illusion aber nicht hinterfragt haben. Sie möchten weiterhin auf den zweifelhaften Erfolg hoffen. Wenn wir uns also keinen Zeitrahmen setzen, dann ist es interessant, einmal nachzuschauen, warum wir das nicht tun.

In meinem spirituellen Empfinden gibt es zwei Wünsche: einmal den Seelenwunsch und dann den Persönlichkeitswunsch. Woher weiß ich, um welche Art Wunsch es sich jeweils handelt? Daran, dass der Persönlichkeitswunsch (des Egos) nicht eintreten wird. Wenn ich mir also etwas wünsche, dann schicke ich den Wunsch in einer Zeremonie in die Welt, und zwar – wichtig! – mit dem Gefühl, dass er bereits erfüllt wurde. Ich erspüre in meinem Inneren, dass es jetzt schon passiert ist. An diesem Gefühl erfreue ich mich und halte es für die Zeit der Zeremonie. Am Schluss füge ich lächelnd ein »So oder besser« hinzu.

Dann lasse ich den Wunsch los. Ich wiederhole die Zeremonie nicht wieder, sondern ich erlaube dieser Vision, diesem Wunsch, sich zu entwickeln. Natürlich muss ich dafür auch etwas tun. Ich beobachte weiterhin aufmerksam, welche Türen und Möglichkeiten sich dafür öffnen. Während dieser Zeit erkunde ich genau meine Gefühle und meinen Körper: Bin ich noch begeistert? Fühlt sich das noch richtig an?

Was sich mir während dieser Zeit zeigt, betrachte ich mit einer Art interessierter Gelassenheit. Ich erfreue mich zwar weiterhin an der zukünftigen Gestaltung, hänge an dem Wunsch emotional aber nicht mehr fest. Das mag ein Gegensatz sein, doch so erlebe ich das. Ich lasse ihn frei, und damit lasse ich eine freie Entfaltung zu. Ich verlasse mich darauf, dass das Gewünschte eintritt, wenn es für mich als Seele eintreten soll. Wenn nicht, war es nur ein Wunsch meiner Persönlichkeit, meines Egos. Auf Seelenebene ist es zu meinem Vorteil, wenn so ein Wunsch sich nicht manifestiert.

Jede Herausforderung zeigt uns unseren Seelenlehrplan

Meine vier großen Herausforderungen konnte ich nach dieser Ehe verstehen und ändern. Besonders auch mit ihm. Wir waren beide dankbar, dass wir unsere Ehe ehrenhaft beendet hatten. Doch damit hörte mein Lernen mit ihm nicht auf. Es dauerte lange, bis ich es schaffte, den nötigen Platz zum Nachdenken und zum Einspüren zwischen Aktion und Reaktion hineinzubekommen und bei den darauffolgenden Auseinandersetzungen anders zu reagieren. Ich lernte, dass ich seine Stimmungen nicht mehr ausgleichen muss – eine Begabung, die einem als Kind eines Alkoholikers in Fleisch und Blut übergeht: Jetzt reichte es, das Gespräch zu verkürzen. Ich musste nicht mehr alles richten.

Das klingt so simpel: »Ich muss nicht mehr alles richten.« Für mich war das ein enorm tiefer und anstrengender Lernprozess. Oft verzweifelte ich an meinem eigenen Anspruch, alles richten zu müssen, den ich am Anfang noch nicht mal als solchen erkannt hatte. Es war eine enorme Erleichterung, als ich das Stück für Stück aufgeben konnte.

Ich lernte, mich aus dem Dialog von Vater und Tochter herauszuziehen. Die beiden brauchen ihre eigene entwickelte Beziehung; und die Herausforderungen lösen sich nicht, und die Nähe entsteht nicht, wenn ich dauernd als Puffer mitspiele. Das war für mich wie die Entdeckung einer neuen Sprache.

Der Grund, warum die Beziehung meiner Tochter zu ihrem Vater jetzt so nah und so eng ist, liegt eben auch in unserer Trennung.

Er, der als Workaholic seine Tochter damals nicht wirklich erlebte, lernte sie nach unserem Auseinandergehen besser kennen. Sie musste sich nun ohne meine Vermittlung mit ihrem Vater auseinandersetzen. Das war nicht immer einfach. Näheres kann ich nicht beschreiben, da es die Privatsphäre beider verletzen würde. Im Nachhinein – knapp fünfzehn Jahre später – sehe ich die Nähe, die Liebe, die Fürsorge und die Problemlösungen der beiden als Segen. Ich hatte mir für meine Tochter ein enges und klares Verhältnis zu ihrem Vater gewünscht. Das ist gelungen. Eben auch durch unsere Trennung.

Ob wir etwas dazugelernt haben, zeigt sich in der nächsten Beziehung

Kurz nach meinem Auszug verliebte ich mich zu meiner Überraschung mit 45 Jahren in eine Jugendliebe, obwohl ich mir vorgenommen hatte, ein paar Jahre allein zu bleiben. Ich schaute mir diese Beziehung von Beginn an aufmerksamer an. Gleich bei unserem ersten Telefonat spürte ich, dass sich daraus etwas entwickeln würde. Er war kinderlos, und ich konnte sein Bedauern darüber in unseren Gesprächen hören. Als er fragte, ob wir uns sehen könnten, sagte ich ihm: »Falls du noch Kinder möchtest, lieber nicht. Ich werde keine mehr bekommen.«

Ich wollte mir taktierendes Sprechen abgewöhnen. Ich wünschte mir Klarheit in meiner zukünftigen Beziehung und war bereit, dafür ein bestimmtes Risiko einzugehen. Das Risiko nämlich, als zu seltsam, zu direkt, zu ehrlich oder zu uncharmant betrachtet zu werden. Als ich einer Freundin von unserem ersten Telefonat erzählte, konnte sie es kaum fassen: »Bist du verrückt geworden? Du kannst doch nicht so mit der Tür ins Haus fallen!«

Doch, ich konnte. Und ich wollte. Mir war es lieber, wenn ich es dieses Mal gleich merkte, falls es nicht passte, und nicht erst nach ein paar Jahren.

Ich wurde in meiner Gefühlswelt zum verliebten Teenager. Ich holte nach, was ich in meiner Jugendzeit nicht erlebt hatte. Ich merkte aber gleichzeitig, dass ich vor lauter Verliebtheit aufpassen musste, die Wünsche meiner Tochter nicht aus den Augen zu verlieren. Ich stellte ihn ihr erst nach einem halben Jahr vor, denn ich wollte sichergehen, dass wir uns in eine ernsthafte Beziehung hinein entwickeln könnten. Bei anderen konnte ich erleben, dass der Wunsch nach einer schnellen »Ersatzfamilie« gern auch mal die Kinder überfordert:

»Und das ist deine neue Oma!«

Opa stand mit neuer Frisur und neuer Freundin strahlend vor seinem Enkel. Der Enkel schaute die fremde Frau mit großen Augen an. »Ich will aber keine neue Oma. Ich will meine alte Oma behalten.« Und damit drehte er sich weinend um und verschwand in seinem Zimmer.

Die vier Erwachsenen standen starr im Wohnzimmer, wo der Großvater seiner Tochter, ihrem Mann und seinem geliebten Enkelsohn stolz seine neue Freundin vorstellen wollte.

»Papa, was hast du dir denn dabei gedacht?« Und auch sein Schwiegersohn schüttelte den Kopf und antwortete mit einem entschuldigenden Blick auf die neue Freundin: »Tut mir leid,

aber Sie müssen verstehen, die Scheidung von Oma und Opa ist weder für uns noch für unseren Sohn einfach zu verdauen.«

Opa setzte sich an den Esstisch und meinte: »Der beruhigt sich schon wieder. Das Leben geht weiter. Und daran soll er sich beizeiten gewöhnen.«

Mittlerweile hatte auch seine Tochter ihre Sprache wiedergefunden und raunzte ihn mit zittriger Stimme an: »Du bist so unsensibel! Mama ist doch nicht tot, und du kannst nicht einfach eine fremde Frau …«, und dabei drehte auch sie sich entschuldigend zur neuen Freundin hin, »… als neue Oma vorstellen! Wie kommst du nur auf so was!«

»Ich und unsensibel! Das stimmt überhaupt nicht. Wir leben im Jetzt! Das hast du doch immer gesagt!«, dabei schaute er seine Tochter verständnislos an. »Und das mache ich eben. Also, meine Freunde freuen sich über mein Glück! Das ist schon schwer zu verdauen, dass meine eigene Tochter da so ein Theater macht.«

»Ja, Papa, wir leben auch im Jetzt. Aber in unserem Jetzt trauern wir noch, und manche brauchen mit dem Verdauen ein bisschen länger als andere. Du kannst doch nicht einfach so ohne Vorwarnung hereinschneien und uns vor vollendete Tatsachen stellen.« Die Bitterkeit war unüberhörbar.

Überrascht schaute ihr Vater hoch: »Du hast doch immer gesagt, ich soll mich mehr mitteilen. Jetzt mache ich das, und dann passt es dir auch wieder nicht! Außerdem verwöhnt ihr den Jungen. Das ist nicht gut. Das sagt Greta auch«, damit warf er einen stolzen Blick auf seine neue Freundin, »und die hat mal Psychologie studiert.«

Jeder versucht auf seine Weise, eine Trennung zu überwinden. Manche wünschen sich Ablenkung vom Schmerz durch ein neues Verliebtsein. Allerdings kann das zur Gewohnheit werden. Wenn es zwischen Beziehungen nur kurze Freiräume oder überhaupt keine gibt, dann wird der Schmerz der Trennung mit einer neuen Liebe buchstäblich zugeschüttet. Dann fehlt uns der Lernprozess, der sich aus dem Ganzen ergibt, und auch die neue Beziehung entwickelt sich nach gewohntem Muster: neues Verliebtsein, Begeisterung, Abklingen, Enttäuschung, Ende. Und dann das Ganze wieder von vorn.

Genau das wollte ich eben nicht. Mir wurde aber klar, dass ich mich schon viele Jahre – eben auch in meiner Ehe – alleine fühlte und deswegen auch für eine Beziehung bereit war. Ich war verliebt, und trotzdem versuchte ich, aufmerksam zu bleiben. Ich besprach mit ihm viel, was ich in vorherigen Beziehungen nicht getan hatte. Legte meinen Finger auf die möglichen zukünftigen Wunden. Zeigte mich mit allem, was ich war. Kümmerte mich mehr um mein Wohlbefinden, und doch hatte ich eine Sache noch nicht gelernt: Reden allein reicht nicht. Es müssen Taten folgen. Und diese Taten mied ich meistens. Aus dem gleichen Grund, aus dem es viele andere tun: Ich wollte unsere Zeit der Verliebtheit so leicht und beschwingt behalten.

Mein spirituelles Wachstum, meine Arbeit, meine Wahrnehmung der Welt passten nicht in sein Lebensbild und wurden von ihm eher geduldet als gefördert. Seines war mir neu. Und ich tat, was ich immer tat: Ich passte mich an. Mehr, als ich es vorhatte.

Auch mein früherer Mann verliebte sich und wünschte sich, wieder eine Familie zu haben. Das, was ihm und mir am Anfang sehr viel leichter fiel (familiärer Austausch, Gespräche zum Wohle unserer Tochter, unsere Freundschaft), wurde jetzt plötzlich zum Kampf. Ich wollte seine neue Freundin kennenlernen, aber sie weigerte sich.

Ich musste in meinen Aussagen klarer werden, häufiger Nein sagen und versuchte doch immer wieder, in ein harmonischeres Miteinander zu kommen. Dabei stellte ich mir weiterhin stets vor, wie ich mir die Zukunft als gemeinsame Eltern wünsche. Die neue Freundin wollte ihn heiraten und mich so schnell wie möglich in die Vergangenheit befördern. Sie war eine Frau, die eine Partnerschaft suchte, um versorgt zu werden. Kurz danach erkannte er die Manipulationsversuche und brach die Beziehung ab.

Ich verlobte mich. Obwohl ich sehr verliebt war, zögerte ich mit der Hochzeit. Seine Art von Humor und seine Art zu leben waren völlig anders, als wir das gewohnt waren, doch nach anfänglichem Beschnuppern fühlten sich meine Tochter und er miteinander wohler.

Unsere Zeit war liebevoll, spannend und leidenschaftlich. Ich lernte von ihm, zu genießen und nicht immer alles gleich wieder abzubrechen. Doch mit der Zeit betrachtete ich unser Zusammenleben mit Sorge. Dinge, einmal besprochen, wollte er nicht mehr vertiefen. Es ging uns gut, wenn ich die Herausforderungen nicht mehr erwähnte.

Wir trennten uns nach fünf Jahren, weil ich wieder aufwachte. Ich hatte meine alte Gewohnheit, mich anzupassen, zu meinem Schrecken zum wiederholten Mal so weit geführt, dass ich meinen Weg verloren hatte.

Unsere Wünsche und Vorstellungen von einem gemeinsamen Leben waren jetzt – da ich mich wieder mehr meiner eigenen Begeisterungen widmete – viel weiter entfernt, als dass wir sie hätten zusammenführen können. Wir trennten uns freundschaftlich.

Rückblickend fiel mir auf, dass es auch hier von Anfang an Zeichen gab, die ich ignorierte. Ich erspürte zwar, dass unsere Art zu leben anders war, doch die Hormone und die Verliebtheit versuchten einen Kompromiss mit mir: »Das macht doch nichts, dass wir in spirituellen Themen so fundamental anderer Ansicht sind. Solange jeder den anderen respektiert, geht das schon. Ich will ja sowieso lernen, mich mit meiner Meinung mehr zurückzuhalten, das ist ideal zum Üben. Und ja, seine Freizeitaktivitäten sind zwar überhaupt nicht meine, aber wer weiß, vielleicht gefallen sie mir doch mal, und ich kann bestimmt was daraus lernen.«

Außerdem wurde mir klar, dass ich zu sehr beurteilte. Ein Aspekt von mir fand, dass ich es besser wüsste, wie jemand sein Leben gestalten soll. So konnte ich es schwer ertragen, wenn jemand sein Leben »nicht aufräumte« – was immer ich darunter verstand. Natürlich ist das auch ein Kontrollwunsch. Ich hielt mich häufiger für klüger und kompetenter. Es fiel mir schwer, andere Lebensziele – die nichts mit Wachwerden und bewusstem Leben zu tun hatten – zu akzeptieren. Ich spürte, dass ich noch weit davon entfernt war, die Menschen so zu akzeptieren, wie sie sind. Ich wollte sie mir noch zurechtbasteln. Besonders eben wenn sie meine Partner wurden.

Nach dieser Beziehung verstand ich, dass ein erwachsener Mensch im mittleren Alter sich selten ändert – außer er setzt selbst alles daran. Aber da gab es keine Anzeichen. Er lebte so, wie er leben wollte. Ich immer noch nicht.

Ich erkannte, dass bei mir die Gefahr der Anpassung noch nicht überwunden war, und ich verordnete mir ein Jahr Beziehungspause.

Ich lebte zum ersten Mal für längere Zeit allein. In diesem Jahr ohne Partnerschaft lernte ich mich wirklich kennen. Ich musste mich um niemand anderen kümmern. Meine Tochter studierte in Boston. Ich hatte keine Haustiere mehr. Mein früherer Mann war neu verliebt.

Ich konnte nachts um 2.00 Uhr das Licht im Schlafzimmer anmachen, um zu schreiben. Um 23.00 Uhr noch Freunde einladen. Um 3.00 Uhr morgens singen. Ich hatte ein großes imaginäres Schild auf meiner Stirn, und auf dem stand: »Ich stehe für Liebesbeziehungen nicht zur Verfügung.« Stattdessen gönnte ich mir alle zwei Wochen eine Massage, denn mein Körper brauchte Berührung.

Ich verliebte mich in mich selbst

Ich fühlte mich wohl und frei. Ich genoss dieses Jahr und war mir nicht sicher, ob ich nicht doch fertig sei mit Liebesbeziehungen. Mein Leben fühlte sich komplett richtig an. Ich lernte, auf mich selbst zu hören, und da ich allein lebte, war es plötzlich einfach, mich nicht anzupassen. Dieses Jahr war meinem persönlichen Training gewidmet, und das Ziel hieß: »Bleib bei dir!«

In dem Gefühl, eventuell in Zukunft ohne Liebesbeziehung zu leben – durch meine Tochter und meine Freunde war ja Liebe in meinem Leben –, hatte ich am Ende dieses Jahres eine Meditation, in der ich die Möglichkeit der Beziehung in die Hände meiner Seele legte: »Wenn ich nochmal eine Beziehung haben soll, dann muss der Mann mit einer Schleife um den Hals vor meiner Haustür stehen.« Denn suchen und auf Verabredungen zu gehen, das war mir klar, werde ich nicht.

Er hatte zwar keine Schleife um den Hals, und er stand auch nicht vor meiner Haustür, aber er hatte von mir gehört, und um mich näher kennenzulernen, besuchte er einen Bildhauerkurs, wie ich sie damals noch gab. Ich spürte sofort eine Anziehung. Ich erahnte eine Tiefe, die ich bis dato in Beziehungen noch nicht erlebt hatte. Spirituelle Themen waren ihm seit jungen Jahren vertraut.

Ich lernte einen Mann kennen und lieben, der mit sich selbst einig war. Und – was ich besonders schätzte – mir Inspiration war. In sich weise. In sich zu Hause. In sich stabil. Er lebte nicht nach außen, sondern nach innen und war in der Lage, genau hinzuschauen. Wirklich genau hinzuschauen.

Bis dahin ging ich alle meine Beziehungen ein mit der Prämisse, dass sie »bis zu meinem Lebensende« halten würde. Als Neunzehnjährige hatte ich vor dem Altar der Klausel »bis dass der Tod euch scheide« zugestimmt. In meiner zweiten Ehe hatte ich das auf jeden Fall vor, und auch danach, als Verlobte, war ich am Anfang sicher, dass die Liebe bis zum »Ende« halten würde.

Meine Erfahrung bestätigte mir, dass das unrealistisch war. Doch wie sage ich das? Wie teile ich das mit? Das ist ein unübliches Verliebtheitsverhalten. Wie wird er darauf reagieren?

Als wir darüber sprachen, ob wir gemeinsam eine Beziehung beginnen möchten, sagte ich ihm, dass ich es gern für ein Jahr ausprobieren wolle. Auf mehr konnte ich mich noch nicht festlegen. Er nickte und verstand.

Nach einem Jahr fragte ich ihn, wie es denn für ihn gewesen sei, teilte ihm mit, wie es für mich war, und dass ich gern ein weiteres Jahr mit ihm zusammenbleiben mochte. Er wollte das auch. Nach zwei Jahren saßen wir wieder zusammen. Keiner von uns wollte sich trennen. Er grinste und fragte, ob ich weiterhin bei den Ein-Jahres-Schritten bleiben wolle oder ob wir es »laufenlassen« könnten.

Wir ließen es laufen.

Es läuft nunmehr seit acht Jahren.

Obwohl wir uns zuerst für ein Jahr auf Probe entschlossen hatten, zog er bald bei mir ein. Es fühlte sich selbstverständlich und normal an; und da er ein Mann von großer Flexibilität war, ahnte ich, dass er ebenso flexibel wieder ausziehen würde, wenn es nicht klappen sollte. Mit niemandem vorher war das Zusammenleben so leicht. Natürlich gab es da einen Anteil in mir, der mich warnte: »Lass dir Zeit. Spring nicht wieder sofort mit Haut und Haaren in eine neue Beziehung!«

Ich hörte der Stimme zu, besprach mit ihr und meinem Liebsten, was da in mir vorging. Er war gelassen: »Überleg dir, was du willst.«

Kein Druck. Kein Stress. Keine Anstrengung.

So begann ich meine letzte Liebesbeziehung mit noch mehr Offenheit. Ich teilte mich mit. Ich war weiser geworden, und die erste hormonelle Verliebtheit kam nun mit sehr viel mehr Aufmerksamkeit als jemals zuvor. Jetzt wurde ich von der Sehnsucht nach Nähe nicht mehr überrollt. Wir beide hatten unsere Hausaufgaben in Beziehungen gemacht und setzten das Dazugelernte in die Praxis um. Er hatte ein ähnlich enges freundschaftliches Verhältnis mit seiner früheren Frau wie ich mit meinem früheren Mann. Mit meinem Liebsten bekam ich auch noch zwei geschenkte Kinder dazu. Sein Sohn war gerade erwachsen geworden. Seine Tochter, damals sechzehn, sah meiner Tochter wie einer Schwester ähnlich. Beide Mädchen fingen an, sich zu beschnuppern. Seine Tochter zog ebenfalls bei uns ein, weil ihre Mutter das Familienzuhause aufgab und frei sein wollte.

Nach einem Jahr stellte ich fest, dass ich das Wohlgefühl aller anderen schon wieder und immer noch über mein eigenes stellte. Der Freund meiner geschenkten Tochter war jetzt auch die Hälfte der Woche bei uns, und so sah ich immer öfter morgens einen halbnackten Mann in meiner Küche stehen, der nicht meiner war. Davon war ich nicht wirklich begeistert. Ich wurde unruhig und erspürte, dass ich wieder mehr Platz für mich und meine Stille brauchte. Mein Zuhause, in dem ich auch arbeitete, war loftartig. Ich hatte die Lektion des eigenen Wohlfühlens zwar gelernt, aber nicht umgesetzt – und zum Umsetzen brauchte ich mein Zuhause wieder für mich allein.

Mein Liebster verstand und folgte seinem eigenen Wunsch, endlich ganz aufs Land zu ziehen. Seine Tochter war mir schnell ans Herz gewachsen. Es war eine der schwersten Aufgaben meines Lebens, ihr zu sagen, dass ich meinen Platz wieder für mich allein haben wollte, denn eines hatte ich ganz bestimmt nicht beabsichtigt: sie zu verletzen. Ich versuchte, mich zu erklären. Sie versuchte, mich zu verstehen. Ich bin froh, dass es unserer Beziehung nicht geschadet hat.

Unsere Freunde dachten, wir seien in einer Trennungsphase, doch weder er noch ich sahen das so. Wir hatten beschlossen, unsere Beziehung so zu gestalten, wie wir es brauchten, und nicht darauf zu achten, wie es nach außen aussah.

Wir besuchten uns gegenseitig und verbrachten die Zeit da, wo wir wollten. Am Anfang mochte ich weniger aufs Land, später mehr. Ich war jetzt in der Lage, in einer Beziehung das zu tun, was ich früher erst *nach* einer Beziehung gelernt hatte: mich wahrzunehmen, mein Leben nicht aufzugeben und meiner Seele zu folgen.

In meinem Zuhause wieder mehr allein erkannte ich nach längerem Nachdenken, was mich wirklich gestört hatte: Es war nicht mein Liebster oder seine Tochter. Es war ihr Freund, der mir zu viel war. Ich war überrascht von dieser Einsicht. Offensichtlich hatte ich auch noch das Wohlbefinden ihres Freundes über meines gestellt. Ich fragte mich kopfschüttelnd, ob ich wirklich lernfähig war.

Ein Jahr später zog ich wegen einer Mieterhöhung aus München weg zu den beiden aufs Land. Das war eine ideale Testphase. Ich mochte das Landleben überraschenderweise sehr. Es entsprach meinem Wunsch nach Natur und Ruhe. Allerdings gab es auch einen Aspekt von mir, der die Stadt brauchte. Wir lebten dort gemeinsam für zwei Jahre, und dann wurde Eigenbedarf angemeldet. Und so suchten und fanden wir beides: eine Stadtwohnung und ein neues Zuhause auf dem Land.

Was ich wohl meistens unterschätzt hatte und jetzt erleben darf: wie wichtig es im täglichen Leben ist, dass ein Paar zusammenpasst. Das heißt nicht, dass es gleiche Charaktereigenschaften sein müssen, sondern dass grundsätzliche Ziele und Angewohnheiten passen und ob das Zusammenleben für beide als angenehm empfunden wird.

Als Beispiel: Meine Tochter lebt jetzt in Kalifornien. Wenn ich Sehnsucht habe, fliege ich zu ihr. Dann bleibe ich so lange, wie ich möchte (als Freiberuflerin ist das machbar). Da kann ich keinen Mann brauchen, der mir täglich am Telefon vorjammert, wann ich denn bitte wieder nach Hause komme. Oder womöglich mit mir dauernd zusammen sein will, damit wir auch mal sagen können: Wir waren nie mehr als ein Wochenende getrennt.

Der Schweizer Autor Thomas Meyer hat das Thema »Passt es oder passt es nicht?« als Leitfaden in seinem Buch *Trennt Euch!* benutzt. Dabei beschreibt er sechs Punkte:

- Es passt, oder es passt nicht.
- Meistens passt es nicht.
- Wenn es nicht passt, wird es nie passen.
- Wenn es nicht passt, leiden Sie.
- Wenn Sie leiden, müssen Sie gehen.
- Das Leben ist sehr kurz.

In seinem Buch findet man darüber hinaus so aufschlussreiche Sätze wie die folgenden:

> *Falls Sie weiterhin Schmerz wollen, ist das übrigens vollkommen in Ordnung. Dann sollten Sie unbedingt in Ihrer nichtpassenden Beziehung verbleiben; sie ist der beste Ort dafür. Allerdings sollten Sie sich auch nicht mehr über Ihren Partner beschweren und ihn dann doch wieder verteidigen, sobald Ihre Freunde Sie auffordern, sich zu trennen, sondern offen dazu stehen, dass Sie sich kein bisschen respektieren, dass Ihr seelisches Befinden Ihnen vollkommen egal ist und dass Sie im Drama Ihre Heimat gefunden haben. Möglicherweise hilft Ihnen dieses Bekenntnis ja, es sich noch einmal zu überlegen.*[2]

Ja, sicher ist das ironisch gemeint, und dennoch oder gerade deswegen liegt viel Wahrheit in diesen Worten.

Frage: Passt ihr zusammen?

Hast du beziehungsweise hattest du im täglichen Leben das Gefühl, ihr passt zusammen?

Jetzt sehe ich das anders.

Wenn nicht, warum nicht?

Cora mag gerne länger liegen bleiben. Ich bin ein Frühaufsteher

Empfindest du das gemeinsame Leben als angenehm?

Viele Auseinandersetzung

Empfindet nur er es als angenehm?

Nein

Freiheit in einer Beziehung leben

Ich erlebe eine neue Freiheit in einer Beziehung. Nicht, dass wir eine »freie« Beziehung leben – also eine sexuell offene, das wäre für uns beide nichts –, sondern wir leben Freiheit *in* einer Beziehung: Wir leben so, wie wir auch leben würden, wenn wir allein wären. Da gibt es keinen Unterschied. Das heißt natürlich nicht, dass jeder sein Leben lebt und wir halt nur zusammenwohnen – das wäre dann doch eher eine WG. Nein, wir sind einander sehr zugewandt, und doch ist es für uns endlich selbstverständlich, dass jeder das macht, was ihm respektive ihr guttut.

Es ist eine Beziehung ohne Einschränkungen. Das war ich bisher nicht gewohnt, das heißt, das war mir nicht vertraut. Ich dachte, jede Beziehung bestünde aus einem ziemlichen Haufen von Kompromissen, von denen ich gefühlt die meisten einging. Mir ist erst viel später klar geworden, dass es mir zuerst an Selbstliebe mangelte und dann an dem nötigen Mut, Werkzeugen und Konsequenz, mir auch treu zu bleiben. Ich wollte es allen recht machen und niemanden dabei verletzen.

Wenn wir niemanden verletzen wollen, verletzen wir uns selbst

Wenn wir »gut« sein wollen, kann uns das enorme Probleme bereiten. Warum wollen wir »gut« sein? Meistens, weil wir uns sicherer fühlen, wenn uns die Welt mag. Gerade für Frauen ist »gut« und »nett« zu sein fast schon ein Wesensmerkmal. Auch ich bevorzuge harmonische Lösungen und musste erst lernen, dass es völlig in Ordnung ist, mich und meine andere Meinung mitzuteilen, *ohne* Angst haben zu müssen, dass ich die Liebe verliere. Das ist ein essenzieller Teil zu einer gesunden Beziehung.

Es ist ganz natürlich, sich nach außen zu orientieren, denn das gehört evolutionsbedingt zu unserer Überlebensstrategie. Das ist in unserem zweiten Gehirn, dem Säugetiergehirn, tief verankert.

Das erste Gehirn, das Reptiliengehirn, ist mit dem Überleben, der Fortpflanzung und der Nahrungssuche beschäftigt. Es wurden Eier gelegt, und der Nachwuchs musste selbst schauen, ob er überlebt. Das Säugetiergehirn, das sich danach entwickelte, sorgte sich um den Nachwuchs und erschuf das Gefühl und die Notwendigkeit von Gemeinschaft. Das war und ist überlebenswichtig. Unser menschliches Gehirn mit dem präfrontalen Kortex entwickelte sich daraus, und alle drei Gehirne arbeiten zusammen. Gelegentlich wird das Reptiliengehirn (Überleben!) bei Trennungen getriggert, und wir entwickeln uns quasi zurück: *Ich! Ich! Ich!* Und es ist mir egal, wie es dem Nachwuchs geht.

Fragen zur Freiheit in einer Beziehung

Wie frei kannst du dich in deiner Beziehung entfalten? Hier geht es nicht um sexuelle Freiheit oder das wenig sinnvolle Ziel, nichts mehr gemeinsam zu unternehmen. Jede Partnerschaft braucht Gemeinsamkeiten. Sondern darum, ob du dich in deiner Beziehung für die Gemeinschaft aufgegeben hast.

Ja ich habe mich aufgegeben

Was machst du, was dir für deine Entfaltung wichtig ist?

Jetzt nehme ich mir Auszeit.

Hast du deine Interessen in der Beziehung aufgegeben?

Ja, jedoch wieder gefunden

Was würde in deiner Partnerschaft passieren, wenn du deinen Interessen folgtest?

Wir haben uns danach getrennt.

Wenn wir es nicht ausprobieren,
wissen wir nicht, was passiert

Erst im Ausprobieren stellt sich heraus, wie der andere *wirklich* reagiert. Vielleicht wird ihm dann auch klar, was er für die Beziehung alles an eigenen Interessen aufgegeben hat.

Mit meinem Beispiel wollte ich Zusammenhänge vermitteln. Die Wahl unserer Partner, die Herausforderungen, die Lehren, die Schlüsse, die wir daraus ziehen. Jede von uns macht das auf ihre Art und Weise.

Wenn sich die Herausforderungen in Beziehungen immer wiederholen, dann braucht es einen klaren Blick auf unsere Auswahlkriterien und darauf, was wir eigentlich unter Liebe verstehen.

Über die Liebe – und andere Gefühle

Wir werden jeden Tag darüber informiert, was »Liebe« sein soll. Wir hören es in unseren Liebesliedern und sehen es in den Liebesfilmen. Gerade in Zeiten der sozialen Medien feiern sich Paare öffentlich mit ihrer »Liebe«, und häufig sieht das wie ein wahr gewordenes Märchen aus. Dann hören wir doch überraschenderweise davon, dass diese Beziehung sich gelöst hat, und wir fragen uns: Wieso ging die Liebe zu Ende? Sie sah doch so perfekt aus?

Manches, was wir als Liebe betrachten, ist eher ein liebevoller Vertrag.

Bei einem Vertrag regeln wir etwas: Ich mache dies, und du machst dafür das. Manchmal gibt es das auch in Ehen. Wir hoffen, dass dieser Vertrag (Liebe) dafür sorgt, dass ich gut aufgehoben bin. Ich bekomme durch diesen Vertrag (Liebe) Bestätigung, dass ich wichtig und wertvoll bin. Mir wurde durch diesen Vertrag (Liebe) beurkundet, dass jemand mich in seiner Nähe haben möchte. Und durch unsere Ehe (Vertrag) versprechen wir, dass wir aufeinander achten – hoffentlich bis zum Ende unseres Lebens.

Die erste Verliebtheit löst herrliche Gefühle in uns aus. Wenn diese Phase aufhört (und sie lässt sich hormonell eben höchstens zwei Jahre aufrechterhalten), ist für manche die »Liebe« beendet. Dann geht sie aber erst eigentlich los. Diese Verliebtheitsphase lässt sich jedoch auch verlängern: zum Beispiel dadurch, dass man sich seltener sieht. Einer lebt in dieser Stadt, die andere weiter weg. So bleibt die Sehnsucht, und das Verliebtheitsgefühl kann sich länger halten. Die »ewige« Geliebte eines verheirateten Mannes ist somit leichter in der Lage (vielleicht das Einzige daran, was leicht ist), in diesem Verliebtheitsmodus zu bleiben.

Bin ich verliebt, oder liebe ich schon?

Es ist unmöglich, jemanden sofort zu lieben. Wir lieben erst, wenn wir jemanden kennenlernen. Alles vorher muss zwangsläufig unter der Rubrik »Verlieben« eingeordnet werden. Im Englischen ist das sehr schön beschrieben: *falling in love.* In die Liebe »fallen«. Ob wir darin bleiben, wird sich noch herausstellen, wenn wir die andere Person näher kennenlernen. Die Liebe entwickelt sich durch Nähe. Für manche allerdings ist nur die Verliebtheit Liebe.

Roger Cicero hat das in seinem Lied »Ich hab das Gefühl für dich verlor'n« recht anschaulich beschrieben:

> *Ich weiß nicht, wo es hin ist,*
> *dieses Fieber für dich,*
> *hab mein Herz auf den Kopf gestellt,*
> *doch ich finde es nicht,*
> *Babe, glaub mir, ich vermiss es,*
> *glaub mir, ich vermisse es – doch ich*
> *hab das Gefühl für dich verlor'n.*

Wenn ich an dich denke,
wird mir heiß und kalt,
weil ich weiß, dass es dein Herz ist,
das ich in Händen halt,
doch die berühmten Schmetterlinge
woll'n nicht wiederkehr'n,
keine and're, keine Gründe,
ich kann's mir nicht erklär'n.[3]

Ich schon. Dass die Verliebtheit irgendwann nachlässt, ist völlig normal. Wie es auf Englisch so ungerührt heißt: *Grow up!* Werd erwachsen! Sind wir lediglich »in das Verliebtsein verliebt«, dann verlassen wir die Beziehung möglicherweise, bevor sie sich wirklich zu einer Liebe entwickeln kann. Manche haben auch illusionäre Vorstellungen von einem »perfekten« Partner, und auch da wird die Beziehung oft leichtfertig beendet, weil wir so von anderen zwangsläufig enttäuscht werden müssen. Für manche ist es auch eine Frage der Zweckmäßigkeit: Vielleicht gibt es ja noch jemand Besseren? Wieder andere haben Probleme, sich überhaupt zu entscheiden und sich auf eine Beziehung wirklich einzulassen.

Falls wir jedes Mal nach der Verliebtheitsphase die neue »Liebe« beenden, hilft es nachzuschauen, ob wir uns überhaupt auf langfristige enge Beziehungen einlassen wollen. Haben wir langjährige enge Freunde, von den Eltern und den Geschwistern mal abgesehen?

Und falls nicht: Was hält uns davon ab?

Bedingungslose Liebe?

Wenn ich gefragt werde, was ich von einer Beziehung erwarte, finde ich zum Beispiel das Attribut »bedingungslos« in Zusammenhang mit der Liebe nicht wirklich aufschlussreich, sondern eher irreführend. Was kann man da nicht alles drunter verstehen? Zum Beispiel:

- Wenn ich liebe, dann liebe ich ohne Wenn und Aber.
- Ich lege mich der Liebe und damit dem anderen zu Füßen.
- Es ist das Ziel, nichts zu brauchen und nichts zu erwarten.
- Ich kann mich schlecht behandeln lassen und liebe aber trotzdem.
- Die bedingungslose Liebe ist die beste, die ideale Liebe.
- Und wenn ich eine Bedingung stelle, dann liebe ich nicht.

Deshalb sage ich meistens, dass ich nicht bedingungslos liebe. Ich stelle nämlich Bedingungen: Ich will gut behandelt werden und erwarte einen respektvollen und liebevollen Umgang.

Das klingt zunächst einmal so gar nicht spirituell wach. Ich weiß. Aber das ist meine Erfahrung: Ich stelle Bedingungen für eine gemeinsame Zeit. Genauso wie ich beispielsweise erwarte, dass meine Gäste bei mir zu Hause ihre Zigaretten nicht auf meinem beigen Teppich ausdrücken, so erwarte ich von meinen Liebsten, dass sie warmherzig mit mir umgehen – wie ich es eben auch tue.

Ich weiß natürlich auch, dass der Ausdruck »bedingungslose Liebe« für einen gänzlich anderen Blickwinkel verwendet werden kann: Ich liebe jemanden, ohne die Bedingung zu stellen, wiedergeliebt zu werden. Unter diesem Aspekt fällt mir die bedingungslose Liebe leicht. Ob mich jemand liebt oder nicht, ist nicht manipulierbar.

Das kann man zum Beispiel auch in neuen Patchworkfamilien erleben: Da wird ein Kind den neuen Mann der Mama vielleicht nicht »lieben« (beziehungsweise ihn überhaupt nicht mögen). Ob sich so eine Zuneigung entwickelt, wird die Zeit zeigen. Worauf sich beide einigen können, ist allerdings gegenseitiger Respekt.

Was Liebe nicht ist:

- Liebe ist nicht manipulierend.
- Liebe ist nicht machtausübend.
- Liebe ist nicht respektlos.
- Liebe ist nicht ignorant.
- Liebe ist nicht, den anderen lächerlich zu machen.
- Liebe ist nicht verständnislos.
- Liebe ist nicht brutal.
- Liebe ist nicht arrogant.
- Liebe ist nicht interessenlos.
- Liebe ist nicht gefühlskalt.

Für viele von uns ist Liebe nur dann wahre Liebe, wenn es um ein anderes Wesen geht. Die Liebe *geht zu* einem anderen. Die Liebe *kommt zurück* von einem anderen. Es ist, als ob jemand den Lichtschalter an- und ausknipsen würde: Macht der andere das Licht an, stehe ich im Hellen. Macht er es aus, stehe ich im Dunkeln.

Das ist nicht Liebe. Das ist Abhängigkeit.

Ich mache mein Licht selbst an. Das ist Selbstliebe. Selbstliebe ist nicht narzisstisch, eitel oder ignorant. Sie ist etwas ganz Natürliches. Manchen von uns wurde sie als egoistisch abtrainiert, damit wir uns selbst verlieren und anderen unsere Liebe und unsere Lebenskraft geben. Wenn wir uns wieder selbst lieben, dann lieben und schätzen wir auch andere. Denn wir sehen jetzt nicht nur unsere eigene Einzigartigkeit, sondern auch die unserer Mitgeschöpfe. Wir sind dann wie ein Baum, der wächst und dem Licht entgegenstrebt. Umgeben von anderen Bäumen, die das auch tun. Manche Bäume sind uns näher als andere. Und doch sind wir unser eigener Baum. Wir wachsen und entwickeln uns. Und wenn ein Ast abbricht, dann heilen wir uns selbst.

Ja, das klingt wirklich nicht gerade romantisch. Wo ist da der Zauber? Das Märchen? Die Sehnsucht nach Innigkeit? Wir wollen doch das Hochgefühl, die Leidenschaft, das Gefühl!

Wache Liebe ist nicht ohne all dies. Sie geschieht nur ohne das Drama drumherum. Deshalb gibt es in der wachen Liebe ein eher ausgeglichenes Gefühl und wenig Auf und Ab. Viele verwechseln aber dieses Auf und Ab mit Liebe und Leidenschaft: je aufregender, desto besser. Erst dann fühlen sie sich »lebendig«, weil alles andere sich für sie schal anfühlt. Jemand wie ich, der den Frieden liebt, findet dieses Gefühl gar nicht schal. Im Gegenteil: Es ist ein enormes Glücksgefühl, Frieden im Leben zu haben.

Erst wenn ich in mir friedlich bin, dann bin ich Liebe. Wir haben die Illusion und das Märchen verlassen und sind in der aufmerksamen Wahrnehmung gelandet. Mit unserem eigenen Lichtschalter. Mit unserem eigenen Wohlgefühl, das nicht mehr diesen dramatischen Aus-an-Dynamiken unterworfen ist.

Der Zauber besteht in der Innigkeit und Zärtlichkeit, die wir durch die Nähe zu jemand anders ausdrücken. Aber selbst wenn der andere dann irgendwann nicht mehr da sein sollte, ist trotzdem mein Licht nicht weg. Ja, da mag ich traurig sein wegen des Verlusts dieser Nähe, aber wir sind – wie ein Baum – stabil genug, nicht gleich umzufallen, selbst wenn neben uns ein naher Baum dann nicht mehr da ist.

Ohne dich kann ich nicht leben

In unendlich vielen Liebesliedern wird die Einstellung zu der erwählten Person mit genau diesem Satz beschrieben: Es sei nicht möglich, ohne ihn oder ohne sie zu leben. Das stimmt natürlich nicht. Wir können ohne das andere Wesen leben, die Frage ist eher, ob wir das wollen. Als wir Kinder waren, stimmte das: Ohne jemanden, der sich um uns kümmerte, war unser Überleben wirklich gefährdet. Aber jetzt?

Die erwachsene Liebe mit Sätzen wie »Ich brauche dich« oder auch »Du bist meine andere Hälfte« zu verbinden, mag zwar romantisch oder poetisch klingen, aber das macht das Gesagte auch nicht wahrer. Ich fände es eher irritierend, wenn mein Liebster tatsächlich nicht ohne mich leben könnte. Er ist also allein nicht lebensfähig. Finde ich das beruhigend? Nicht wirklich.

Das soll übrigens keine Lektion in Spitzfindigkeit sein, sondern ist als ernsthafte Frage gemeint.

Selbst wenn wir »wissen«, dass wir natürlich ohne den anderen leben können, so gibt es aber doch Aspekte von uns, die diese Abhängigkeit in irgendeiner Form mit Liebe verbinden.

Eine gesunde, erwachsene Liebe ist eine Wahl. Wir haben die Wahl, eine Beziehung zu beginnen, und auch das Recht, sie wieder zu beenden. Das ist nicht allen klar. Manche sind neben ihren trauernden emotionalen Bewegungen zusätzlich noch enorm beleidigt, wenn sie verlassen werden. Sie wollen den anderen unbedingt wieder zurückbekommen – wie etwas, was einem gehört und was man verlegt hat. Ein Partner gehört mir aber nicht. Er gehört sich selbst.

Wo ist meine andere Hälfte?

Wir sind Menschen und leben deswegen gern in Gemeinschaften. Dazu haben wir Lieblingsmenschen und auch gern einen, der uns küsst und umarmt und bei dem wir uns wohlfühlen. Aber dafür muss ich ja nicht die Hälfte wert sein. Einer der Ursprünge dieser Auffassung ist die Geschichte von den Kugelmenschen aus der griechischen Mythologie. Dort hieß es, dass wir ursprünglich Kugelmenschen mit vier Armen, vier Beinen und zwei Köpfen waren und für die Götter zu mächtig wurden; deshalb wurden wir »geteilt«. Und nur wenn wir uns wiederfinden und uns vereinigen, empfinden wir uns wieder als Ganzes und Teil der Göttlichkeit. Wir sind – diesem Mythos zufolge – eben erst dann heil, wenn wir die andere Hälfte gefunden haben. Es sind viele Romane, Liebeslieder und Gedichte aus dieser Idee entstanden: Ich bin nur die Hälfte wert und ohne die andere nicht vollständig.

Solch ein Gefühl des Mangels entsteht sehr häufig nach Trennungen. Denn schließlich waren wir es gewohnt, zusammen zu sein (mal mehr, mal weniger); und wenn dann der oder die andere nicht mehr da ist, dann empfinden wir das als Verlust. Da ist ein Platz, der besetzt war und jetzt leer ist. Wenn wir uns trennen und uns schluchzend einreden: »Ich kann ohne sie/ihn nicht leben«, dann fühlen wir uns in diesem Moment allein und verloren. Die Sehnsucht, sich bei jemand anderem sicher und geborgen zu fühlen, hat uns überwältigt.

Sind wir auf Elternsuche?

Das ist jedoch die ursprüngliche Sehnsucht nach »idealen Eltern«: nach jemandem, auf den wir uns blind verlassen können. Der uns niemals enttäuscht. Der uns unsere Wünsche von den Augen abliest und für uns alles macht, was wir brauchen. Kaum jemand hat all das bei seinen Eltern erlebt, aber das hält uns nicht davon ab, dass wir es uns trotzdem wünschen. Nicht selten projizieren wir diese Wunschvorstellung auf unseren Partner und sind dann enttäuscht, dass auch er diese idealisierte Form der »Liebe« nicht erfüllt. Diese Erwartungshaltung kennzeichnet jedoch keine erwachsene Liebe, sondern entspricht eher dem Wunsch nach einer Rundumversorgung.

Es ist unsere Aufgabe, dass wir uns in uns selbst sicher und geborgen fühlen

Also aus unserem Innen und nicht aus dem Außen Kraft schöpfen. Es ist illusorisch zu glauben, dass irgendeine Beziehung ohne Probleme sein wird, aber das wissen wir natürlich selbst. Ebenso ist es unrealistisch, dass ein Partner all unsere Wünsche erfüllen kann: Er soll unser bester Freund, ein grandioser Liebhaber, zärtlicher Schmuser, fantastischer Vater, lustiger Kumpel, weiser Ratgeber, bewundernder »Auf-den-Händen-Träger«, ewig Verliebter, stabiler Fels, finanzieller Magier, langfristiger Romantiker, handwerklich geschickter Hausmann, genialer Organisator, verlässlicher Gedächtniskünstler und ewig währender Seelenpartner sein.

Warum denn das alles? Für manche Aufgaben oder Bedürfnisse habe ich Freundinnen, für andere eine Putzperle und für wieder andere eine Telefonnummer oder selbst ein Paar Hände.

Manche glauben, es gäbe nur einen Seelenpartner. Das macht die Sache nicht einfacher, denn was, wenn die Beziehung doch nicht hält oder die Auserkorene womöglich schon in einer anderen Beziehung steckt? Ich glaube, dass jeder Partner, mit dem wir eine enge Verbindung eingehen, eine Art Seelenpartner ist, weil wir ihn gewählt haben. Und zwar aus einem Grund: Wir wollen uns selbst erkennen. Wir wollen wissen, wer wir wirklich sind. Und jeder Partner, jede Partnerin bringt nach einer Weile weitere Aspekte in uns zum Vorschein.

Wir zeigen uns in der Zeit des Verliebtseins zum Beispiel so, wie wir gern wären. Manchmal versuchen wir auch, das Verliebtheitsgefühl nicht durch »Probleme« zu stören. Eigentlich schätzt man ja Pünktlichkeit, aber jetzt scheint diese Qualität einem plötzlich nicht mehr so wichtig, und man möchte ja auch nicht gleich als kleinlich gelten:

Aber Schatz, es macht gar nichts aus, dass ich warten musste. Jede Minute, die ich auf dich warte, erhöht nur meine Vorfreude.«

Das mag zwar sehr romantisch klingen, und der Kuss und die Umarmung danach mögen auch das Herz erfreuen, aber nach Monaten wiederholter Unpünktlichkeit wird sich das wahrscheinlich eher so anhören:

»Kannst du nicht einmal pünktlich sein? Du hast so überhaupt keinen Respekt davor, wie ich mir meine Zeit einteile. Warum kann das dem Rest der Menschheit gelingen und dir nicht?«

Was ist mir wichtig? Was ist dir wichtig?

Bei einer neuen Liebe, also bei dem Beginn einer gemeinsame Beziehung, braucht es einen Austausch über das, was uns wichtig ist. Wenn wir uns selbst nicht wirklich kennen, dann kann das eine schwammige Angelegenheit werden. Falls wir zum Beispiel noch nicht wissen, wie elementar für uns Pünktlichkeit ist – weil wir damit auch Zuverlässigkeit und Respekt verbinden –, wird die Unpünktlichkeit der anderen eine gemeinsame Herausforderung.

Manche unterhalten sich vorher nur über die hauptsächlichen Eckthemen: Ehe ja oder nein? Gemeinsames Konto ja oder nein? Und wo wollen wir wohnen? Äh … ja, das war es dann, oder?

Damit haben wir uns aber noch nicht darüber ausgetauscht, wie wir uns ein gemeinsames Leben längerfristig vorstellen. Allein die Frage »Kinder ja oder nein?« hat diverse Ebenen. Wie stellen wir uns unsere Familie mit Kindern vor? So wie unsere Eltern? Was wollen wir vermeiden? Was ist uns wichtig? Wie wollen wir mit den Kindern umgehen? Wer kümmert sich um was? Für wie lange? Was passiert mit den Finanzen? Wollen wir in der Nähe unserer Ursprungsfamilien bleiben? Wollen wir für eine Weile mit den Kindern ins Ausland?

»Ich dachte, wir beide übernehmen die Firma meiner Eltern, und meine Mutter kümmert sich tagsüber um unsere Kinder.«

»Wenn sich eine Mutter um unsere Kinder kümmert, dann ist es meine!«

Beide Mütter hatten übrigens keine Ahnung von solcherlei Plänen – und auch kein Interesse daran.

Wir sprechen oft nicht ausreichend über solche wichtigen Fragen und teilen uns nicht wirklich mit, weil wir Konflikte vermeiden wollen. Schon beim irritierten Heben einer Augenbraue ziehen wir unsere Wünsche zurück oder korrigieren sie zu einer »besser verdaulichen« Variante.

Fragen während verschiedener Phasen der Liebesbeziehung

Wenn du in einer Trennungsphase bist – aber auch wenn sie schon vollzogen ist –, nimm diesen Partner oder die Partnerin. Wenn es bei der Trennung um eine Gemeinschaft oder Gruppe geht, wähl dir die Person, die dir am wichtigsten erscheint:

Haben wir uns damals (also vorher) Zeit genommen, ausführlich über unsere zukünftige gemeinsame Zeit zu sprechen?

Nicht ausführlich einiges angesprochen.

Haben wir uns dazwischen Zeit genommen, uns über Richtungsänderungen und Herausforderungen auszutauschen?

Nein

Wenn nein, warum nicht?

Weil viele ablenker da waren

Haben wir uns jetzt Zeit genommen, über unsere Vorstellungen unserer zukünftigen, eventuell noch gemeinsame Zeit zu sprechen (bei Trennungen mit Kindern zum Beispiel)?

Nein

In Beziehungen lernen wir alles über Selbstliebe

Die Qualität unserer Partnerwahl hängt entscheidend davon ab, ob wir uns selbst lieben. Selbstliebe ist ein großes Thema, und nicht wenige glauben, das werde uns in die Wiege gelegt, etwa nach dem Motto »Nette Eltern = Selbstliebe«. Praktizierte Selbstliebe ist aber eine Lebensaufgabe.

Das Wort »Selbstliebe« erklärt es schon: Ich liebe mich selbst. Mit allem, was dazugehört. Ich erfreue mich an meinen Begabungen, ich bin gnädig mit meinen Schwächen, ich liebe und pflege meinen Körper und sorge für mein eigenes Wohlbefinden. Ich behandle mich selbst gut, und ich halte mich in einer Umgebung auf, in der ich auch gut behandelt werde. Und dazu gehört, dass ich selbstverständlich einen Partner habe, der das akzeptiert und das auch selbst so handhabt.

Am Anfang einer neuen Liebe, am Anfang jeder Beziehung, zeigen wir dem anderen, wie wir behandelt werden möchten. In den ersten Tagen legen wir fest, was wir zulassen und was nicht. Mit jeder Geste, jedem Wort und jeder Zustimmung bekommt unser Visavis mehr Informationen darüber, wer wir sind und wie wir »ticken«. Ähnlich funktioniert das auch in umgekehrter Richtung: Wie eine Forscherin versuchen wir, selbst herauszufinden, wen es denn da in unser Leben gespült hat. Und je wahrhaftiger sich beide verhalten, desto klarer beginnt diese Beziehung. Das gilt beruflich genauso wie privat. Je besser wir uns selbst kennen, desto schneller verstehen wir, wenn wir von unseren Werten abweichen. Hier ein Beispiel aus dem Berufsleben:

»Ich brauche Sie diese Woche auch noch Donnerstag und Freitag.«

»Das wird nicht gehen. Wie Sie wissen, habe ich bei unserem Vorstellungsgespräch schon gesagt, dass ich nur Montag, Dienstag und Mittwoch zur Verfügung stehe. Donnerstag und Freitag habe ich andere Pläne.«

»Ja, Sie werden die doch mal verschieben können! Wenn Sie so inflexibel sind, dann wird das schwierig mit unserer Zusammenarbeit …«

»Ja, das sieht wirklich schwierig aus. Ich bin – wie wir das ja auch ausgemacht haben – nur an den ersten drei Tagen flexibel. An den anderen Tagen nicht.«

Oder:

»Ich brauche Sie diese Woche auch noch Donnerstag und Freitag.«

»Das wird aber schwierig. Sie wissen ja, dass ich eigentlich nur Montag, Dienstag und Mittwoch zur Verfügung stehe. Donnerstag und Freitag habe ich andere Pläne.«

»Ja, Sie werden die doch mal verschieben können! Wenn Sie so inflexibel sind, dann wird das schwierig mit unserer Zusammenarbeit …«

»So inflexibel bin ich nicht. Ich wollte eigentlich nur …«

»Was haben Sie denn überhaupt für Pläne?«

»Es gibt so ein paar Sachen, für die ich gern in Zukunft mehr Zeit haben möchte.«

»Das muss jetzt ja nicht unbedingt diesen Donnerstag und Freitag passieren, nicht wahr? [Lacht.] Gut, dass sie so flexibel sind. Das ist uns wichtig hier in der Firma. Wir sind ja ein Team. Und da muss ich mich auf jeden verlassen können.«

»Na ja, dann schau ich mal.«

Wird diese berufliche Beziehung erfolgreich sein? Nur dann, wenn ich meine Werte behalten kann. Wenn ich mich aus Angst verbiege, dann werden Vorgesetzte merken, dass ich nicht zu mir und meinen Überzeugungen stehe.

Wer wir sind, erkennen andere an unserem Verhalten

Das ist in Liebesbeziehungen häufig noch intensiver, denn wir sind ja auch noch verliebt und möchten dann den anderen glücklich sehen. Und manchmal geben wir dafür unser eigenes Glück auf. Wir stellen also das Wohlbefinden des anderen über unseres. Um das zu vermeiden, muss ich erst einmal wissen, was denn genau meine Werte sind, damit ich sie bei einer neuen Partnerschaft auch dementsprechend positionieren kann.

Fragen zu den eigenen Werten und Wünschen

Was sind meine Werte und Wünsche in einer Beziehung?

Vertrautheit, Zärtlichkeit, Ehrlichkeit

Wie möchte ich mein Leben in einer Partnerschaft gestalten?

Freiheit im Rahmen der sich für beide gut anfühlt

Habe ich mit meinem Verhalten bisher dazu beigetragen?

Nein, ich klammere und will mehr geliebt werden

Wo besteht die Gefahr, dass ich mich anpasse?

Nicht genug zu sein.

Wo folge ich meinen Werten, und wo gebe ich sie auf – beziehungsweise wo habe ich sie bisher aufgegeben?

Nicht zu mir zu stehen.

Selbstliebe bedeutet auch, wirklich zu wissen, wer ich bin. Erst wenn ich weiß, was ich brauche, kann ich dafür sorgen, dass ich es mir erschaffe. Ich kann erst dann einen adäquaten Partner für eine tiefe spirituelle Beziehung wählen, wenn ich die Bereitschaft zur Tiefe und Wahrhaftigkeit in uns beiden erkennen kann. Eine spirituelle Beziehung ist eben nicht nur hormonell – also eher auf den Körper konzentriert –, sondern erlebt sich als Seelenverbindung. Wir haben unser Leben dem Wachstum gewidmet und streben nach Wachheit. Wir sehen uns als Seele, die hier eine menschliche Erfahrung macht und nicht nur Körper *ist*, sondern einen Körper *hat*.

Wir sind in unserem Ursprung Schwingung und bewegen uns gemeinsam mit anderen energetischen Schwingungen. Ein Stein hat ein anderes energetisches Feld als ein Tier, eine Pflanze ein anderes als ein menschliches Wesen. Das eine ist nicht schlechter als das andere. Aber natürlich liegt innerhalb jeder energetischen Schwingung eine andere Wahrnehmungsmöglichkeit.

Manche Schwingungen sind dichter und manche leichter. Jede von uns hat ein bestimmtes Schwingungsspektrum, in dem wir uns hauptsächlich aufhalten, auch wenn die »Frequenzen« durchaus variieren können. Je wacher wir werden, desto leichter wird unsere Schwingung. Das Leben wird dann weniger anstrengend. Wir hängen nicht mehr an unseren Gefühlen fest, sondern wissen, wie sie entstehen und was sie uns sagen wollen. Wir haben mehr Werkzeuge, um ihnen nachzuspüren und sie zu verstehen. Wir befinden uns viel häufiger in einem Zustand des entspannten Seins.

Obwohl sich das Leben dann meistens ausgeglichen anfühlt, »stürmt« es dennoch gelegentlich. Das brauchen wir, um weiter zu wachsen und zu erleben, was wir schon wissen.

Wie wir mit solchen Turbulenzen umgehen, hängt von unserem Grad der Wachheit ab. Je wacher wir sind, desto eleganter gehen wir mit unseren Stürmen und natürlich auch unseren Gefühlen um. Das bedeutet, dass wir nicht jedem Impuls nachlaufen, sondern in der Lage sind, Gefühle mit Klarheit zu betrachten. Wir sind nicht gereizt oder fangen an zu brüllen, wenn uns etwas auf die Nerven geht, sondern wir haben schon lange vorher erspürt, wenn etwas hakte, und das auch kommuniziert. Ein wichtiger und selbstverständlicher Prozess ist auch, dass wir nachschauen, warum (Grund) und wozu (Sinn und Zweck) uns etwas nervt. Wenn uns etwas nervt, will uns das etwas sagen. Das herauszufinden ist ein wichtiger Schritt zur Selbsterkenntnis und damit zur Selbstliebe.

Im Aspekt der Partnerwahl heißt das für uns: Je wacher wir sind, desto wacher (leichter) gestalten wir unsere Beziehung.

Die liebevolle Beobachterin

Zur Wachheit braucht es eine gewisse Distanz zu unseren Gefühlen. Das ist für viele ungewöhnlich oder sogar gänzlich fremd. Wir sind in der Lage, unsere Gefühle zu beobachten. Dabei entsteht eine spürbare Distanz. Sie bringt Abstand in das Drama. Angenommen, wir streiten uns, dann sind wir einerseits emotional aufgeladen, und andererseits beobachten wir – ähnlich einem Reporter –, was sich da gerade abspielt: »Ich bin zornig. Er ist gerade angestrengt, und wenn ich jetzt XYZ sage, dann geht er an die Decke.« Und wenn mir das schon mal aufgefallen ist, dann kommt der zweite wichtige Schritt mit der Frage, wie ich mich jetzt verhalten will.

In uns unterhalten sich unsere inneren Stimmen, wie wir in diesem Streit, in dieser Situation miteinander umgehen wollen: Wollen wir etwas anheizen oder beruhigen? Schütte ich Öl ins Feuer, oder halte ich den Mund? Will ich gewinnen, oder will ich verstehen?

Wir haben mehrere von diesen Stimmen. Eine mag uns sagen, dass wir nicht gut genug sind. Eine andere, dass wir uns mehr anstrengen müssen. Eine will unbedingt darauf bestehen, dass wir recht haben. Wieder eine schlägt vor, einfach auf dem Sofa liegen zu bleiben. Und irgendwo liegt auch noch der berühmte innere Schweinehund herum.

Eine dieser inneren Stimmen ist die wohlwollende Beobachterin. Sie ist keine strenge Stimme, die uns sagt, wie dumm wir sind und was wir alles noch nicht erledigt haben. Nein. Sie ist weise, klar und liebevoll. Wir können sie ignorieren, und sie mag leiser werden, aber ganz aufhören zu sprechen wird sie nie.

Für manche ist sie das Gewissen. Für wieder andere das höhere Selbst oder die Seele. Es ist auf jeden Fall eine Stimme, die es wert ist, gehört zu werden.

Wenn wir dieser Beobachterin erlauben mitzuspielen, dann ist sie eine gute Ratgeberin. Sie wird uns raten, den Mund zu halten und für eine Weile aus dem Zimmer zu gehen, wenn unser emotionaler Körper die Zügel in der Hand hat und gerade nach vorn preschen will, um alles zu vernichten. Sie wird uns die Ölflasche aus der Hand nehmen, sie wird uns gut zureden und uns sagen, dass Gewinnen nicht immer der ideale Weg ist.

Wie wir sie hören?

Wir erlauben uns, ihr etwas Zeit zu geben, bevor wir reagieren. Wir müssen nicht gleich antworten und nicht sofort etwas tun. Wir atmen ein und atmen aus. Wir trainieren damit unser Gehirn um. Und warten die Entwicklung ab, bis wir wirklich wissen, was wir tun oder sagen wollen. Und in der Zwischenzeit hat sich die innere Stimme gemeldet. Leise. Ruhig. Klar.

Was bin ich bereit dafür zu tun?

Wir alle versuchen unser Bestes. Und doch wehren wir uns gelegentlich gegen eine Entwicklung. Das hat natürlich Gründe. Manchmal passiert das aus Angst, manchmal aus Hoffnungslosigkeit. Zuweilen trauen wir uns eine Veränderung nicht mehr zu. Oder wir haben uns mit Menschen umgeben, die uns zurückhalten wollen oder uns manipuliert haben. Manchmal fehlt es uns an der nötigen Kraft oder dem Willen, einen neuen Weg zu gehen.

Ein andermal sehen wir jeden kleinen Rückschritt als »Beweis«, dass es sowieso nicht klappen wird. Häufig fehlt uns einfach auch die Information beziehungsweise das Werkzeug dazu.

Wenn sich dann im Leben eine Enttäuschung an die andere reiht, man sich nicht traut, Verantwortung zu übernehmen, sich aus Angst oder Bequemlichkeit nicht aktiv ins eigene Leben einbringt, dann macht sich Hoffnungslosigkeit breit, und die kann sich schnell in Bitterkeit verwandeln, das heißt in eine dichtere Schwingung, ein schwereres energetisches Feld.

Das hauptsächlich benutzte Wort, um Wachstum und Entwicklung zu vermeiden, heißt dann »aber«:

- Aber das habe ich schon probiert.
- Aber das klappt doch nie.
- Aber das bringt doch nichts.
- Aber ich habe doch immer nur Pech.

Ist »aber« ein vielbenutztes Wort, dann können wir darin die eigene oder die Abwehr unseres Gegenübers erkennen. Tiefe Beziehungen zeichnen sich durch die Bereitschaft zur Nachfrage (»Stimmt das, was ich hier denke und sage?«) und zur Erforschung (»Wieso empfinde ich hier solch eine Abwehr?«) aus. Eigene automatische »Aber-Antworten« zeigen uns, dass wir uns in einer Abwehrhaltung befinden.

Manche haben zum Beispiel in ihrer Kindheit erlebt, dass Veränderungen nur Nachteile gebracht haben. Und so versuchen sie verzweifelt, jede Art von Neuerung zu vermeiden.

Manche möchten ihre Bequemlichkeit nicht aufgeben (vor allem, wenn die Frau für die Bequemlichkeit sorgt) und finden, dass doch alles prima läuft. Für sie gibt es keinen Grund zur Veränderung, denn das würde bedeuten, selbst zu bügeln oder gleichwertig im Familienleben präsent zu sein.

Manche fühlen sich grundsätzlich benachteiligt und sehen in allen Wünschen von anderen die gefühlte Benachteiligung verstärkt. (»Wann bin ich denn jetzt endlich mal dran?«)

Wenig oder keine Wachstumsbereitschaft wird die Gemeinsamkeit als Liebespaar schwieriger machen. Bei Freundschaften mag das noch funktionieren. Man lernt, die andere so zu akzeptieren, wie sie eben ist. Das mag in Ehen und Beziehungen natürlich auch ein wichtiger Punkt sein, aber bei einer Freundschaft lässt sich das oft entspannter hinnehmen, denn man hat hier genügend Abstand. Die meisten Paare hingegen leben zusammen. Bei Freundschaften wie bei Paaren entsteht bei zu großer Diskrepanz ein Desinteresse am anderen. Wenn man in einer Beziehung schauspielert, alles mit sich selbst ausmacht, sich nicht wahrhaftig mitteilt, gibt es keinen Austausch mehr. Und ohne Austausch gibt es keine Beziehung.

Nicht jeder sucht Nähe in einer Beziehung. Manche wollen wie gesagt auch nur »aufgeräumt« sein. Nach dem Motto: »Das ist mein Mann. Der ist nett. Wir wohnen gut. Problemen gehen wir aus dem Weg. Das passt schon.« Auch das ist eine Wahlmöglichkeit.

Nicht jede Beziehung ist eine emotional intensive. Es kommt darauf an, was wir uns von einer Beziehung wünschen, und auch das ist wieder Teil des Wahlprozesses. Trotzdem kann es auch enorme Schmerzen beim Ende einer »praktischen« Beziehung geben. Wir verlieren das Gewohnte. Haben vielleicht das Gefühl, dass wir während der Beziehung so viel geopfert haben (nämlich Verliebtheit, leidenschaftlichen Sex, wir haben eigene Bedürfnisse und Wünsche für die verlässliche Beziehung hintangestellt) und fühlen uns jetzt um das Ergebnis betrogen.

Jede wiederkehrende Herausforderung wird uns deswegen geschickt, damit wir sie endlich lösen

Wenn wir uns das auf Seelenebene anschauen, dann sieht das zum Beispiel folgendermaßen aus: Als noch nicht inkarnierte Seele beschließe ich, mehr über Mut zu lernen. Dazu brauche ich eine Kindheit, in der Mut nicht gefördert wird, und diverse Erlebnisse und Herausforderungen in meinen jungen Lebensjahren, die mich »ängstlich« werden lassen. Als Erwachsene bringt mich meine Seele dann immer wieder in Situationen, die mir Angst machen. Ich merke, dass andere mutiger sind, und bin auch irgendwann einmal unglücklich genug, um aktiv etwas dafür zu tun, mutiger zu werden. Ich bemerke, dass Mut wächst: Je mutiger ich bin, desto mutiger werde ich künftig. Ich verstehe, dass Mut nicht bedeutet, keine Angst zu haben, sondern etwas *trotz der Angst* zu tun. Ich lerne, Grenzen zu setzen. Mit meiner Veränderung – die ich jetzt übe und umsetze – kommen andere Menschen in mein Leben, denn meine Schwingung wird wacher und leichter. Ich erkenne an dem Zustand meines Lebens (ich traue mich jetzt sehr viel mehr und komme dadurch in andere Situationen), wie viel Weisheit ich schon angesammelt habe. Ich spüre ein wachsendes Wohlgefühl.

Wenn es unsere Seelenhausaufgabe ist, mutiger zu werden, dann brauchen wir Übungsmöglichkeiten. Diese werden uns von unserer Seele geschickt. Da sind eben nicht die anderen schuld. Im Gegenteil: Die anderen sind quasi »engagiert« worden, indem sie es uns schwer machen, ängstlich zu bleiben. Diese Seelenhausaufgabe wird sich so lange präsentieren, bis wir das verstanden und gelöst haben.

Da wir zudem magnetische Wesen sind, ziehen wir das an, was zu unserer energetischen Schwingung passt. Das muss nicht heißen, dass ein ängstlicher Mensch einen ebenso ängstlichen anzieht. Man zieht sich auf gleichem Niveau an. Es kann also auch sein, dass ein ängstlicher Mensch von einem übergriffigen angezogen wird. Weil der ängstliche dort einen »sicheren« Hafen vermutet, denn der scheint ja alles zu wissen. Beide »passen« zusammen. Auch der »Übergriffige« reagiert aus Unsicherheit. Er möchte Dinge unter Kontrolle haben. Er hat in diesem Leben seine eigene Seelenhausaufgabe: die Übergriffigkeit abzulegen.

Zum Lernen sind sie ein »perfektes« Paar.

Und woran erkennen wir unser Wachstum? Übergriffige Partner und Partnerinnen interessieren uns jetzt nicht mehr. Selbst wenn wir eine(n) solche(n) am Anfang attraktiv finden sollten, erkennt unser wacheres Warnsystem nun schnell, dass dies etwas ist, was wir nicht mehr erleben möchten, zum Beispiel Situationen wie die folgende:

»Wo warst du gestern Abend? Ich habe dich mehrmals angerufen, und du hast dich nicht gemeldet. Ich bin noch vorbeigekommen, und du warst nicht da!«

»Ich habe dir doch gesagt, dass ich keine Zeit habe. Wir sind nach dem Meeting noch was essen gegangen, dann haben wir uns alle verquatscht, und es ist spät geworden.«

»Du hast mich gar nicht mehr angerufen! Ich hab mir Sorgen gemacht!«

»Es war zu spät. Ich bin erst um eins nach Hause gekommen.«

»Also, so geht das nicht! Entweder bist du mit mir zusammen oder nicht. Offensichtlich ist es dir egal, ob ich mir Sorgen mache! So habe ich mir unser Zusammensein nicht vorgestellt!«

»Ich auch nicht. Warum bist du überhaupt vorbeigekommen?«

»Was soll denn das? Jeder normale Mensch ruft abends nochmal an!«

»Du hast meine Frage nicht beantwortet.«

»Also, so geht das nicht. Wenn du bereit bist, dich zu entschuldigen, dann ruf mich an!«

Bei einer Frau, die gelernt hat, sich selbst zu lieben, klingen jetzt schon in dieser ersten Zeit der Verliebtheit und ihrer Partnerwahl alle Alarmglocken: Ihre Entscheidungen werden nicht akzeptiert. Er kommt, ohne eingeladen worden zu sein. Sagt ihr, dass sie »nicht normal« ist. Macht sie für sein Verhalten und seine Gefühle verantwortlich. Zeigt keinerlei Bereitschaft, sich sein Verhalten anzuschauen, und erwartet auch noch eine Entschuldigung.

Ihre Entscheidung wird sein, diese Beziehung nicht weiterzuverfolgen.

Eine Frau, die noch nicht gelernt hat, sich zu lieben, würde Entschuldigungen finden: »Ach, das meint er nicht so. Er ist halt so verliebt, dass es ihm schwerfällt, nicht bei mir zu sein. Wie süß, dass er extra vorbeikommt. Das kann ich schon verstehen, dass er da jetzt traurig/wütend/gekränkt ist, wenn ich nicht da bin. Da entschuldige ich mich mal, dann ist alles wieder gut.«

Liebe zeigt sich durch warmherzigen Respekt

Ein respektvoller Umgang miteinander ist notwendig für eine wahrhaftige Liebesbeziehung. Dazu gehört auch die Selbstverantwortung, die die Basis einer gesunden Beziehung ist. Manche wählen diese Option nicht, wenn sie eine neue Beziehung anbahnen. Für sie ist es erleichternd, sich in die Partnerschaft einsinken und den anderen wichtige Entscheidungen treffen zu lassen.

Wir verlassen dann aber das partnerschaftliche »Feld« und begeben uns in ein kindliches: Der Wunsch nach Fürsorge ist in unserer Kindheit vielleicht nicht erfüllt worden, und das möchten wir jetzt nachholen. Und obwohl es bestimmt viele Partner gibt, die damit sehr respektvoll umgehen, verlieren wir doch die Verantwortung für unser Leben. Wir passen uns an. Oder wir weigern uns einfach, erwachsen zu werden. Das gibt es natürlich auch.

Gerade bei langjährigen Paaren der Generation unserer Eltern oder Großeltern konnte man immer wieder beobachten, wie verloren manche nach dem Tod eines Partners waren. Nicht selten haben sie keine Ahnung, wie viel Geld auf dem Konto ist, wie die Waschmaschine funktioniert, oder sie können sich keine warme Mahlzeit kochen. Aspekte des Lebens wurden ignoriert, weil sie von dem Partner oder der Partnerin komplett übernommen worden waren. Aus der eigenen Selbstständigkeit wurde eine Abhängigkeit. Und das nicht aus Unfähigkeit, sondern aus Gewohnheit (so machte »man« das nun mal) oder aus Bequemlichkeit.

Ungesunde Beziehungen

Es gibt Menschen, die aufgrund ihrer (noch) nicht gelösten Persönlichkeitsstruktur für gesunde Beziehungen nicht geeignet sind. Mitmenschen, die emotional enorm instabil sind, ihre Wut nicht kontrollieren können, die andere bedrohen und mit Gewalt ihren Willen durchsetzen wollen, fehlt das Handwerkszeug zu einem angenehmen Miteinander. Sie brauchen Selbsterkenntnis und den Wunsch nach Veränderung. Als Beispiel: Würden wir ins Flugzeug mit einem Piloten steigen, der in der einen Hand eine Flasche Schnaps und in der anderen ein Buch mit dem Titel *Wie fliegen eigentlich Flugzeuge?* durchblättert? Eher nicht. Um sicher zu fliegen, brauche ich einen Piloten, der ausgebildet und nüchtern ist. Das Steuern eines Flugzeugs kann man lernen. Wenn man will. Würde ich ihm denn den Fusel wegnehmen und dann jeden Tag mit ihm in die Pilotenschule gehen? Auch das nicht. Das muss er schon selbst machen. Ich steige erst dann mit ihm in das Flugzeug, wenn er genug über das Fliegen gelernt hat, um sicher mit ihm zu fliegen.

Soziopathen, Psychopathen, Narzissten sind als künftige Reisebegleiter ungeeignet. Sie haben kein Mitgefühl. Empfinden keine Reue. Sie sind manipulativ. Sie lügen. Wechseln zwischen Schmeichelei und Rührseligkeit. Diese Verhaltensweisen gibt es in verschiedenen Graden und Varianten.

Bei einer Variante sehen sie sich selbst als überlegen (aus einem überzogenen Selbstbewusstsein) und schauen mit einer gewissen Verächtlichkeit auf andere. Im Zustand der ersten Verliebtheit glauben sie vielleicht, endlich jemanden gefunden zu haben, der ihnen ebenbürtig ist, um dann nach einer Weile festzustellen, dass es doch im Gegenüber die eine oder andere Schwäche gibt. Da die eigenen Schwächen nicht erkannt werden, projizieren sie ihre Wut beziehungsweise Enttäuschung auf den/die andere(n).

Manche können sich nur besser fühlen, wenn sie ihre Mitmenschen erniedrigen. Häufig sind sie auf den ersten Blick besonders charmant und liebenswert und entzücken uns mit ihrer Gegenwart. Am Anfang einer Beziehung werden wir mit Liebe überschüttet, die sie uns dann nach und nach entziehen – wobei sie uns mehr oder weniger unterschwellig suggerieren: Mit dir stimmt irgendetwas nicht. Um ihre vermeintliche Liebe (also die Glücksgefühle der ersten Tage oder Wochen) zurückzubekommen, verfallen wir womöglich dem sehr eloquenten Menschen und glauben irgendwann vielleicht sogar, er habe recht. Das kann so weit gehen, dass wir ein gewisses Verständnis dafür entwickeln, wenn es ihm auf die Nerven geht, dass wir atmen … Der Partner vermittelt uns konstant das Gefühl: »*Du* bist schuld daran, dass ich genervt/angestrengt/wütend/frustriert bin und die Fassung verliere.« Die Selbstverantwortung für ihren eigenen emotionalen Zustand lehnen diese Mitmenschen noch strikt ab.

Viele Partnerinnen können die wechselnden Stimmungen und Verhaltensweisen ihres Lebensgefährten weder verstehen noch nachvollziehen und suchen die Gründe für dieses Verhalten bei sich. Dort liegen sie aber nicht.

Menschen mit einer so erhöhten Selbstwahrnehmung stellen sich nicht infrage, denn sie denken: Wo ich bin, ist oben! Alle Probleme oder Herausforderungen liegen ihrer Meinung nach daran, dass man nicht auf sie hört oder nicht tut, was sie sagen. Dadurch, dass sie rhetorisch meist sehr versiert sind, gelingt es ihnen zu manipulieren. Es fällt ihnen leicht, anderen das Wort im Munde herumzudrehen.

Sie genießen die Macht. Manche davon wollen sehen, wie weit sie jemanden bringen können. Deshalb braucht es eine starke, eindeutige und langfristige Trennung. Es ist illusorisch anzunehmen, mit einem solchen Menschen irgendwann einmal zu einem netten Miteinander zu kommen. Es mag sein, dass er sich aus Manipulationsgründen kurzfristig angenehmer gibt, das wird sich aber sofort wieder ändern, wenn er es strategisch für wichtig hält. Manche dieser Menschen leiten Firmen, manche sind Coaches, manche gehen in die Politik, und manche leiten spirituelle Gruppen.

Liebende können es häufig nicht glauben, dass jemand so sein kann, und geben trotz großer Schmerzen, Ängste und gelegentlicher Unsicherheiten die Beziehung nicht auf. Sie stecken fest:

»Er hat dir was?« Ihre Freundin schaute sie ungläubig an.

»Er hat mir diese Medikamente mitgebracht.« Dabei reichte sie ihr die prall gefüllte Pillendose. »Und er sagte mir, ich solle sie nehmen, damit ich meine Gefühle besser unter Kontrolle bekäme.«

Ihre Freundin erkannte als Apothekerin sofort, worum es sich hier handelte: »Aber das sind hochdosierte Psychopharmaka!

Da schlafwandelst du ja! Was passiert da gerade in deinem Leben?«

Nach weiteren Nachfragen stellte sich heraus, dass der Freund ihre Freundin schon ein paarmal geschlagen hat (»Er hat sich tausendmal entschuldigt, und es war ihm noch nie vorher passiert«), ihr dauernd sagt, sie solle endlich aufhören, ihre Familie zu treffen (»Er meint, ich hätte mich noch nicht abgenabelt, und jetzt sage ich Verabredungen mit meiner Familie ab, damit ich das endlich mal lerne«), und dass sie sich heute sähen, das wusste sie schon, das würde ihm auch nicht passen (»Ich habe ihm gesagt, ich muss heute Abend länger arbeiten«).

Ihre Freundin schaute besorgt: »Du musst da raus. Der spinnt ja!«

»Er hat gerade viel Stress in der Firma.«

»Er versucht, dich von allem wegzuziehen, was dir bisher wichtig war. Das ist ein Egomane oder so was. Du bleibst heute Nacht hier.«

»Nein, das kann ich nicht!«, sagte ihre Freundin in schierer Panik. »Das wird ihm nicht gefallen. Das gibt Ärger.«

»Eben drum! Schau dich an, wie viel Angst du hast! Und das nennst du Liebe?«

Diese Panik vor dem Partner ist ein sicheres Zeichen dafür, dass es hier nicht um Liebe geht. Das ist Kontrolle. Wenn du dir nicht sicher bist, ob deine künftige Beziehung eine solche ungesunde Form annehmen könnte oder deine jetzige bereits in diesem Zustand ist, bitte besprich dich mit anderen. Dann wirst du sicher Klarheit darüber finden, wie du das Ganze einordnen kannst.

Wir erinnern uns: Wir wollen nur dann in ein Flugzeug einsteigen, wenn der Pilot auch weiß, wie ein Flugzeug zu steuern ist.

Gesunde Beziehungen

Was ist eigentlich eine gesunde Beziehung? Manchmal halten wir etwas für normal, was nicht gesund ist. Normal kann für uns etwas deswegen sein, weil wir es gewohnt sind. Was sind wir gewohnt? Halten wir uns für nicht wertvoll genug, respektvoll behandelt zu werden? Verwechseln wir Dramen mit Liebe? Was denken wir über uns selbst? Lieben wir uns selbst?

Wir sind Schwingung, und diese Schwingung informiert andere darüber, wer wir sind und wie wir behandelt werden wollen. Was ich denke, bestimmt mein Handeln. Halte ich mich für unscheinbar, dann bewege ich mich unauffällig. Finde ich mich attraktiv, dann zeige ich mich selbstbewusst und strahlend.

Selbstliebe entsteht nicht daraus, dass uns jemand sagt, wie toll wir sind. Sondern wir lieben uns selbst, weil wir auf uns achtgeben, uns so zeigen, wie wir sind, unsere Talente ausleben, gesunde Grenzen haben, uns wohlwollend betrachten, uns anständig und ehrenhaft verhalten und uns selbst die beste Freundin sind.

Oft sind wir zu streng mit uns und damit auch mit anderen. Es hat lange gedauert, bis ich die Nachsicht, die ich allen anderen schenke, mir auch selbst widmen konnte.

Und da genau setzt die Liebe ein: bei der Selbstliebe. Nochmal, weil es so wichtig ist: *In einer Beziehung erfahren wir alles über den Grad unserer Selbstliebe.* Erst wenn wir uns selbst schätzen, lieben und akzeptieren können, erspüren wir diese Zärtlichkeit und Akzeptanz auch wirklich anderen Menschen gegenüber.

Liebe ist ein Seinszustand und zeigt sich im Benehmen

Manche wählen sich Partner, die aggressiv sind. Für sie scheint das auch eine Art von Liebe zu sein. Denn wenn er so leidenschaftlich wütend sein kann, dann muss ihm doch was an mir liegen, nicht wahr? Sonst wäre ich ihm ja egal?

So wird Drama mit Liebe verwechselt.

Liebe ist aber nicht nur ein Gefühl. Sie ist vielmehr auch ein Seinszustand (entweder man liebt, oder man liebt nicht) und drückt sich in der Verhaltensweise aus: Wir *sind* Liebe, und wir benehmen uns entsprechend. Wenn ich sage: »Ich liebe dich«, und dich schlecht behandle, dann kann das keine Liebe sein. Wenn es keinen Respekt in einer Beziehung gibt, dann gibt es auch keine Liebe. Sondern dann sprechen wir von Macht, von dem Wunsch nach Kontrolle, auch von dem Widerstand gegenüber der Selbstreflexion und vom Mangel an gesundem Verhalten.

Derjenige, der aggressiv handelt, ist auch nicht glücklich über seinen Zustand. Es gelingt ihm allerdings nicht, sich selbst zu kontrollieren. Entweder aus Mangel an Werkzeugen (Aggressionskontrolle, wache Gefühlswahrnehmung und so weiter), aus Desinteresse beziehungsweise Ignoranz oder aus Angst zu versagen. Doch auch er – als Seele – möchte wachsen. Wenn die Partnerin in diesem Spiel mitspielt und alles erduldet, dann wird das dazu beitragen, dass er meint, er könne so weitermachen wie bisher, und er sieht die Notwendigkeit einer Veränderung nicht.

Lass uns das mit dem Tanzen vergleichen: Angenommen, ich möchte nicht mehr Salsa tanzen, weil mir das keinen Spaß mehr macht, sondern lieber Walzer. Wenn ich dennoch jedes Mal mitmache und Salsa tanze, sobald man mich dazu auffordert, mag mich das zwar ärgern, aber ich stimme durch mein Tun zu (ich bin ja aufgestanden, und ich tanze) und signalisiere dem anderen, dass man mich entweder überreden kann, ich nicht Nein sage oder nicht weiß, was ich will. Dass ich aufstehe und den Salsa mittanze, zeigt, dass ich zustimme. Selbst wenn ich mich lautstark aufregen sollte, zeige ich durch meine widersprüchliche Reaktion, dass ich trotzdem auch künftig weitermache.

Damit dieser Tanz nicht mehr stattfinden kann, muss ich bei der nächsten Aufforderung Nein sagen und sitzen bleiben – und erst dann wieder aufstehen, wenn Walzermusik ertönt. Ähnlich ist es in Beziehungen. Erst wenn wir nicht mehr mitspielen, machen wir deutlich, dass eine Veränderung not-wendig ist (um im wörtlichen Sinne die Not zu wenden). Und in manchen Fällen (wenn Gewalt, Bedrohung, Sadismus und antisoziales Verhalten im Spiel sind) ist es erforderlich, nie mehr mit diesem Partner zu tanzen.

Nicht selten sind wir um des lieben Friedens willen still. Wir wissen zwar, dass es keinen Frieden ohne klare Absprachen geben kann, und doch bleiben wir zu lange an unserer Harmoniesucht kleben.

Weswegen? Weil uns das vertraut ist. Es mag in unserem Elternhaus so gewesen sein. Das haben wir vielleicht als angenehm empfunden oder als selbstverständlich. Daraus zogen wir folgende Schlussfolgerung: »So macht man das eben, wenn man aufmerksam und liebevoll ist.« Und wollen wir nicht alle als aufmerksam und liebevoll gelten?

Natürlich kann es auch umgekehrt gewesen sein: Im Elternhaus gab es viel Streit, und um den zu vermeiden, sagen wir jetzt überhaupt nichts mehr – auch um des lieben Friedens willen. Ein klares Nein zu äußern trauen wir uns da oft nicht.

Klarheit ist beruhigend

Wenn mir jemand sagt: »Ich werde nicht mehr Salsa tanzen«, dann kann ich mich darauf einstellen. Wenn es dann trotzdem ewig hin und her geht, dann ist das eine mühsame und wacklige Angelegenheit, bei der ich mich fragen muss:

Tanzt sie heute? Oder nicht? Oder nur wenn sie gut gelaunt ist? Oder vielleicht nie wieder? Oder nach zwei Wochen doch noch? Kann ich etwas machen? Sie überreden? Braucht sie vielleicht nur neue Schuhe? Oder gefällt ihr der Ort nicht, an dem wir tanzen? Und das wird nicht nur einmal gedacht, sondern immer und immer wieder.

Wie soll sich der Tanzpartner darauf einstellen?

Fragen zu einer respektvollen und wachen Beziehung

Bitte schau dir deine letzte oder jetzige Beziehung an. Welche Aspekte davon sind wach und welche nicht? Welche sind gesund und welche nicht? Bitte frag dich selbst: Welche Angewohnheiten haben oder hatten wir als Paar – das gilt natürlich auch für Freundschaftspaare –, die ich als gesund einordnen würde?

Ich bin wankelmütig.

Welche Angewohnheiten haben oder hatten wir, die ich als ungesund einordnen würde?

Das ich nicht zuerst mir im Klaren werde was ich will.

Welche Angewohnheiten kann ich weder in die eine noch in die andere Kategorie einordnen, beziehungsweise bei welchen bin ich mir unsicher?

Das Menschen mich lieben

Falls du etwas in der letzten Kategorie (unsicher) eingeordnet hast, bitte fang an, das zu erforschen. Zuerst bei dir selbst. Geh in die Stille, und lass es zu, länger darüber nachzudenken. Hör dich auch um, besprich das mit Freunden, erforsche das Thema im Internet. Manchmal haben wir ein diffuses Gefühl – »Irgendwas stimmt hier nicht« – und verstehen das erst, wenn sich der Nebel lichtet. Dazu braucht es unsere Aufmerksamkeit. Denn das ist nicht nur Voraussetzung für künftige respektvolle Beziehungen in Selbstverantwortung, sondern vor allem auch Teil unserer Seelenhausaufgabe.

Liebe in Freundschaften

Wir lieben unsere Freunde. Die Liebe ist natürlich nicht nur auf romantische Beziehungen beschränkt. Ich musste mich als junges Mädchen immer schon um Freundinnen kümmern, denn ich war nie *die* »beste« Freundin, sondern stets die dritte, vierte oder fünfte. Ich bemühte mich darum, unverzichtbar zu sein, indem ich fast immer zur Verfügung stand. Dadurch entwickelte sich mein intensiver Freundeskreis: nicht weil ich ausgewählt wurde, sondern weil ich auswählte. Ich war da zwar manchmal etwas unsicher, ob die Freunde auch blieben, wenn ich mich mal nicht mehr meldete, aber es war dennoch eine lehrreiche Aktion: Ich lernte, auf Leute zuzugehen und mich einzubringen. Zwar aus Angst vor dem Alleinsein, aber trotzdem war es eine gute Übung.

Wenn wir uns entwickeln, dann verändern sich auch unsere Freundschaften. Viele meiner Freundschaften basierten früher auf enormen Erwartungshaltungen:

- *Druck:* »Na, du hast dich ja schon lange nicht mehr gemeldet!« Oder: »Komm, geh doch mit! Ich bin letztes Mal auch mit dir auf die komische Veranstaltung gegangen.«
- *Eifersucht:* »Wieso war ich eigentlich nicht in die Kneipe mit eingeladen?« – »Wie, du hast dich mit Eva und Susi getroffen – und wieso nicht mit mir?«
- *Abfalleimersystem:* »Mir geht es so schlecht!« Man hört stundenlang von den Schwierigkeiten anderer (sie laden ihre Probleme ab, ohne etwas verändern zu wollen).
- *Helfersyndrom:* »Du musst mir dabei helfen, sonst bin ich verloren.«
- *Zustimmung:* »Natürlich hast du recht. Die anderen sind alle Idioten!«

Erst später begannen meine Freundschaften tiefer, reifer und damit auch leichter zu werden. Konstante Zustimmung begann mich zu irritieren. Ich suchte etwas anderes in Freundschaften: Wahrheit.

Meine Freundinnen und Freunde sind nicht zu meiner Unterhaltung da oder dazu, mir die Langeweile zu vertreiben. Dafür bin ich selbst zuständig. Ich schätze sie als Inspiration und als liebevolle und aufmerksame Beobachterinnen, die mich warnen, wenn ich in alte Gewohnheiten zurückfalle. Wir sind Weggefährtinnen und -gefährten und wachsen mit- und aneinander. Ich erwarte, dass meine Freundinnen und Freunde mir die Wahrheit sagen, und da kann ich sehr fuchsig werden, wenn das nicht geschieht.

Früher hatte ich häufig hitzige Diskussionen. Das habe ich enorm heruntergefahren. Ich finde die eine oder andere ihrer Entscheidungen interessant, ohne jetzt darüber diskutieren zu wollen. Falls ich gefragt werde, gebe ich meine Meinung dazu oder meinen Rat. Aber hauptsächlich akzeptiere ich ihr Leben und ihre Entscheidungen mit einer Gelassenheit, die ich mir damals nicht einmal hätte erträumen können. Ich spüre schon auch noch den früheren Gewohnheitsimpuls, meine Meinung aktiv zu vertreten. Dem folge ich nur nicht mehr. Gelegentlich passiert es mir aber dennoch, und dann merke ich es wenigstens nach den ersten Minuten und lass es dann doch bleiben. Meistens beende ich das mit einer Entschuldigung.

Die Leichtigkeit meiner Freundschaften liegt natürlich auch daran, dass ich mir selbst die beste Freundin geworden bin. Dass ich mich auf mich selbst verlassen kann und ich deshalb diese Attribute nicht mehr von außen brauche. Ich liebe meine Freundschaften und bleibe auch in Kontakt. Ich bin da, wenn man mich braucht. Aber ich akzeptiere sehr wohl, dass meine Freundinnen und Freunde ein ausgefülltes Leben haben und dass es nicht ihre Aufgabe ist, sich um meines zu kümmern.

Ich bin viele Schritte gegangen, um meine Freundschaften wacher zu gestalten: Freundinnen und Freunde konnten sich ohne mich treffen, ohne dass ich mich ausgeschlossen fühlte. Ich hatte am Anfang Freundschaften entwickelt, bei denen wir gegenseitig zum Abfalleimer degradiert wurden und bei denen man – als Liebes- und Freundschaftsbeweis – dauernd zur Verfügung stehen musste. Das änderte ich. Terminliche Absagen wurden Schritt für Schritt ohne Ausreden akzeptiert: Statt eines gefakten »Ich bin krank« kann es jetzt ein entspanntes »Ich habe heute keine Lust, aus dem Haus zu gehen« sein.

Fragen zu Freundschaften

Jede von uns entwickelt eigenes Handwerkszeug, wenn es um Freundschaften geht. Wie erschaffe ich mir Freundschaften? Bin ich eher aktiv oder passiv? Wie behandle ich meine Freundschaften? Wie gehe ich mit ihnen um?

Aktiv, Präsent,

Gehören meine Freundschaften in eine der folgenden Kategorien: Druck, Eifersucht, Abfalleimer, Helfersyndrom, Zustimmung? – Manchmal hilft es, sich dabei einzelne Freundschaften anzuschauen. Bei einem mag ein ausgeprägtes Helfersyndrom vorliegen. Beim anderen eher Eifersucht.

Druck

Bin ich der Kümmerer, der Macher in meinen Freundschaften? Wie wichtig ist es mir, dies auch zu bleiben? Warum?

der Macher

Was erwarte ich mir von meinen Freunden?

Kontakt

Bin ich verständnisvoll, wenn jemand für mich oder ich für jemanden keine Zeit habe?

Nein

Gibt es so Sätze wie »Ach, komm schon, das habe ich doch auch für dich gemacht« oder »Wenn du meine Freundin bist, dann musst du auf meiner Seite sein«?

Nein

Gibt es bestimmte Sätze, die ich sage, oder einen bestimmten Gesichtsausdruck, den ich aufsetze, wenn ich in meinen Freundschaften auf etwas pochen möchte? Also ich etwas Bestimmtes aus dieser Freundschaft haben will (Zeit, Aufmerksamkeit, Trost, Lob, Gesellschaft, Zustimmung und so weiter)?

Zeit, Aufmerksamkeit

Gibt es Sätze, die meine Freunde/Freundinnen sagen, damit ich etwas tue, was ich eigentlich nicht möchte? Zum Beispiel: »Was wäre ich nur ohne dich?« – Oder: »Ich weiß schon, du interessierst dich nicht für mich«, damit wir uns verpflichtet fühlen zu beweisen, dass wir das doch tun.

?

Fühle ich mich wohl in meinen Freundschaften?

Nicht immer

Gibt es eine/mehrere Freundschaften, die für mich anstrengend sind, und wenn ja, was strengt mich daran an?

Bei Cora weiß ich nicht woran ich bin

Wenn meine Freundinnen und Freunde etwas über mich sagen müssten, wie würden sie mich beschreiben (mein Vorschlag dazu: Frag deine Freundinnen und Freunde)?

Werde ich so akzeptiert, wie ich bin?

Nein

Akzeptiere ich meine Freunde so, wie sie sind?

Nein

Tue ich »alles« für meine Freunde?

Ja

Falls ja, warum? Das ist eine ernsthafte Frage. Wir wollen etwas von unseren Freunden: Unterhaltung, Anerkennung, Lob, Gemeinschaft, Führung, Dramen, Nähe, Liebe, Schutz, Bedeutung, Bestätigung, dass wir wer sind. Manchmal lassen wir uns schlecht behandeln, weil wir das so gewohnt sind. Das bestätigt den Eindruck, der uns vielleicht als Kind oder junge Frau vermittelt wurde: »Ohne mich bist du nichts wert.«

Anerkennung, Bestätigung

Lasse ich mich schlecht behandeln?

Ja

Falls ja: Wenn wir zum Beispiel enorm überbehütet aufgewachsen sind, dann hatten wir keine Möglichkeit, Selbstständigkeit zu üben. Dieses Gefühl des zweifelnden Selbstwerts, der nagenden Unsicherheit, der panischen Angst vor »falschen« Entscheidungen mag immer noch eine tragende Rolle spielen, wie wir uns in Beziehungen oder Freundschaften verhalten. Deshalb dazu die Frage: War meine Kindheit überbehütet?

Nein

Trauten mir meine Eltern in meiner Kindheit eigene Entscheidungen zu, und konnte ich üben, selbstständig zu sein?

Teilweise

Warum also lasse ich mich schlecht behandeln?

Um gemocht zu werden

Will ich so weitermachen?

NEIN

Im Garten der Beziehungen aufräumen

Die Menschen in unserem Leben sind mit einem Garten vergleichbar. Die kleine Pflanze da vorn, die mal ganz nett und eingebunden war, ist jetzt ein stacheliger Busch geworden, der Besucher am Gartentor vertreibt. Da drüben diese Blumen kriegen nicht genug Licht. Da hinten überwuchert was und erfordert viel Arbeit von mir, bis ich da wieder Freiraum hinkriege.

Während wir uns entwickeln, entwickeln sich auch unsere Freundschaften. Manche halten wir aus alter Gewohnheit aufrecht oder weil wir nicht wissen, wie wir sonst damit umgehen sollen. Viele sprechen Herausforderungen in Freundschaften nicht rechtzeitig an. Oft aus der Befürchtung heraus, dass die Freundschaft darunter leiden würde. Das ist nicht meine Erfahrung. Im Gegenteil. Sie wird vertieft:

Sie sind schon seit der ersten Klasse miteinander befreundet. Eine erzählt gern, die andere hört meistens zu. Mittlerweile war das zur Gewohnheit geworden. Die Erzählende fragt nicht mal mehr nach, ob die andere denn auch was zu sagen hat. Und die andere wurde immer stiller – und immer verärgerter.

Als sie das mit ihrem Mann besprach, fragte der verwundert: »Ja, warum sagst du ihr das denn nicht?« Ja, warum? Sie hatte Angst, dass die Freundschaft dann zu Ende wäre.

Beim nächsten Mal fing sie an zu sprechen, und nach dem ersten Geplänkel nahm sie sich ein Herz und sprach an, was sie belastet: »Ist dir eigentlich schon aufgefallen, dass du mich nie fragst, wie es mir geht?«

Ihre Freundin schaute sie erstarrt an. Nach einer kurzen »Sendepause« antwortete sie nachdenklich: »Ja, das sagt mir meine Kollegin auch. Aber da es sonst noch nie jemand gesagt hat, dachte ich, das liegt an ihr. Wie lange mach ich das denn schon?«

»Seit der zweiten Klasse.«

»O Gott, und du hast das so lange mitgemacht?«

»Ich brauch manchmal ein bisschen länger, um was zu sagen.«

»Ja, das sehe ich.«

Beide lachten.

Wenn etwas nicht klar ausgesprochen wird, dann gibt es Missverständnisse. Häufig versuchen wir, uns wortlos zurückzuziehen, und hören dann unter Umständen Vorwürfe wie etwa: »Du meldest dich ja überhaupt nicht mehr!«

Was wäre, wenn man als Antwort sagen könnte: »Ja, das stimmt. Ich habe mich zurückgezogen.« Und dann warten, was darauf geantwortet wird. Falls die »Warum-Frage« kommt, kann man vielleicht sagen: »Ich glaube, ich habe mich verändert, oder wir haben uns verändert. Wie erlebst du denn unsere gemeinsame Zeit?«

Das öffnet die Möglichkeit zu einem Austausch.

Einige wissen nicht, wie man Beziehungen beendet und bevorzugen ein Verschwinden. Das hinterlässt bei allen Beteiligten ein komisches Gefühl. Selbst beim kurzfristigen Beschnuppern (z. B. Online-Dating) kann man das Abschiednehmen üben, indem man zum Beispiel schreibt: »Ich glaube, wir passen nicht zusammen.«

Wenn ich Kommunikationsworkshops gebe,[4] dann spielen wir bestimmte Zusammentreffen durch. Ich frage die Teilnehmerinnen in solchen Gesprächssituationen vorher, ob sie denn die Freundschaft aufrechterhalten wollen. Da wird plötzlich ausgesprochen, was man sich nicht anzuschauen getraut hatte. Manchmal höre ich dann erleichterte Seufzer wie: »Nein. Eigentlich nicht.« Zuweilen erfordert es ein längeres Nachdenken. Geht es um einen Abschluss oder einen möglichen Neuanfang? Ist die Freundschaft so, wie sie ist, auf jeden Fall passé, aber wäre man bereit für eine neue Art von Freundschaft?

Das ist immer wichtig herauszufinden – bei Freundschaften wie bei Liebesbeziehungen.

Wenn wir bei Freundschaften aufräumen, dann haben wir oft die Sorge, dass dann niemand mehr bleibt. Doch wenn wir an einem Restauranttisch sitzen, der voll besetzt ist, kann sich niemand Neues dazusetzen …

Fragen zum Alleinsein

Bist du bereit, eine Zeitlang allein zu sein, das heißt, keine Liebesbeziehung zu haben? (Natürlich hast du weiterhin Freundschaften und dort Nähe und Liebe. Wir reden hier nur über einen »festen« Partner.)

JA

Wenn nicht, warum nicht?

Befindest du dich, wenn du nicht in einer Liebesbeziehung bist, konstant auf der Suche nach einem neuen Partner, oder kannst du die Zeit des Alleinseins auch genießen?

Genieße es

In meinem Leben ist es ein paarmal passiert, dass ich meine Freunde verloren hatte. Einmal, als ich in die USA zog (damals gab es nur sündteure Telefonate oder Faxe), und dann nochmal, als ich mich spirituellen Themen widmete. Da war dann für eine Weile niemand mehr übrig. Auch meine neuen amerikanischen Freundinnen waren eher irritiert. Das ist eine Phase, die geht vorbei. Das gilt es auszuhalten. Wir entwickeln nicht nur mehr Selbstliebe durch allein verbrachte Zeit, sondern auch eine neue Schwingung.

Neue Freunde kommen. Versprochen.

Und was machen wir jetzt mit unseren Gefühlen?

Die meisten von uns versuchen, ein unangenehmes Gefühl irgendwie loszuwerden. Das klappt aber nicht. Das wäre ungefähr so, als würde eine Feuerwehrfrau bei einem Feueralarm den Ton ausschalten, weil sie das Geräusch nervt und sie ihre Ruhe haben will. Wenn wir mehr Achtsamkeit in unser Leben bringen, dann lernen wir, Gefühle (»Da brennt was!«) stattdessen interessiert zur Kenntnis zu nehmen: »Ah, hier werde ich zornig. Warum fühle ich das, und was hat es ausgelöst?« Wir beginnen mit der Erforschung der Ursache und gehen die nötigen Schritte, um den Grund unseres Gefühls zu verstehen, zu klären und es damit auch zu heilen.

Es ist nicht der Sinn unserer Gefühle, dass wir sie zu unterdrücken lernen. Ihr Sinn liegt darin, dass wir sie komplett erspüren – und erst dann beruhigen sie sich. Denn Gefühle sind wie kleine Kinder: Sie wollen gesehen, gehört und erspürt werden.

Früher ging ich mit meinen Gefühlen ins »Zimmer des Selbstmitleids«. Ich war einfach zu sensibel für diese Welt. Ich verstand noch nicht, dass meine Gefühle mir nur zeigen wollen, was ich mir – als Seele – genauer anschauen möchte. Ich war bis Anfang dreißig sehr häufig und sehr schnell verletzt. Ein falsches Wort, ein scharfer Blick, ein unglücklich gewählter Kommentar, und ich zog mich zurück, weinte, bekam die Situation nicht mehr aus dem Kopf und wünschte dem Absender wer weiß was an den Hals. Dieser irritierende Zustand dauerte Tage, häufig Wochen. Mein ganzes energetisches Feld war in Aufruhr. Ich konnte an nichts anderes mehr denken. Ich wurde nicht umsonst in meiner Kindheit »beleidigte Leberwurst« genannt. Ich dachte: Ich habe halt einfach diese Gefühle. Das ist nun mal so. Da kann man nichts machen. Ich bin nun mal sensibel. Als ich mich meinem spirituellen Wachstum widmete und anfing, meine Reaktionen genauer zu betrachten, als ich wacher und klarer wurde, verstand ich auch, warum ich beleidigt war: Das war, weil … hm … warum war ich nochmal so schnell beleidigt?

Ich versuche gerade, mich daran zu erinnern, warum ich so oft beleidigt war, und kann es nicht mehr. Ich erinnere mich sehr wohl, *dass* ich beleidigt war, und auch noch vage daran, wie sich das anfühlte. Aber bei welchen Gelegenheiten ich so reagierte, daran erinnere ich mich nicht mehr. Das ist auch überraschend für mich. Da ich schon sehr lange nicht mehr beleidigt gewesen bin, habe ich wohl alle Gründe dafür aus dem Gedächtnis verloren. Wahrscheinlich ist das vergleichbar mit jemandem, der schwimmen kann und sich jetzt – wenn er ins Wasser geht – nicht mehr in die Zeit zurückversetzen kann, in der er Nichtschwimmer war.

Nach längerem Nachdenken glaube ich, dass ich mich damals schnell ausgeschlossen fühlte, weil ich, um mich wohlzufühlen, auf die Aufmerksamkeit anderer angewiesen zu sein dachte und deswegen beleidigt war.

Wie reagieren wir, wenn es wehtut?

Manche Angewohnheiten erkennen wir selbst erst dadurch, dass unsere Kinder sie nachmachen. Meine Tochter war im Grundschulalter, und wir holten ihren Schulranzen aus dem Kofferraum des Autos. Sie packte den Schulranzen, ging einen Schritt weg, und ich war kurz abgelenkt und wollte den Kofferraumdeckel zumachen, wobei ich allerdings übersah, dass sie etwas im Kofferraum vergessen hatte und sich wieder hineingebeugt hatte. Sie weinte laut vor Schmerz, hielt sich den Kopf und … rannte weg. Ich entschuldigend hinterher. Endlich holte ich sie ein und musste sie gegen ihren Willen festhalten, um sie zu trösten. Als sie sich dann in meine Arme legte und aufhörte zu weinen, fragte ich sie, warum sie denn weggelaufen sei. »Aber das machst du doch auch, wenn du dir wehtust«, antwortete sie mir. Ich erschrak und sagte ihr, dass das keine gute Idee sei und dass ich damit aufhören würde.

Erst vor Kurzem sprach ich mit einer sehr klugen Frau, die erfolgreich diverse Firmen leitet und sich sehr genau selbst beobachtet. Es fiel mir auf, dass sie bewusst Grenzen setzt und, wenn diese überschritten werden, mit einer starken Emotionalität reagiert. Das hatte sie zwar auch bemerkt, aber nicht als Seelenhausaufgabe identifiziert. Und das, obwohl es sie enorm durchschüttelte. Zur Erinnerung: Seelenhausaufgaben sind die Bereiche, die wir in diesem Leben klären und auflösen möchten. Wir erkennen sie daran, dass sie eine starke Emotion in uns auslösen. Jede starke Emotion ist ein Zeichen, genau hinzuschauen.

Fragen zum Verhalten, wenn es schmerzt

Wie verhältst du dich, wenn du dir wehtust (eher emotional als körperlich)? Bitte stell die Frage nach deinem Verhalten auch denjenigen, die dich gut kennen. Hier ein paar Möglichkeiten: beleidigt, weinerlich, abwehrend, verteidigend, wütend, schnippisch, arrogant, verzweifelt, fragend, nachgebend, bemüht entspannt oder ignorierend.

Ich erstarre

Lass uns das genauer eingrenzen: Ist deine Reaktion bei allen Personen gleich? Das heißt: Reagierst du anders, wenn dir im Berufsleben Schmerzen zugefügt werden, als bei privaten Gelegenheiten? Bei Freunden? Bei bestimmten Menschen? Mit den Kindern? Den eigenen Eltern?

Nein

Und hat sich das über die Jahre geändert?

Kann nach einer Zeit reden

Bei wem reagierst du am stärksten?

Cora

Bei welchem Thema reagierst du am intensivsten?

Nicht Beachtung

Die meisten Gefühle reden wir uns ein

Das können viele am Anfang kaum glauben, aber gerade in dem emotionalen Auf und Ab vor, während und nach einer Trennung kann man das sehr gut erleben. Angenommen, du wartest auf ein Treffen mit deinem Noch-Partner.

»Na, da bin ich ja mal gespannt, ob er pünktlich ist. Wahrscheinlich trödelt er mit Absicht wieder herum, nur damit ich mich wieder ärgere und nicht pünktlich zu meinem Termin komme! Das ist so eine Unverschämtheit und so respektlos mir gegenüber, dass ich es ihm heute zeigen werde. Hätte ich ihn nur nicht geheiratet! Wäre ich nur in den ersten Jahren gleich ausgezogen, bevor wir die Kinder hatten. Es ist wieder zehn Minuten später als vereinbart, und er ist immer noch nicht da …«

Und schon sind wir auf hundertachtzig! Wir haben eine Viertelsekunde, bevor aus einem Gedanken ein Gefühl wird. Und das ist nicht viel. Die meisten Gefühle folgen unseren Gedankengängen. Und deshalb ist eine enorme Aufmerksamkeit erforderlich, um genau hinzuschauen, was wir gedacht haben, bevor oder nachdem sich eine emotionale Reaktion zeigt.

Das aufmerksame Beobachten und Unterbrechen dieser Emotions-Gedanken-Verbindung ist keine Angewohnheit, die wir mal an einem Wochenende üben können und dann »draufhaben«. Es dauert eine Weile, bis wir aufmerksam zu beobachten gelernt haben, wann wir uns wieder selbst hochschaukeln, und dieses erste Hochschaukeln sofort unterbrechen.

Womit unterbricht man es? Einatmen. Ausatmen. Einatmen. Ausatmen. Das hilft erst einmal, Platz zu schaffen. Platz für ein bewusstes Erkennen, um sich dann wieder in die Gegenwart zurückzuholen. Durch Konzentration. Entweder auf den Atem, den Körper oder unsere Umgebung: also das, was wir sehen. Ein paar Minuten aufmerksam die Umwelt zu betrachten beruhigt unseren Verstand und unsere Emotionen und reduziert das Drama auf null.

*Ein paar Minuten aufmerksam
die Umwelt zu betrachten
beruhigt unseren Verstand und unsere Emotionen
und reduziert das Drama auf null*

Nein, da habe ich keinen Wiederholungsfehler beim Korrekturlesen übersehen. Ich hätte mit dem Satz gern eine ganze Seite beschrieben, denn er ist so enorm wichtig: Wir reden uns unsere Gefühle ein, und wir können sie uns auch wieder ausreden. Wir können uns etwas angewöhnen und auch wieder abgewöhnen.

Manche von uns haben sich laute Gefühlsausbrüche angewöhnt. Da heißt es dann: Es tut gut, Dampf abzulassen. Ja, es mag sich zunächst gut anfühlen. Und doch sammelt sich gleich danach wieder neuer Dampf im Kessel … den wir dann eben nach einer Weile auch wieder ablassen müssen. Wir gewöhnen uns also das Dampfablassen an.

Jemand ist zum Beispiel schnell gereizt. Was übt die Person jeden Tag? Schnell gereizt zu werden.

Jemand hat häufig Wutausbrüche. Was übt er? Wutausbrüche.

Jemand ist häufig schlecht gelaunt. Was übt er? Schlechte Laune zu haben.

Je mehr wir etwas üben, desto häufiger wird das unser erster Impuls, unsere hauptsächliche Reaktion.

Wir lernen unsere Gefühlswelt aufmerksam kennen. Wir finden heraus, warum wir welche Gefühle haben und worauf sie deuten wollen. Wir teilen uns mit und gewöhnen uns auch damit eine wachere Reaktion darauf an. All das ist Teil der Meisterschaft.

Fragen zu deinen Gefühlen und Reaktionen bei Stress

Was sind deine hauptsächlichen Reaktionen in Stresssituationen?

Druck, Zittern, Magenschmerzen

Was möchtest du dir abgewöhnen?

Mir und anderen Druck teilen.

Was möchtest du dir dafür angewöhnen?

Mit Liebe zu begegnen.

Wie möchtest du dich daran erinnern?

Ich halte meine linke Seite.

Wenn ich mir eine Gewohnheit ab- oder angewöhnen möchte, brauche ich ein Erinnerungssystem. Entweder eine Notiz am Badezimmerspiegel oder ein Schmuckstück, das mich täglich mehrmals gemahnt, mein Ziel nicht aus den Augen zu verlieren. Ohne diese »Reminder« vergessen es die meisten von uns wieder.

Wie gewöhne ich mir also ungesunde Angewohnheiten ab? Indem sie mir zuerst einmal auffallen. Das wird immer häufiger passieren, wenn ich meine Aufmerksamkeit weiterhin darauf richte.

Damit wird die alte Angewohnheit zunächst einmal eingeschränkt. Wir sind zum Beispiel mitten im Wutausbruch, und es fällt uns auf: »Oh, tja, ich habe ja schon wieder einen Wutausbruch! Okay. Ich breche das jetzt ab. Ich halte erst einmal den Mund und schaue, wo und wie ich mich beruhigen kann.«

Wir lernen also, uns selbst zu beruhigen. Das ist schon mal ein wichtiges Werkzeug, das viele nicht beherrschen. In dieser Übungsphase bleiben wir vielleicht für eine Weile. Die Dauer der Wutausbrüche wird kürzer (das ist Wachstum), und die Abstände zwischen den Wutausbrüchen werden länger (auch das ist Wachstum). Sie werden nicht von heute auf morgen aufhören. Schließlich ist das eine Gewohnheit, die wir lange geübt haben, jetzt wird es ein bisschen dauern, bis wir sie wieder loswerden.

Dann finden wir uns in der nächsten Stufe wieder: Wir sind jetzt in der Lage, den Wutausbruch zu stoppen, bevor er beginnt. Das geht einher mit der Erkenntnis: »Eigentlich möchte ich jetzt gern losbrüllen, aber das will ich mir ja abgewöhnen. Mein Herz schlägt mir bis zum Hals, und ich muss irgendetwas unternehmen. Was brauche ich jetzt? Ich brauche Abstand. Ich gehe kurz raus.«

Die Emotion ist dann immer noch stark, aber ich habe die Wahl: Mich mit lang dauernden Gedankenschleifen von »Wie kann er nur?« bis zu »Warum habe ich nicht?« zu beschäftigen – oder aber ich gehe den Schritt tiefer: »Warum bin ich wütend geworden? Was hat mich da so aufgeregt? Was will ich mit dieser Reaktion erreichen? Und geht das auch anders?«

Teil dieser Wachstumskurve ist es auch, darüber zu sprechen. Wir verheimlichen unsere Herausforderungen nicht mehr, sondern wir offenbaren uns. Es gibt nichts mehr zu verstecken. »Ich übe seit einer Weile, keine Wutausbrüche mehr zu haben, aber jetzt fällt mir das gerade verdammt schwer!«

Jedes schmerzliche Gefühl hat einen Ursprung

Gerade in engen Beziehungen kann viel geheilt werden, denn Unterdrücktes kommt im Zusammenleben nach oben.

Je stärker eine emotionale Reaktion ist, desto tiefer wird die ursprüngliche Verletzung sein. Es ist sehr interessant herauszufinden, bei welchen Themen wir angetriggert werden. Wir können hochentspannt sein, wenn jemand uns nicht zuhört, und uns kaum mehr einkriegen, wenn die gleiche Person eine andere Verabredung der unseren vorzieht.

Jedes schmerzliche Gefühl ist irgendwann einmal entstanden; und auf der Seelenebene suchen wir eine Möglichkeit, dies zu lösen und zu heilen.

Wenn uns unser Vater früh verlassen hat, dann haben wir als Kind daraus Schlüsse gezogen, und die sind individuell unterschiedlicher Natur. Vielleicht haben wir geglaubt, es sei unsere Schuld gewesen. Wir seien nicht gut oder wichtig genug. Hätten wir uns anders verhalten, dann wäre der Vater geblieben. Oder die Mutter sei schuld. Die anderen Geschwister. Das Geld. Die unordentlichen Schuhe am Eingang. Vielleicht haben wir einen weiteren Schluss daraus gezogen: Männer sind unzuverlässig. Liebe ist Schmerz. Oder: Ich werde immer verlassen.

Als Kind erlebten wir die Welt durch unser kindliches Verständnis und zogen Schlüsse, die jetzt, im Erwachsenenleben, sicher ganz anders ausfallen würden:

Wenn es ein Problem in ihrer Ehe gibt, wird sie still. Sie hat das Gefühl, als bekäme sie keine Luft mehr. In ihr entsteht Panik, und sie presst den Mund zusammen, damit ihr kein Laut entkommt. Sie zieht sich zurück. Seit fünfzehn Jahren.

Sie kam zu mir, weil sie nicht mehr weiterwusste und sich trennen wollte. Ich bat sie, die Augen zu schließen und das Gefühl hochzuholen, das sie bekommt, wenn sie nichts mehr sagen kann. Wir gingen durch eine Meditation/Hypnose zurück zu dem Zeitpunkt, an dem sie zum ersten Mal dieses Gefühl hatte. Sie sah sich vor ihrem inneren Auge als Vierjährige. Sie war in einem Heuschober. Es war ihnen verboten worden, dort zu spielen, und sie ging mit ihren älteren Geschwistern trotzdem dorthin. Sie spielten Verstecken, und sie verlor das Gleichgewicht und versank in einem Heuhaufen. Sie wollte rufen, aber als sie den Mund aufmachte, war ihr Mund voller Heu, und sie hatte das Gefühl zu ersticken. Sie bekam Panik. Die älteren Geschwister holten sie heraus, schüttelten sie sauber und bläuten ihr ein, bloß nichts den Eltern zu sagen.

Dieses Gefühl der kindlichen Panik, verbunden mit dem Geheimnis, erschuf in ihr ein doppeltes Problem. Dieses Gefühl war nicht als »vergangen« abgespeichert worden, sondern waberte im Gehirn als aktuelles Problem herum: »Wenn ich den Mund aufmache, sterbe ich.« Das war die Entscheidung, die sie damals als Vierjährige getroffen hatte und die dringend ein Update brauchte.

Wie das zu lösen ist? Erst einmal hilft die Erkenntnis, woher es kommt. Sie ist nicht mehr vier Jahre alt. Da ist kein Heuschober. Die Eltern dürfen es wissen.

Die Lösungsmöglichkeit, die ich benutze, ist vorzuschlagen, wie die Situation idealerweise gewesen wäre. Also, sie spielen im Heuschober, es ist alles gut, sie haben Spaß, und sie erzählen das auch noch den Eltern, die sich darüber freuen, dass die Kinder so viel Spaß beim Versteckspielen gehabt haben. Dazu braucht es ein Gefühl. Mit den Augen noch geschlossen, in dem Zustand der entspannten Meditation, stellt sie sich vor, dass sie spielt, dass es Spaß macht und dass sie es den Eltern erzählen darf: die ideale

Situation eben. Das wird sie sich so intensiv vorstellen, bis sie dieses Glücksgefühl im Körper spürt.

Das Glücksgefühl erschafft eine neue Verbindung unserer Synapsen. Unser Gehirn ist beweglich und vernetzt sich. Je häufiger wir etwas denken, desto stärker werden die Vernetzungen. Wenn wir uns das wie einen Weg vorstellen, dann bedeutet dies, dass dies ein oft benutzter Weg ist, bis wir diesen Weg schließlich automatisch gehen. Er wird zur Autobahn. Erinnere dich an mein früheres Beleidigtsein. Das war eine meiner Autobahnen.

Wenn wir etwas verändern möchten, braucht es einen neuen Weg. Da wir den noch nicht oft gegangen sind, ist er erst einmal holpriger. So ist das mit unseren Vernetzungen im Gehirn. Wir versuchen, die Autobahn nicht mehr zu befahren. Die alte, ungesunde Synapsenverbindung war tausendmal gedacht worden: »Wenn ich den Mund aufmache, sterbe ich.«

Nachts, wenn wir schlafen, werden alte Synapsenverbindungen, die nicht mehr benutzt werden, gelöst. Alles, was noch benutzt wird, wird nicht gelöst.

Wenn ich eine alte Synapsenverbindung lösen will, dann darf sie nicht mehr aktiviert werden

Wenn ich mir die »neue« Vergangenheit immer wieder vorstelle, verbinden sich damit neue Synapsen. Dem Gehirn ist es egal, ob das früher oder jetzt passiert ist. Es vernetzt nur.

Es reicht also nicht, dieses wohlige Gefühl (»Wir spielen im Heuschober, und alles ist gut«) im Körper einmal als positiv zu erspüren, sondern man muss mehrmals und für eine Weile täglich an diese ideale Situation denken, um neue Vernetzungen zu erschaffen. Das wird von der Gehirnforschung bestätigt.

Wird sie von heute auf morgen dieses Gefühl der Panik verlieren? Nein. Aber sie weiß jetzt, woher es kommt, und kann gegensteuern, indem sie ihren Atem oder ihr Umfeld betrachtet. Unter anderem auch mit dem Bewusstsein, dass sie nicht mehr vier Jahre alt ist.

Jeder von uns hat aus seiner Kindheit Schlüsse gezogen, und was auch immer sie waren, sie bestimmen weiterhin – wenn nicht geklärt – unser Leben.

Übung: Gefühle erforschen

Wir haben die Wahl: Wann immer ein anstrengendes Gefühl hochkommt, können wir gleich nachspüren. Manchmal mag das nicht sofort möglich sein. Trotzdem können wir uns wieder daran erinnern, indem wir es uns »hochholen«. Die Übung ist in beiden Fällen die gleiche. Konzentrier dich auf das Gefühl, und beobachte deinen Körper, wo du es am meisten spürst:

- Such dir einen Ort, an dem du ungestört bist, und schließ die Augen.
- Wo genau sitzt das Gefühl (Oberkörper, Halsgegend, Magen, Herz und so weiter)? Leg deine Hand (oder deine Hände) auf diese Stelle (oder Stellen).
- Wenn es eine Farbe hätte, welche Farbe wäre das?
- Ist es heiß oder kalt?
- Hart oder weich?
- Ist es beweglich oder starr?
- Wie schauen die Ränder aus (zackig, hart, schwammig, neblig und so weiter)?
- Erinnert es dich an etwas (Stein, Schlamm, Loch und so weiter)?

Erspür dieses Gefühl, bleib in ihm sitzen, und beobachte, was passiert. Aktiviere die liebevolle innere Beobachterin und warte. Die Konzentration liegt auf dem Körper: Erspürst du eine innere Bewegung? Wird das Gefühl kleiner oder größer? Verändert sich die Farbe?
Bleib so lange mit diesem Gefühl sitzen, bis es kleiner wird. Das ist keine kurze Sekundenangelegenheit. Das kann manchmal zehn, fünfzehn Minuten oder länger dauern. Bitte kürz das nicht ab. Erlaub dir das vollständige Einsinken in dieses Gefühl. Du wirst nicht daran zugrunde gehen, und es bricht dich nicht auseinander. Es ist da, weil es dir etwas sagen will. Mehr, als dein Verstand ahnt. Erst dann, wenn du innerlich völlig (!) ruhig bist, kannst du die Augen wieder öffnen.

Das mag fürs erste Mal schon reichen. Wenn du weitergehen möchtest, kannst du entweder jetzt – wenn das Gefühl ruhiger geworden ist – oder beim nächsten Mal tiefer gehen. Hole dir dieses alte Gefühl noch mal hoch, damit du es erspürst.

Übung: Gefühle tiefer erforschen

Bitte das Gefühl, sich vor deinem inneren Auge als Tier zu zeigen, und akzeptier, was kommt. Dann hab einen inneren Dialog mit diesem Wesen. Beobachte, wie dieses Tier aussieht (zerrupft, angestrengt, abwehrend, wütend …), und beginn ein Gespräch:

- »Warum siehst du so aus?«
- »Darf ich in deine Nähe kommen?«
- »Was brauchst du von mir?«
- »Wie können wir Freunde werden?«

Dein Gefühl hat sich dir als Tier gezeigt, und du kannst diesen Zustand erforschen. Bleib so lange dabei, bis du das Geschenk darin erkennen kannst. Es hat Interesse, sich mit dir auszutauschen. Deshalb ist es da.

Unser Verstand mag sich da gern einmischen: »Also, das ist ja ein schöner Blödsinn! Da kommt eine Kröte. Das hat doch gar nichts mit mir zu tun.« Ja, ein Schmetterling wäre uns lieber gewesen, aber es kommt die Kröte. Daran erkennen wir auch, dass uns dies wirklich von unserer Seele geschickt wurde, denn unser Verstand hätte sich ein anderes Tier ausgesucht.

Sei neugierig auf die Antworten. Unser Verstand – gerade am Anfang, wenn das noch ungeübt ist – wird versuchen, »Antworten« zu erschaffen. Je offener und neugieriger du bleibst, desto leichter kommen die tiefen Seelen-Antworten. Sie kommen immer. Denn wir als Seele wollen mit uns als Persönlichkeit kommunizieren.

Mit dieser Übung beziehungsweise diesen Übungen hat das Gefühl Raum bekommen und beruhigt sich. Es ist uns von unserer Seele geschickt worden, damit wir als Persönlichkeit genau hinspüren und hinschauen. Jedes anstrengende Gefühl hat eine Nachricht für uns.

Nicht wenige von uns tun so, als ob sie etwas anderes fühlten. Das ist nur in den wenigsten Fällen nützlich (beim Pokerspielen zum Beispiel). Meistens hält es uns davon ab, authentisch zu leben.

Manchmal fangen wir Gefühle auf, die nicht unsere eigenen sind. Das erkennen wir zum Beispiel, wenn wir eine Trauerfeier besuchen. Wir erspüren die Schwingung im Raum. In dem Fall eine schwere. Das sind dann nicht unsere Gefühle, sondern wir haben uns in eine schon vorhandene Gefühlswelt hineinbegeben, als wenn wir durch Nebel führen.

Auch das Wissen, dass wir uns die meisten Gefühle einreden, ist dabei nützlich. Was habe ich vorher gedacht, dass ich mich jetzt gerade so ausgelaugt und fürchterlich fühle? Habe ich befürchtet, für immer allein zu bleiben? Habe ich vor meinem inneren Auge gesehen, dass man sich über mich lustig macht? Habe ich mir meine zukünftigen Sorgen in allen Details ausgemalt und vergessen, dass ich mir mein Ziel vorstelle?

Je öfter wir in der Lage sind, uns sofort einzuspüren, wenn so ein anstrengendes Gefühl hochkommt, desto wacher werden wir. Wir werden von unseren Gefühlen nicht mehr hin und her geschleudert, sondern erkennen sie als das, was sie sind:

Unsere Gefühle zeigen uns unseren momentanen Zustand

Wir werden immer wacher, denn wir erkennen, was wir da tun. Selbst wenn wir gelegentliche Rückfälle haben, sind wir trotzdem im Wachstumsmodus. Wir haben begonnen, andere Gewohnheiten zu etablieren, und verändern damit unser energetisches Feld. Wir sind wacher. Bewusster. Klarer.

Mit der Veränderung unseres energetischen Felds verändern wir unser Leben und unsere künftigen und bestehenden Beziehungen:

»Sag mal, was ist denn mit dir los?«

»Wie meinst du das?«

»Na ja, du bist irgendwie entspannter neuerdings. Das fiel mir schon beim Autofahren auf. Früher hast du dauernd rumgeschimpft, und jetzt hupst du nicht einmal mehr.«

»Ich war ziemlich angenervt von meinem Leben und musste ein paar Sachen ändern. Das mache ich gerade, und ich meditiere jetzt regelmäßig.«

»Wow. So hilft das! Das hätte ich aber nicht gedacht.«

»Und ich sehe auch ein, dass mein Meckern die anderen Autofahrer nicht wirklich ändert, sondern nur meine Mitfahrer anstrengt.«

»Das stimmt. So ist es auf jeden Fall angenehmer, mit dir zu fahren. Aber auch nicht mehr so amüsant …« [lacht]

Eine Trennung ist kein Versagen

Ob wir es aus Liebe, aus Gewohnheit, aus Bequemlichkeit oder aus Angst vor dem Alleinsein tun: Wir werden von dem gesellschaftlichen Anspruch beeinflusst, als Paar lange zusammenzubleiben. Doch wenn sich gute Freunde scheiden lassen, dann beginnen wir, unsere eigene Beziehung genauer anzuschauen. Das Risiko, dass wir uns selbst trennen, steigt dann laut einer Studie der Brown University aus dem Jahr 2013 um 75 Prozent.[5]

Das ideale Ziel, als Paar zusammenzubleiben, »bis dass der Tod uns scheidet«, ist sehr verbreitet. Deshalb werten wir häufig kürzere Beziehungen als Versagen ab: Es ist uns wieder mal nicht gelungen, jemanden an uns zu binden. Wir waren wieder mal nicht begehrenswert genug, klug genug, schön genug, erfolgreich genug, sexy genug, dass jemand bei uns bleibt. Wir haben es wieder mal nicht hingekriegt!

Von der Gesellschaft werden lange Ehen gefeiert und bewundert. Nicht immer zu Recht, denn damit einige Ehen funktionieren, musste nicht selten eine(r) der beiden »nachgeben«. Oder sogar beide. Und damit führten sie ein Leben, in dem sie einiges nicht gestalten konnten und wohl vieles bedauern mussten. Vor Kurzem las ich von einer 56-jährigen Frau, die vom Krankenhaus ins Hospiz kam und der Betreuerin erschüttert sagte: »Jetzt geht es ans Sterben? Aber ich habe doch noch nicht einmal richtig gelebt …« Bedauern ist kein erstrebenswerter Zustand. Besonders am Ende unseres Lebens kann uns das durchschütteln.

Wenn eine Trennung kein Versagen ist, was ist sie dann? Eine Wahl. Wir haben die Partnerschaft gewählt, und wir wählen jetzt die Trennung. Dennoch haben wir versucht, mit unseren Möglichkeiten eine erfolgreiche, innige, liebevolle Beziehung zu führen. Und wenn das eine Weile geklappt hat, dann ist das auch ein Erfolg.

Aus unseren religiösen Vorgaben entstand die »Idealvorstellung« einer Liebe: *die* einzige, *die* tiefste, *die* Seelenpartnerschaft – gekrönt durch die Ehe.

Wenn man sich bis zum Anfang des letzten Jahrhunderts die lebenslange Ehe versprach, war das jedoch ein vergleichsweise überschaubarer Zeitraum. Erstens lebten wir nicht so lange, zweitens mussten wir uns schnell binden (kein Sex vor der Ehe, keine Geburtenkontrolle, uneheliche Kinder und ihre Mütter waren geächtet), und drittens gab es keine große Auswahl: Viele lebten noch auf einem Dorf und hatten vielleicht ein, zwei oder drei mögliche Kandidaten. Und wenn man zu lange wartete, war niemand mehr übrig – bis die ersten Witwer wurden. Scheidungen waren nicht erlaubt und Trennungen verpönt.

Gelegentlich sagt mir stolz eine Frau (es sind interessanterweise immer nur Frauen, die das sagen): »Mein Mann und ich waren noch nie mehr als ein Wochenende getrennt!« Und da muss ich mir immer ein »Um Himmels willen« verkneifen. Warum ist das so erstrebenswert? Sind wir siamesische Zwillinge? Darf der andere nicht auch mal allein sein? Was soll mir das sagen? Wir lieben uns so sehr, dass wir nicht ohne einander sein können? Oder heißt das vielmehr: Ich kann nicht allein sein und will auch nicht, dass du es kannst?

Spielt es eine Rolle, ob wir für unser Wachstum eine oder mehrere Beziehungen brauchen?

Ich glaube nicht.

Wäre es mir lieber gewesen, ich hätte es in nur einer Partnerschaft gelernt?

Nein.

Ich kann theoretisch über hundert Jahre alt werden. Muss ich da einen einzigen Partner für achtzig Jahre haben?

Wozu?

In den verschiedenen Bereichen unseres Lebens ist jeweils eine andere Art von Partner gefragt. Während der ersten Zeit des Erwachsenenlebens brauchen wir Partnerschaften (also mehrere Möglichkeiten), durch die wir üben, wie wir Beziehungen gestalten wollen. Wenn wir die ersten Weichen in unser berufliches Leben stellen, ist es nützlich, jemanden zu haben, der uns inspiriert und uns dabei unterstützt, unsere Begabungen zu erkennen. Wenn der Wunsch entstehen sollte, eine Familie zu gründen, suchen wir uns einen zuverlässigen Partner: jemanden, der mit uns die gemeinsamen Kinder liebevoll und aufmerksam versorgen möchte. Für die Zeit nach den Wechseljahren möchten wir einen Partner, der weiterhin am Dasein interessiert ist, diese unabhängigere Phase neu gestalten möchte und nicht im Modus »Das Leben geht zu Ende« versinkt.

Ist es möglich, das alles mit nur einem Partner zu erleben? Ja. Finde ich es toll, wenn ein Paar miteinander eine gute Ehe über so viele Jahre gestaltet? Ja. Allerdings nur, wenn sich nicht einer davon »zurückgezogen« hat und seine beziehungsweise ihre Wünsche nicht erfüllen konnte:

Sie war vierzig Jahre mit ihm verheiratet und hatte nun genug: Ihr Mann, ein erfolgreicher Schauspieler, hatte im Laufe der Ehe immer wieder Affären. Er war charmant, gut-

aussehend, erfolgreich. Sie allerdings auch. Der Ablauf war immer der gleiche: Die Affäre begann heimlich. Sie entdeckte sie. Er beendete die Affäre. Er hing an seiner Frau, aber ebenfalls an seinem Verhalten und der Leidenschaft für andere Frauen.

Als sie mit siebzig Jahren entdeckte, dass er schon wieder eine Geliebte hatte, erkannte sie, dass das nicht aufhören würde, und beschloss, sich von ihm zu trennen. Sie zog aus. Ihr Mann konnte das nicht fassen und flehte sie an, ihm noch eine Chance zu geben. Die Kinder redeten ihr gut zu, sich nicht zu trennen. Freunde versuchten, auf sie einzuwirken: »Die vielen Jahre kannst du doch nicht einfach wegschmeißen« und »Du bist doch die Stärkere von euch beiden«, wurde ihr immer wieder gesagt, und das war wohl als Kompliment gemeint.

Nach einigen Monaten kam sie zurück. Sie sagte ihrem Mann: »Eine Affäre noch, und das ist das Ende.«

Bisher hat er sich daran gehalten.

Als man mir von dieser Erfahrung berichtete, war ich überrascht, wieso ihr jeder zuredete, doch zu bleiben. Wäre das eine meiner Freundinnen gewesen und wäre ich um Rat gefragt worden, hätte ich sie in ihrer Entscheidung zu gehen bestätigt, und zwar schon 35 Jahre früher. Ich fand es faszinierend, dass jener Satz »Du bist die Stärkere!« als Kompliment gemeint war. Wo ist sie denn die Stärkere? Darin, dass sie vor Schmerz nicht zusammengebrochen ist? Durch diese immerwährenden Lügen? Die Offensichtlichkeit, mit der er als Charmeur und Verführer galt? Die Intimität, die hinter ihrem Rücken aufgebaut wurde? War sie die Stärkere, weil sie die Leidensfähigere war? Diejenige, die etwas Schmerzhaftes immer und immer wieder geduldig zu ertragen imstande war?

Warum würde ich ihr so etwas wünschen wollen?

Natürlich liegt es in der Freiheit des Mannes zu entscheiden, seine Frau zu betrügen, aber so liegt es auch in der Freiheit der

Frau, das nicht mehr mitmachen zu wollen. Am Schluss des Lebens wird dann häufig resümiert: »Wie gut, dass ihr euch nicht getrennt habt. Schaut mal, ihr seid ja jetzt noch zusammen und versteht euch so gut.« Ja, das mag sein. Aber erst seitdem die Sexualität nicht mehr die treibende Kraft ist, diverse andere Körperfunktionen nachgelassen haben und lange Jahre des Lügens und des Schmerzes erduldet worden sind. Woher weiß ich denn, dass sie sich als »Single« an ihrem Leben nicht sehr viel mehr erfreut hätte oder in einer anderen Partnerschaft nicht glücklicher und erfüllter gewesen wäre? Und zwar schon lange vorher und nicht erst im hohen Alter?

Das waren hypothetische Ausführungen, denn auch in dem obigen Beispiel gilt, was für alles gilt: Auf Seelenebene gibt es keine Fehler. Die Entscheidung zu bleiben war eine Entscheidung, die sie getroffen hat. Nach jeder Affäre neu. Und das, was sie lernen wollte – endlich klare Grenzen zu setzen –, hat sie dann auch umgesetzt. Zwar erst mit siebzig, aber manchmal braucht es etwas länger, bis wir aus Einsicht zu unserem Wohl handeln.

Neben dem zu langen Ausharren gibt es natürlich auch das gegenteilige Verhalten.

Gebe ich zu früh auf?

Ich glaube, das wissen wir selbst. Ich habe mich gegen Ende einer Beziehung immer gefragt, ob ich zu schnell aufgebe. Jedes Mal verneinte ich das. Lange bemühe ich mich. Lange bin ich geduldig. Lange habe ich Hoffnung. Aber wenn in mir das Gefühl hochkommt, dass es nicht besser wird, dass es keine Chance zur gemeinsamen Entwicklung gibt, eben weil der andere nichts verändern möchte, dann drehe ich mich um und gehe. Das ist dann doch für meinen Partner überraschend, obwohl es angekündigt war, obwohl wir darüber gesprochen hatten, obwohl ich mich mitgeteilt hatte. Man glaubte es mir einfach nicht. Eben weil ich so geduldig bin. Weil ich lange warte. Weil ich mich bemühe. Man erkennt meine Loyalität, aber meine Bereitschaft zur Klarheit und zum Neuanfang wurde immer wieder unterschätzt.

Fragen zu den Gründen der Trennungen

Wenn wir uns trennen (also wenn wir das selbst einläuten), bedeutet dies, dass wir etwas nicht mehr aushalten beziehungsweise etwas nicht mehr machen wollen. Es ist interessant herauszufinden, ob unsere Trennungsgründe sich je nach Partner ändern oder ob es immer wieder die gleichen sind. Deswegen: Was war der Trennungsgrund deiner früheren Beziehungen?

Beziehung 1:

Mangelnde Annahme & Wertschätzung wie mit Oma.

Beziehung 2:

Beziehung 3:

Und gegebenenfalls meine Beziehungen:

Kann ich 1 zu 1 übernehmen.

Gibt es da einen Zusammenhang?

Ja, das alles kann ich mir selber geben.

Bitte betrachte jetzt die Gründe, warum du dich von Freunden trennst:

Freundschaft 1:

Annahme & Wertschätzung

Freundschaft 2:

Freundschaft 3:

Gibt es da einen Zusammenhang?

Anscheinend ploppt es überall auf.

Und jetzt betrachte die Gründe, warum du kündigst beziehungsweise dich von Gruppen oder Gemeinschaften trennst:

Ausschluss von Menschen

Besteht da ein Zusammenhang zwischen diesen unterschiedlichen Trennungen?

Es ist immer das gleiche.

Wenn sich jemand von dir getrennt hat, was war der Trennungsgrund?

Privat:

Annahme, Wertschätzung

In Gruppen:

Ausschluss von Gruppen

Beruflich:

Wertschätzung

Gibt es da einen Zusammenhang?

Yes!!

Wenn wir zögern,
ist die Beziehung noch nicht beendet

»Noch nicht« heißt hier keineswegs, dass die Beziehung sicher nach dem Zögern beendet sein wird. Das wissen wir eben zu dem jetzigen Zeitpunkt *noch nicht*.

Ein Zögern ist ein wichtiges Indiz, um noch einmal genau hinzuschauen. Ich bleibe bei jedem Zögern erst einmal stehen. Irgendetwas ist noch nicht gemacht, gesagt oder verstanden worden. Jede Beziehung hat das Potenzial zu wachsen. Und doch heißt heilen nicht zwangsläufig, dass man in dieser Beziehung bleibt.

Manchmal zeigt uns die Heilung ganz deutlich, dass ein Zusammenleben vorbei ist. Dazu braucht es Klarheit, in einigen Fällen Zeit, Therapie, Dramenreduzierung und/oder einiges an Krisen.

Auch das sollte in Gesprächen klar ausgesprochen werden: »Ich denke erschreckend häufig darüber nach, unsere Beziehung zu beenden. Ich möchte so nicht weiterleben.« Und dann, nachdem sich beide ausführlich mitgeteilt haben, sollte man sich auch die Frage stellen: »Was sind wir bereit für unsere Beziehung zu tun?« Wenn der/die andere begreift, dass wir uns überlegen, die Beziehung zu beenden, dann mag er/sie klarer verstehen, dass jetzt etwas getan werden muss. Und zwar gemeinsam.

Wenn uns eine Beziehung nicht erfüllt oder etwas noch nicht klar ist, dann hängen wir häufig in Gedankenschleifen fest: »Soll ich gehen, oder soll ich bleiben?« Für beide Möglichkeiten gibt es gute Gründe, und die wälzen wir auch täglich mehrmals im Kopf herum, aber … wir kommen zu keinem Ergebnis. Wir gehen also den letzten Schritt nicht. Die Frage »Warum gehe ich nicht?« kann uns aus dieser Schleife herausholen. Denn etwas hält uns zurück, und das gilt es herauszufinden.

Manchmal ist es die Seele, die uns zögern lässt. Besonders wenn wir etwas nicht tun, was wir im Normalfall täten. Also wenn wir üblicherweise »klar Schiff« gemacht hätten und »eigentlich« schon längst gegangen wären, es aber dieses Mal nicht tun, ist das ein Anzeichen dafür, dass hier unsere Seele im Spiel ist: Tief in uns wissen wir, dass es da noch eine »Hausaufgabe« zu erledigen gibt, die meistens die Beziehung weiterbringt – oder aber einen klareren Abschied einläutet. Doch zur Entscheidung fehlt ein Aspekt in unserem eigenen Wachstum. Den gilt es wie gesagt herauszufinden. Und nein, dazu gibt es keine Abarbeitungsliste.

Aber es gibt Fragen. »Warum-Fragen« haben ihren Blick auf die bisherigen Erlebnisse und die daraus gezogenen Schlussfolgerungen gerichtet, und die schauen wir uns zuerst an.

Fragen zum Zögern

Warum gehe ich nicht? Ist es die Angst vor dem Alleinsein? Die Angst, was die anderen darüber sagen? Die Sorge, vielleicht nie wieder eine Partnerschaft zu haben? Ist es die Gewohnheit, die mich hält? Das mangelnde Zutrauen, es allein zu schaffen? Habe ich mich zu klein gemacht und traue mir jetzt nichts mehr zu? Befürchte ich, meinen gewohnten Status zu verlieren? Sind es finanzielle Bedenken? Habe ich Angst, die Liebe meiner Kinder zu verlieren? Würde ich mich schuldig fühlen? Oder glaube ich, so schlimm sei es ja auch wieder nicht? Habe ich generell Angst vor der Zukunft?
Also:
Warum gehe ich nicht?

Weil ich nicht wusste was danach kommt.

Dann schauen wir uns die Wozu-Frage an: Wozu bin ich in dieser Situation? Also, welchen Zweck hat das? Lerne ich mich dadurch besser kennen? Kann ich damit üben, mich innerhalb einer Beziehung mutiger auszudrücken? Zwingt es mich, mein Leben genauer zu betrachten? Fordert es mich heraus, nicht mehr alles unter den Teppich zu kehren? Lerne ich dadurch, Grenzen zu setzen? Oder auf eigenen Beinen zu stehen? Gibt es noch Aufgaben, die ich bisher nicht erledigt habe?
Wozu also ist das gut?

Grenzen zu setzen, lerne wie ich meine Beziehung gestalte.

Vor Jahren hörte ich einmal, dass es wohl ein besonderes Zeichen gibt, wenn es für die Aufrechterhaltung und das Wachstum einer Beziehung noch nicht zu spät sein soll. Dazu wird nur eine einzige Frage gestellt: »Wie habt ihr euch kennengelernt?« Die Antwort zu dieser Frage ist nicht ausschlaggebend, sondern der Gesichtsausdruck von beiden: Zeigt sich Abscheu in der Mimik, ist kaum mehr etwas zu machen. Aber gibt es noch irgendein Zeichen von liebevoller Erinnerung – ein Lächeln, warme Worte, nachdenkliche Pausen –, dann ist noch alles möglich.

Doch nur dann, wenn auch die nötigen Veränderungen eingeleitet werden. Dazu braucht es Klarheit und eine Bewegung in eine bewusste Richtung:

Sie waren seit fünf Jahren zusammen, seit vier Jahren verheiratet, und der kleine Sohn war drei Jahre alt. Dann fand sie heraus, dass er eine Geliebte hatte. Die sie hätte umbringen können. Oder ihn. Egal. Wen immer sie zuerst erwischen würde. Sie war wütend, traurig, verwirrt. Was sollte sie machen? An wen sollte sie sich wenden? Sie fing an, Bücher über Liebe, Trennung und überhaupt alles, wo »Selbsthilfe« draufstand, zu lesen. Dann war da dieser Satz, der sie nicht mehr losließ: »Eine Geliebte ist nur stellvertretend für das, was ihm an dir fehlt.«

Die Geliebte ist nicht die Feindin? Der Mann nicht der Böse? Es lag in ihr? Das fehlte ihr gerade noch! Jetzt soll sie auch noch schuld sein? Das passte ihr ganz und gar nicht, aber dieser Gedanke ließ sie dennoch nicht mehr los, und sie merkte, dass sie sich tatsächlich verändert hatte. Sie war nicht mehr die Interessante, Fröhliche von früher. Sie war schon lange nicht mehr die, mit der man Pferde stehlen konnte. Sie war überfordert mit ihrem Perfektionsanspruch, und sie ahnte, dass auch ihr Mann davon überfordert war. Aber jetzt, was nun? Sie wollte wieder so sein, wie sie tief in ihrem Herzen war, bevor sie sich in dem an-

geblich perfekten Familienleben verloren hatte. Die Freundin gab er angeblich auf, aber sie traute ihm nicht. Je mehr sie las, je mehr sie sich informierte, desto klarer wurde ihr, dass sie Konsequenzen ziehen musste.

Aber welche? Die Ehe war »so, wie sie bis dahin war«, auf jeden Fall beendet. Aber was bedeutete das? Sie konnte es sich nicht leisten auszuziehen. Folglich beschloss sie, so zu tun, als wären sie getrennt. Sie stellte einen Plan auf: Abwechselnd musste jeden Abend jemand auf den Sohn aufpassen. Sie war samstags unterwegs. Er konnte den Sonntag haben. Sie schlief im Kinderzimmer. Er blieb im Schlafzimmer.

Den Rest verschwieg sie ihm. Wenn sie kochte, kochte sie nur noch für sich und den Sohn. Wenn sie wusch, legte sie sorgfältig seine Wäsche weg, damit ja keine einzelne Socke den Weg in die Waschmaschine finden würde. Wohin sie ging, mit wem sie ging, wann sie wieder zurückkam, all das besprach sie nicht mehr mit ihm. Er musste sich plötzlich regelmäßig um seinen Sohn kümmern. Der Kühlschrank war nicht mehr automatisch gefüllt, die Wäsche nicht mehr mitgewaschen. Da sie sich das Auto teilten und sie normalerweise mit dem Fahrrad fuhr, war dann plötzlich an ihrem freien Abend das Auto auch noch weg. Er sprach mit ihr, diskutierte mit ihr, flehte sie an, sie möge doch auf seinen Beruf Rücksicht nehmen; aber sie zuckte nur mit den Schultern. Sie hatte auch einen Beruf, und darauf hatte er ja auch noch nie Rücksicht genommen.

Schließlich merkte er, dass die üblichen Beschwichtigungen nicht mehr funktionierten. Sie war nicht bereit, auf ein Versprechen seinerseits (das er ihrer Erfahrung nach sowieso nicht einhalten würde) irgendetwas zu verändern.

Wochen vergingen, und mit ihnen erlebte er ein Ringen und eine Konsequenz, mit der er nicht gerechnet hatte. Mit Erstaunen nahm er wahr, dass seine Frau wieder so wurde, wie er sich in sie verliebt hatte. Sie lachte wieder (selten mit ihm, aber sie lachte). Ihre Ausstrahlung wurde wieder strahlender. Er begann, sich mehr Mühe zu geben. Überraschte sie mit einem Abendessen. Verstand jetzt, dass er sich in der Ehe und bei den gemeinsamen Verpflichtungen als Eltern sehr viel weniger eingebracht hatte, als sie es tat. Was ihn besonders überraschte, war, wie sehr er es genoss, Zeit allein mit seinem Sohn zu verbringen. Er, der Held jeder Party, spürte plötzlich, dass ihm zu Hause bei seiner Familie zu sein wesentlich mehr brachte als noch so viele Gin Tonics und der übliche Smalltalk.

Sie näherten sich schließlich erneut an und sind seit vielen Jahren wieder gemeinsam glücklich.

Ich spreche viel mit Paaren. Manche davon sind sehr lange zusammen. In meinem Freundeskreis gibt es einige davon. Was mir immer wieder auffällt, ist ihre Bereitschaft zur Bewegung. Die Ehen sind nicht starr. Es gibt nie einen, der sagt, wo es langgeht. Sie sind sich aufmerksam zugewandt, und sie wissen, dass es Krisen gibt – das ist das Wachstumspotenzial einer Ehe –, sie wissen aber auch, dass sie sich beide darum kümmern müssen.

Ist eine Beziehung hingegen beendet, ist es, als ob ein Licht anginge

Es ist eindeutig. Aus dem Fragezeichen ist ein Punkt geworden. Es gibt keinen Hauch von Zweifel mehr. Und … es gibt keinen Hass. Hass ist nicht das Gegenteil von Liebe. Das Gegenteil von Liebe ist *Desinteresse*.

Erst dann, wenn wir unseren Blick im Herzen entspannt und gelassen über diese Beziehung gleiten lassen können, ist sie gesund gelöst.

Als Seele – wir erinnern uns – sind wir hier, um Erfahrungen zu machen. Nirgendwo sonst machen wir mehr Erfahrungen als in Beziehungen. Und wenn wir rückblickend auf unsere Partnerschaften schauen, dann erkennen wir unser Wachstum. Manchmal hat es gedauert. Manchmal haben wir uns wiederholt. Manchmal mussten wir noch eine weitere Runde drehen. Und doch haben wir unser Bestes gegeben. Was immer uns eben zu diesem Zeitpunkt an Wissen und Weisheit zur Verfügung stand. Mehr und mehr waren wir bereit, die komplette Verantwortung über unser Leben zu übernehmen.

Da ich mit fast allen meiner früheren Lieben noch befreundet bin und sie auch immer noch liebe, hatte ich die Gelegenheit zu erleben, wie sie älter geworden sind. Wir alle entwickeln uns weiter. Bei niemandem hatte ich das Gefühl: »Ach, hätte ich nur gewartet. Jetzt wäre es ideal.« Jedes Mal bestätigt sich für mich nach einer Weile gemeinsam verbrachter Zeit wieder, dass die Entscheidung für die Trennung die richtige Wahl war.

Fragen: Wie hast du dich bisher getrennt?

Bitte nimm dir ein paar Blätter, und widme jeder Beziehung mindestens ein Blatt. Schreib den Namen der früheren Partner oder Partnerinnen oben auf das Blatt. Leg dir bitte diese Fragen daneben, und beantworte sie:

- Was hat mich an diesem Partner angezogen?
- Was habe ich mir von dieser Partnerschaft erwartet?
- Was hat diese Partnerschaft erfüllt?
- Was nicht?
- Was habe ich daraus gelernt?
- War ich in der Lage, mich so zu zeigen, wie ich bin?

- Falls nicht, warum nicht? (Angst vor Ablehnung, Sorge, die Beziehung zu beenden.)
- Von wem ging die Trennung aus?
- Wie wurde sie ausgesprochen?
- Was führte zur Trennung?
- Wie fühlte ich mich?
- Wie reagierte mein Partner?
- Wie habe ich mich nach der Trennung verhalten?
- Wie hat sich mein Partner nach der Trennung verhalten?
- Was habe ich nach der Trennung über mich erkannt?
- Was habe ich nach der Trennung über ihn erkannt?
- Was würde ich ihm gern vergeben wollen?
- Was würde ich mir gern vergeben wollen?
- Wofür bin ich ihm dankbar?

Für manche sind es einige Blätter, manche haben vielleicht nur eines oder wenige. Bitte geh jede Frage mit jeder Partnerschaft durch.

Ich möchte zu den letzten drei Fragen noch etwas anfügen:

Vergebung passiert, wenn wir verstehen,
warum der andere so gehandelt hat,
und wir es nachvollziehen können

Wir müssen es nicht gutheißen (das ist wichtig zu wissen), aber wir begreifen, wie jemand mit diesem Glaubensverständnis, dieser Geschichte, diesem Aufwachsen, diesen vorherigen Lebenserfahrungen, mit dem »Werkzeug«, das ihm zur Verfügung stand, so gehandelt hat.

Vergeben heißt nicht, diese Person (falls es sich um eine besondere Form der Übergriffigkeit oder sogar Gewalt gehandelt hat) wieder in unser Leben zu lassen. Manche sind einfach nicht mehr dazu eingeladen – aufgrund ihres Benehmens und der gemeinsamen Erfahrungen. Andere brauchen jedoch nur klare Grenzen und Regeln und sind in der Lage, sich daran zu halten.

Warum ist Vergebung hilfreich? Jeder Groll, den wir hegen, erschwert unser eigenes Leben. Er nimmt uns Freiheit. Wir denken zu oft an die damaligen Erfahrungen und holen uns den Schmerz damit immer wieder in unsere Gegenwart. Allerdings braucht es ein genaues Aufräumen. Diffuser Schmerz und Erfahrungen aus der Vergangenheit, die nicht im klaren Licht betrachtet worden sind, belasten unser weiteres Leben. Wie ein schwerer Rucksack eine Schwimmerin beim Bewegen und Gleiten hindert, so behindert diese Last unser freies Sein.

In jeder Beziehung gibt es etwas, wofür wir dankbar sind. Das mögen Kleinigkeiten sein. Vielleicht auch eher am Anfang als am Ende. Aber irgendetwas hat uns zu dieser Person hingezogen und uns auch für eine Weile darin bestärkt, in der Partnerschaft zu bleiben. Es lohnt sich, das anzuschauen:

Sie war wieder verheiratet und sehr glücklich in ihrer neuen Ehe; und wenn sie über ihren früheren Mann sprach, dann sagte sie immer wieder: »Ich weiß gar nicht, was mich da geritten hat! Wir haben überhaupt nicht zusammengepasst.« Sie hatten zwei gemeinsame Kinder und kamen nach der Scheidung ganz gut miteinander zurecht. Aber der Grund für diese erste Ehe war in den Hintergrund gerückt.

Erst nachdem sie diesen Satz mal wieder gesagt und ihn jetzt auch ihre Schwester zum ersten Mal vernommen hatte, wurde das klarer: »Du wolltest Kinder, und er war der Einzige, der zur Verfügung stand.«

Da fiel es ihr wie Schuppen von den Augen: Ja, sie hatte nicht mehr warten wollen …

Es gibt keinen Schuldigen

Manchmal wäre ein Schuldiger wirklich praktisch! Aber es gibt keinen wirklich Schuldigen, denn eine Trennung, ein Ende, ein »Scheitern« ist ein Zusammenspiel von unterschiedlichen Erfahrungen und dem daraus resultierenden Verhalten. Eine, die etwas ausprobiert, der andere, der das zulässt. Einer, der etwas vorschlägt, die andere, die mitspielt. Häufig wird in Beziehungen das eigene Leben vernachlässigt. Manche opfern sich auf. Passen sich an. Versinken im Pflichtbewusstsein. Verlieren die eigenen Träume.

Fragen zu deinem Part in der Beziehung

Hast du das Gefühl, du hast dich »aufgeopfert«?

Zum Teil habe ich vieles übernommen.

Hast du aufgehört, dein Leben zu leben, weil es dem/der anderen (vermeintlich oder tatsächlich) nicht gefällt oder passt?

Ich wollte was für unsere Zukunft bauen.

Warum hast du das gemacht?

Um geliebt zu werden.

Wozu? Was hast du dir davon versprochen?

Liebe

Ein angepasstes Leben ist kein Leben, das wir uns als Seele wünschen. Wir wünschen uns »unser« Leben. Und wenn wir nicht gelernt haben, das innerhalb einer Beziehung auszusprechen und zu verändern, dann bleibt vielen entweder die Resignation oder der Absprung.

Die »Schuld-Frage« ist in all diesen Fällen eigentlich unwesentlich. Natürlich kann es enorme Schmerzen bereiten, wenn wir hintergangen, betrogen oder verletzt worden sind, aber erst wenn wir unseren Teil des »Mitspielens« erkennen, verstehen wir die Zusammenhänge dieser Beziehung. Und: Der/die andere kann uns nicht wirklich verletzen. Es ist am Ende unsere Reaktion auf sein/ihr Verhalten, die uns verletzt.

Vor der Trennung

Die Zeit vor der Trennung ist eine Zeit des Erforschens. Unser Gefühlsleben ist in Aufruhr. Wir fühlen uns in unserem eigenen Leben nicht wirklich wohl. Wir wissen vielleicht noch nicht, wie wir uns mitteilen sollen, oder wir ahnen, dass der andere sich trennen möchte und uns das mitteilen will. Und manchmal erspüren wir, dass wir uns im Leben des anderen verloren haben.

Mein Leben oder dein Leben?

In einer Ehe, einer Familie und einer Freundschaft begleiten wir das Leben eines anderen. Für ein erfülltes Miteinander ist aber vor allem auch eines enorm wichtig: das eigene Leben zu leben. Manche geben ihre Interessen und ihre Wünsche für eine Beziehung auf.

Damit entziehen wir uns Lebensenergie. Lebensenergie müssen wir immer wieder auffüllen. Und gerade wenn man schon ein bisschen älter geworden ist, wird es wichtig, immer mal wieder frische eigene Ideen zuzulassen, um die Freude am Leben nicht zu verlieren. Manche von uns haben sich im Warten eingerichtet – im Warten auf eine bessere Zukunft, im Warten darauf, dass der Tag vergeht, im Warten auf jemanden, der uns erlöst, im Warten auf eine Wunscherfüllung, ohne dass wir dafür etwas tun, im

Warten auf einen »Seelenpartner«, der die Einsamkeit und auch die Langeweile auflöst.

Manche versorgen sich auch genau aus diesem Grund mit Nachwuchs: Ich erschaffe mir selbst jemanden, der mich immer lieben wird. Wenn wir uns also zu sehr in die Elternrolle gestürzt und unser eigenes Leben (Erleben) vernachlässigt haben, entsteht eine enorme Leere, wenn die Kinder ausziehen. In einigen Familien wird Druck auf die mittlerweile erwachsenen Kinder aufgebaut, damit sie sich ebenfalls nicht um ihr eigenes Leben, sondern besonders eben jetzt auch um das der Eltern kümmern.

Wir können diese Angewohnheit bei den Eltern wie bei Großeltern beobachten, die ihr eigenes Leben völlig vernachlässigen. Sie sehen sich häufig selbst als Familienmenschen und besonders zugewandt zu ihren Familienmitgliedern:

»Meine Tochter ist meine beste Freundin«, diesen Ausspruch kannte man von ihr schon, da war die Kleine erst fünf Jahre alt. Mittlerweile ist die »Kleine« 45, und ihre Mutter benimmt sich wie ein verschmähter Liebhaber, wenn sie sich nicht täglich meldet. Sie sagt ihr noch heute, wie sie ihre Kinder zu erziehen habe (die sich selbstverständlich auch regelmäßig bei ihr melden), was sie anziehen soll, und dass andere Töchter sehr viel aufmerksamer zu ihren Müttern seien als »ihre Kleine«.

Die Tochter ist von ihrer Mutter überfordert und versucht, etwas mehr Abstand in die Beziehung zu bekommen. Immer wenn es ihr gerade gelingen will, wird ihre Mutter krank. Die Tochter zweifelt zwar an der Krankheit, aber ihr schlechtes Gewissen bringt sie immer wieder dazu, den gerade entstandenen Abstand wieder zurückzunehmen. Jetzt überlegt sie sich, ein berufliches Angebot im Ausland anzunehmen.

Manche schaffen diesen Abstand nur, indem sie eine große Distanz zwischen sich und der Übergriffigkeit legen. Es ist nicht wirklich ein schmaler Grat zwischen gesundem und liebevollem Interesse und der Gefahr, sich im Leben der anderen zu verlieren beziehungsweise sich selbst sehr aufdringlich dort zu positionieren. Es wird mit gehörigem Aufwand und einer bestimmten Wucht erwartet, dass sich jetzt die Kinder gefälligst um einen kümmern sollen. Das wird auch nur als gerecht empfunden, denn: Schließlich habe ich mich immer um dein Leben gekümmert, jetzt steht es mir zu, dass du dich um mein Leben kümmerst!

Lebensversicherung Liebe

Wenn wir uns zugeneigt sind, dann verbringen wir gern Zeit miteinander, und das ist auch rührend zu sehen. Davon spreche ich nicht, sondern über den ungesunden Aspekt, durch Zwang und Druck gemeinsame Zeit und Aufmerksamkeit einzufordern. Auch hier ist der häufige Grund, einer befürchteten zukünftigen Einsamkeit zu entgehen.

Manche verlassen ihr eigenes Leben völlig. Andere sind zu sehr mit dem anderen Leben beschäftigt. Auch ich verbrachte eindeutig mehr Zeit damit, über die Probleme meiner Partner nachzudenken als über meine. Und obwohl ich mich parallel um mein eigenes Leben kümmerte, war das Leben des anderen ein konstantes, anstrengendes Nebengeräusch. Es brauchte eine enorme Aufmerksamkeit, um mir das abzutrainieren. Ich merkte, dass ich mir das abgewöhnt hatte, als ich mit meiner damals 28-jährigen Tochter telefonierte und sie mir von einer Herausforderung in ihrem Leben erzählte. Wir unterhielten uns eine Weile darüber. Dann legten wir auf.

Am Abend nach meiner Meditation fiel mir auf, dass ich keine Sekunde seit dem Anruf am Morgen darüber nachgedacht hatte, wie das Problem denn zu regeln sei. Ich hatte mich völlig darauf verlassen, dass meine Tochter klug genug ist, es allein zu lösen. Was sie dann auch zwei Tage später getan hatte, wie sie mir erzählte.

Manchmal fällt es uns schwer, uns aktiv in unser eigenes Leben einzubringen. Da wabert vielleicht eine Ahnung wie »Es interessiert sich niemand für mich« in unseren Gedanken herum, doch das schleichende Selbstmitleid hilft da nicht. Wir finden uns selbst nicht interessant, und … vielleicht stimmt das ja auch? Habe ich noch Gesprächsthemen? Mache ich mal etwas Neues, oder habe ich mich eingenistet in meiner vertrauten Komfortzone?

Wir ändern dies, indem wir das in die Tat umsetzen, was uns Freude bereitet. Manchmal drohen wir das vor lauter Pflichtbewusstsein zu vergessen. Ein Blick in unsere Kindheit hilft da sehr: Was hat mir denn damals Spaß gemacht? Und wenn wir das nicht mehr wissen (das ging mir auch mal so), dann probieren wir eben etwas Neues aus. Volkshochschulen und Workshops sei Dank! Manche von uns schaffen es erst wieder, bei sich selbst anzukommen, wenn sie sich trennen:

Als sie sich trennte, war es, als ob ein Damm in ihr bräche. Ihre gezügelte Lebenslust war jetzt nicht mehr zu bremsen. Sie hatte sich so in dieser letzten Beziehung untergeordnet, dass alles, was sie tat, nur noch leise war. Sie, deren Lachen man früher laut und schallend hörte, war in den letzten Jahren stiller geworden. Sie verbrachte ihre freie Zeit mit Lesen. Wollte sie mal etwas gemeinsam mit ihm machen, meinte er kopfschüttelnd: »Dass du nicht einfach mal in Ruhe irgendwo sitzen kannst! Das ist doch nicht normal!«

Dass sie nicht »normal« war, das sagte er ihr häufiger. Wenn sie am Sonntag nicht bis Mittag im Bett bleiben wollte. Wenn sie fror, weil er die Fußbodenheizung runtergedreht hatte. Wenn sie regelmäßig Gäste haben wollte. Alles an ihr war nicht mehr

»normal«. Und irgendwann begann sie das zu glauben und verlor sich im Leben ganz anderer – indem sie Romane las.

Jetzt, ein paar Monate nach der Trennung, erkennen sie ihre alten Freunde wieder. Sie hat wieder gern Besuch, ist oft unterwegs, und nach einer kurzen Episode mit einer Dating-Seite hat sie das wieder gelassen. Ihr geht es jetzt in ihrem Leben gut. Und ein neuer Mann kommt eben oder kommt eben nicht. Das ist ihr jetzt gerade völlig egal. Sie macht nur noch, was sie machen will, und findet das endlich wieder … völlig normal.

Ihre Seelenhausaufgabe konnte sie in der letzten Beziehung noch nicht umsetzen: sich nicht in einer Beziehung zu verlieren. Doch jetzt ist sie aufmerksamer und wird in Zukunft für ihr eigenes Wohlgefühl sorgen.

Manche lassen sich durch die Probleme von anderen von ihrem eigenen Leben ablenken, denn einige von uns mögen es, Probleme zu lösen. Da gehöre ich auch dazu. Mein Verstand ist völlig begeistert, wenn er etwas entdeckt, was einer Lösung bedarf. Ich hielt mich für mitfühlend und interessiert. Und doch war ich wohl eher übergriffig, denn ich gab Rat, ohne gefragt zu werden. Das ist immer noch ein Bereich, den ich sehr aufmerksam beobachte, um ja nicht wieder dieser alten Gewohnheit zu verfallen.

Ich interessiere mich immer noch für das Leben der anderen, aber ich habe gelernt, ihre Probleme nicht zu meinen eigenen zu machen. Ich habe verstanden, dass jeder sein Leben so gestaltet, wie er es möchte, und jedem die Freiheit zusteht, etwas zu tun oder eben nicht zu tun (und dass ich das im Normalfall nicht zu bewerten habe). Wir sind jeweils Experten in unserem eigenen Leben – und ja, wir können inspiriert werden, doch was wir mit der Anregung machen, ist unsere eigene Wahl. Deswegen ist es äußerst erleichternd, wenn man sich an vier simple Regeln hält:

- nur dann Rat geben, wenn man gefragt worden ist,
- nicht investiert darin zu sein, ob der Rat angenommen oder umgesetzt wird,
- sich wieder um sein eigenes Leben kümmern,
- und nicht weiter darüber nachdenken.

Dies erfordert Übung, und es hilft zu wissen, dass ohne uns die Welt nicht zusammenbricht. Es bricht nur das zusammen, was zusammenbrechen soll. Wenn wir etwas nicht machen können, dann übernimmt das eben jemand anders.

Im Berufsleben können wir das immer wieder beobachten: Wir werden krank und können bestimmte Aufgaben nicht mehr erledigen. Entweder wird es erledigt, oder es hat sich erledigt. Die Welt dreht sich erstaunlicherweise weiter, wenn wir eine Pause machen. Ebenso wenig müssen wir uns ständig nur um die Probleme unserer Partner kümmern, die sie eigentlich selbst lösen können beziehungsweise müssen.

Fragen zum Leben: Deins oder das der anderen?

In welchem Leben halte ich mich hauptsächlich auf? In meinem? Oder im Leben der anderen?

Leicht in meinem, teilweise Coras Leben

Habe ich das im Laufe meiner Beziehung verändert? Also, habe ich mich am Anfang noch um mein Leben gekümmert und das dann – vielleicht der Harmonie zuliebe – aufgegeben?

Ich habe mich darauf ausgeruht.

Warum? (Zum Beispiel weil ich glaube, dass man mich braucht? Dass ich gut organisieren kann? Dass es ohne mich nicht geht?)

Das ich gebraucht werde

Was hat mich zurückgehalten, mich nach der Erkenntnis wieder um mein Leben zu kümmern?

Angst es nicht zu können

Kümmere ich mich um meine finanzielle Situation?

Jetzt kümmere ich mich.

Beruhigt mich meine finanzielle Situation, oder beunruhigt sie mich? (Vorsicht [du ahnst es schon]: Die Antwort »Mein Mann [oder jemand anders] kümmert sich darum« zeigt eine Abhängigkeit.)

Jetzt bin ich nur für mich zuständig.

Wenn sie mich beunruhigt: Warum?

Eigenverantwortung!

Wie viel Prozent meiner Zeit denk ich über das Leben beziehungsweise die Probleme anderer Leute (Liebster/Liebe, Familie, Freunde, Kollegen, Nachbarn und so weiter) nach?

20% über andere!

Wenn ich diese Zeit *für mich* zur Verfügung hätte, was würde ich damit anfangen?

Lernen. Dinge ausprobiere

Warum mache ich es nicht?

Sitze teilweise in der Vergangenheit fest.

Wenn ich die letzten drei dieser Fragen in meinen Workshops stelle, höre ich als Antwort sehr oft: »Achtzig Prozent meiner Zeit denke ich über die Probleme anderer Leute nach.« Ein geringer Teil hat das auf zehn Prozent heruntergefahren. Die meisten liegen im höherstelligen Bereich. Wenn ich dann frage, was mit dieser Zeit gemacht werden könnte, kommen die wundervollsten Ideen: musizieren. Kalligrafie lernen. Eine Ausbildung zur Massagetherapeutin angehen. Die Wohnung endlich von altem Plunder befreien. Den Gurkenradweg im Spreewald fahren. Entspannt im Garten lesen. Mit Freunden verreisen. Endlich die gewünschte Ausbildung machen.

Viele von uns kümmern sich zu sehr um die anderen, weil in ihnen die Sehnsucht entstand, endlich gesehen zu werden.

Bitte seht mich, bitte liebt mich

Dieser Mangel entsteht nicht selten aus den unerfüllten Wünschen der Kindheit und der damals entbehrten Aufmerksamkeit. Kinder brauchen Zuwendung. Wird sie uns nicht zuteil, ziehen wir als Kind unsere Schlüsse daraus. Entweder entschließt man sich nach einer schmerzlichen Kindheit für den Rückzug (»Ich bin es nicht wert, beachtet zu werden«), lebt aus Angst vor weiterer Ablehnung abgeschirmt in der eigenen Welt, oder man versucht, diesen Mangel zu kompensieren und mit allen Mitteln endlich wahrgenommen zu werden. Wenn das über die Maßen betrieben wird, dann geht das Mitgefühl verloren (»Mein Mangel, mein Schmerz ist größer als jeder andere Mangel, jeder andere Schmerz«). Es geht nur noch um »me, myself and I«. Das Selbstwertgefühl entsteht allein dadurch, im Mittelpunkt zu stehen:

Der Schriftsteller sprach mit seiner Tischnachbarin. Nachdem er zwei Stunden lang über sich und seine Erfolge referiert hatte, meint er schließlich: »Genug von mir.«

Die Frau seufzte innerlich erleichtert auf, doch dann fügte er hinzu: »Jetzt zu Ihnen. Wie gefällt Ihnen mein neues Buch?«

Es ist sehr erhellend zu erkennen, wenn wir in einer Beziehung sind (Liebe, Freundschaft, Beruf) und sich unser Gegenüber so gar nicht für unser Leben interessiert, sondern nur für seines. Aus welchen Gründen auch immer (frühkindlicher Mangel oder narzisstische Züge). Da gibt es keinen Austausch. Wir sind zur Zuhörerin degradiert worden. Wenn wir uns das auf Seelenebene anschauen, kann das natürlich auch wieder für unser Aufwachen interessant zusammenpassen: Jemand, der sich gern um das Leben eines anderen kümmert, landet bei jemandem, der nur sein eigenes Leben bedenkt. Ein Freund von mir drückte das mal lange nach unserer Trennung mit einem Augenzwinkern so aus: »Wir haben doch prima zusammengepasst. Ich hab mich nur um mich gekümmert, und du hast dich um mich gekümmert.« Wir beide konnten herzlich darüber lachen.

Wenn wir es besser zu wissen glauben

Wenn wir uns sehr um das Leben der anderen kümmern, dann passiert es nicht selten, dass wir uns unseren Partner anschauen und denken: »Das würde ich an seiner Stelle besser machen«, »Das Problem wäre mit meiner Idee schon längst gelöst!«, »Warum macht er denn das nicht?« oder »Das ist doch klar, dass er damit nicht weiterkommt!« …

Jeder von uns hat seine Seelenhausaufgaben. Die gilt es zu lösen. Wenn also jemand eine Herausforderung hat, dann wird er diese Seelenhausaufgabe auch mit in die Beziehung bringen und versuchen, sie zu lösen. Es ist ebendeswegen seine Seelenhausaufgabe, weil es ihm schwerfällt! Denn wenn es ihm leichtfiele, dann hätte er das schon längst erledigt. Und das Gleiche gilt natürlich auch für unsere eigenen Seelenhausaufgaben.

Dies gilt es im Hinterkopf beziehungsweise im Herzen zu behalten, wenn wir das beobachten: Mein Partner (ob vor der Trennung oder nicht) hat mit genau dieser Sache ein Problem, und das fällt ihm nicht leicht. Da kann ich jetzt genervt den Kopf schütteln oder verständnisvoll reagieren, sobald sich mal wieder eine Situation zeigt, die genau diese Herausforderung antriggert.

Wenn wir unsere Mitmenschen beobachten, dann gibt es drei Möglichkeiten, darauf zu reagieren:

- *Wir nehmen es einfach nur wahr:* »Unser Partner macht etwas, was wir selbst anders managen würden.« Dies ist die aufmerksame, zugewandte Wahrnehmung: Wir nehmen das als andere und interessante Möglichkeit wahr und bleiben emotional entspannt.
- *Wir beurteilen sein Handeln:* Wieder macht unser Partner etwas, was wir selbst anders angingen. Auch hier sind wir

emotional noch entspannt. Wir beurteilen die Situation, wie man beispielsweise den Geschmack von einem Gericht beurteilt: »Schade, die Suppe ist versalzen, aber das merkt er ja selbst, und beim nächsten Mal benutzt er halt weniger Salz.«

- *Wir verurteilen den anderen:* Dies ist eine emotionale Reaktion. »Wie kann man nur so doof sein?«, »Sag mal, spinnst du? Das klappt doch nie!« – wir haben die gelassene Wahrnehmung und die noch mitfühlende Beurteilung hier eindeutig verlassen. Das heißt, dass ich einen Menschen, der mit seiner Seelenhausaufgabe umzugehen versucht, als ganze Person kategorisiere und disqualifiziere.

Dieser letzte Schritt zur Verurteilung ist für manche von uns zur automatischen Gewohnheit geworden. Ich bin ihn früher selbst sehr oft gegangen. Da entsteht eine enorme Strenge, und man ist vom Mitgefühl weit entfernt. Interessanterweise konnte ich innerhalb von Sekunden wechseln: mich entweder über meine eigene Dummheit oder über die Dummheit der anderen echauffieren.

Warum passiert das so schnell? Aufgabe unseres Verstandes ist es schon rein evolutionsbedingt, unsere Eindrücke aus der Außenwelt zu beurteilen. Denn um zu überleben (und das ist die hauptsächliche Aufgabe des Verstandes, den Körper am Leben zu erhalten: »Bin ich sicher? Ist das gut hier für mich?«), muss der Verstand konstant äußere Reize evaluieren. Also wird alles, was wir wahrnehmen, quasi automatisch beurteilt und in »wünschenswert« oder »nicht wünschenswert« eingeteilt.

Und das passiert eben auch in unseren Liebesverhältnissen und Partnerschaften. Wenn ich mit Leuten spreche, die sich über ihre Partner beschweren und darüber, dass sie etwas tun oder nicht tun, stelle ich meistens nur eine Frage: »Hat dich das überrascht?«

Nach kurzem Nachdenken schütteln sie den Kopf. Nein, es überraschte sie nicht. Man kennt den anderen. Jemand, der von

Haus aus extrem sparsam ist und sich dadurch kleinlich verhält, wird so bleiben – außer er bemüht sich selbst darum, das abzulegen. Wenn er sich dann auch in Zukunft (während der weiteren Beziehung, während der Trennung, nach der Trennung) kleinlich verhält, ist das kein Wunder. Es wäre im Gegenteil ein Wunder, wenn er sich *anders* verhielte. Er macht das nicht, um uns zu ärgern. Er macht das, weil es eine Gewohnheit geworden ist, die er nicht abgelegt hat oder vielleicht auch nie ablegen wird.

Deshalb ist ein waches Betrachten erforderlich, um von der Verurteilung wieder in die Wahrnehmung zu gehen. Dabei hilft mir ein Wort besonders gut: »interessant«. Es ist ja auch interessant, wie andere etwas sehen oder managen. Es mag nicht mein Weg sein, aber es ist eben *auch* ein Weg.

Wie wichtig es ist, in einer Partnerschaft über das, was wir erleben und was uns am Herzen liegt, zu sprechen, kann nicht oft genug wiederholt werden. Wenn wir uns nicht mitteilen – uns entweder noch nicht trauen oder es nicht geübt haben –, dann sind wir nicht frei. Es geht nicht darum, dass uns jeder versteht. Das ist auch nicht möglich. Wir teilen uns nur mit. Das ist »bedingungsloses« Mitteilen. Ich erwarte nichts davon. Weder Verständnis noch Begeisterung oder Zustimmung. Ich teile mich nur mit. Und wünsche mir, dass mein Gegenüber sich mir ebenfalls mitteilt. Wenn wir uns wahrhaftig mitteilen, dann teilen wir nicht nur unsere Freunde und unsere Nähe, sondern auch unseren Frust oder unsere Unzufriedenheit rechtzeitig mit dem Partner.

Die folgende E-Mail bekam ich von einer Leserin:

Zwischen mir und meiner Partnerin eskalierte es immer wieder. Sie warf mir vor, nicht richtig auf sie einzugehen. Ich versuchte, mich zu rechtfertigen und Auseinandersetzungen zu meiden – aber das hat nicht geklappt. Ich dachte: Das will ich so nicht mehr. Da möchte ich lieber allein sein. Dieses Drama will ich nicht in meinem Leben. Ich wusste aber nicht so recht, wie ich mich aus der Beziehung verabschieden sollte, denn ich hatte mich in meinem Leben noch nie von jemandem getrennt.

Ich habe dann viel gelesen, viel gezweifelt und mir ein paar von deinen Videos angesehen. Und dadurch hat sich in mir alles etwas mehr sortiert. Ich konnte meine Überlegungen zur Trennung als Prozess betrachten; als Chance. Vorher war ich einfach nur wütend und traurig und hätte gern eine Abkürzung genommen. Ich wollte einfach nur noch meine Ruhe. Jetzt konnte ich mit etwas Distanz auf das ganze »Drama« schauen, und schon war es nicht mehr so dramatisch.

Als ich das mit dem Prozess von dir gehört hatte, wie du ihn beschrieben hast, dass man ihn nicht abkürzen kann und dass das einen Sinn hat, da dachte ich zum ersten Mal: Interessant, was läuft denn da gerade überhaupt bei mir ab? Das hat mir eine völlig andere Möglichkeit gegeben, auf das ganze Chaos zu schauen, mit einer gewissen interessierten Distanz. Ich konnte auf einmal sehen, dass meine Seele sagte: »So, Schneckerl, da haben wir nun endlich mal ein wenig Action, nachdem wir jetzt ein paar Jahre vor uns hin gedümpelt sind und sich nicht wirklich was getan hat. Und wenn du immer nur halbherzig Veränderungen angehst, ohne wirklich was zu verändern, dann machen wir das jetzt eben mal ganz anders.«

In der Folge habe ich überhaupt erst angefangen, meine Gefühle in der Beziehung zu kommunizieren, was mich an der Partnerschaft zweifeln lässt, was mir wehtut, was ich schätze. Ich nehme mich nicht mehr zurück, und wenn meine Freundin dann irritiert ist oder etwas als störend empfindet, dann rede ich mit ihr, ohne mich dabei zu rechtfertigen.

Mit der Rückkehr zu mir selbst verschwand auch die Angst vor dem Alleinsein. Ich habe mich! Ich bin nicht allein. Im Moment fängt die Beziehung also eigentlich erst an – mit Offenheit und viel mehr Verständnis. Wir werden sehen, ob es wirklich eine Beziehung bleibt oder ob es eine Freundschaft wird. Egal wie, es macht mir keine Angst mehr, und meine Freundin tappt nun auch nicht mehr im Dunkeln mit dem unbestimmten Gefühl, dass etwas nicht stimme. Den Respekt, den ich mir von ihr wünsche, lasse ich ihr jetzt auch zuteilwerden.

Eigentlich ganz praktisch: Eine Herausforderung zeigt sich immer wieder – bis wir sie gelöst haben. Dabei erfahren wir, dass wir schwierige Situationen gesünder gestalten können.

Fragen zum Mitteilungsverhalten

Schau dir deine jetzige oder deine ehemalige Beziehung an: Wie verhältst du dich, wenn dich etwas innerlich berührt? Was machst du, wenn du merkst, dass es in der Beziehung Gesprächsbedarf gibt? Machst du das nur mit dir selbst aus?

Ich spreche es an, spätestens wenn meine innere Unruhe kommt

Oder besprichst du deine Probleme statt mit dem Partner mit anderen Personen (Freundinnen, Freunden, Therapeuten, Familienmitgliedern und so weiter)?

Wenn ich nicht weiter komme rede ich mit Freundin.

Warum nicht mit dem Partner?

Es fühlt sich wie eine Zwickmühle an!

Bei der Beantwortung der drei Fragen lernen wir uns viel besser kennen:

Zur ersten Frage: Machst du das mit dir selbst aus?
Eine Herausforderung in einer Beziehung kann nicht von einer allein gelöst werden. Es braucht beide, um zu einer Lösung zu kommen. Dazu ist die Bereitschaft zu einem Gespräch und offenen Fragen erforderlich. Offene Fragen sind solche, die nicht mit Ja oder Nein beantwortet werden können: »Wie geht es dir in unserer Beziehung eigentlich?«, »Was hättest du gern anders?«, »Was würde unsere Beziehung besser machen?« … Voraussetzung ist auch hier, dass du selbst bereit bist, wirklich offen über deine Gefühle und Gedanken zu sprechen.
Zur zweiten Frage: Besprichst du das mit anderen Personen (Freundinnen, Freunden, Therapeuten, Familienmitgliedern und so weiter)?
Auch hier geben wir dem Partner beziehungsweise der Partnerin nicht die Chance, sich einzubringen. Da ich seinerzeit beide Fragen mit einem lauten Ja beantwortet hätte (ganz früher habe ich alles mit mir selbst ausgemacht, später dann mit Freundinnen besprochen), weiß ich, wie erleichternd und vertiefend es ist, wenn man das verändert. Ich kenne einige, die enorme Probleme haben, sich ihrem Partner anzuvertrauen. Sie ziehen sich innerlich zurück und möchten am liebsten, dass der Partner wegfährt, wenn sie sich selbst in einer emotionalen Krise befinden. Doch damit vergeben wir die Chance zu mehr Nähe. Tiefe Partnerschaften entstehen nicht durch tolle Urlaube am Meer. Sie entstehen, wenn wir uns mit unseren Herausforderungen, Schmerzen und unseren Schattenseiten zeigen. Erst dann entwickelt sich diese Nähe, die wir bei anderen Paaren so bewundern. Wenn wir einen tiefen und innigen Austausch zulassen, beginnen wir, uns geborgen zu fühlen. Unser Part-

ner beziehungsweise unsere Partnerin ist bereit, uns wirklich zuzuhören und anzuerkennen, wie es uns geht, und ist dann auch in der Lage, uns zu schützen, wenn wir es selbst gerade mal nicht können. Natürlich immer vorausgesetzt, wir sind an keinen Narzissten geraten. Wenn wir uns im Gegenteil vor ihm schützen müssen, ist das ein enorm lautes Warnzeichen.

- *Zur dritten Frage: Warum bespreche ich es nicht mit meinem Partner?*
  Die Beantwortung dieser Frage gibt viel Aufschluss über das »Handwerkszeug« deiner Kommunikation. Vielleicht besprichst du das Problem deiner Beziehung lieber mit einer Freundin, weil du mit ihr ein engeres Verhältnis hast. Das wiederum sagt viel über den Grad der Intimität und des Vertrauens zu deinem Partner aus. Hast du Angst, dich wirklich deinem Partner mitzuteilen?

Wenn ja, warum?

Nein, ich ~~möchte~~ habe eine klare Beziehung.

Befürchtest du, dass er dich verlässt?

Nicht mehr.

Befürchtest du, dass er beleidigt ist oder du ihn damit verletzt?

Nein, ich fühle das ich über alles reden kann.

Befürchtest du eine bestimmte Reaktion?

Nein

Wenn ja, welche?

Wut

Befürchtest du das nur, oder ist das auch schon eingetreten?

Ja bei Auseinandersetzung.

Falls es schon eingetreten ist: Welche innere Entscheidung hast du danach getroffen (zum Beispiel: »Ich werde nichts mehr sagen. Mein Mann versteht mich einfach nicht«).

Bei Situation nicht mehr sagen.

Falls es noch nicht eingetreten ist, ist das nur eine Annahme. Ich weiß nicht, wie er reagieren wird, weil ich es noch nicht erlebt habe. Ich stelle mir also nur vor, wie er reagieren wird – und da kann ich falsch liegen.

Der sichere Käfig

Wenn wir uns nicht mehr trauen, uns mitzuteilen, dann haben wir uns untergeordnet. Das passiert meistens schleichend und hat wenig mit dem Grad unserer Intelligenz zu tun, sondern mehr mit dem Wunsch, entweder »dazuzugehören« oder Unruhe zu vermeiden.

Passiert das in unserer Ursprungsfamilie, erkennen wir das meist erst im Erwachsenenalter, und auch dann nur, wenn wir wirklich nachforschen, welchen Manipulationen wir ausgesetzt waren. Wir mögen zwar als Kind ein Gefühl dafür gehabt haben, dass hier »etwas nicht stimmte« – weil es sich nicht richtig anfühlte –, aber uns offen mitzuteilen war uns damals noch nicht möglich gewesen. Das wahre Ausmaß wird erst später erkannt.

Haben wir uns stattdessen einer Gruppe angeschlossen (einem Kult, Drogenkonsumenten, Verfechtern bestimmter sexueller Praktiken, politischen Gruppen – was auch immer), dann wurden wir davon angezogen, weil diese Gruppe bestimmte Wünsche zu erfüllen oder zu kompensieren schien, die wir seinerzeit noch nicht klar artikulieren konnten.

Sie war immer schon neugierig gewesen und fasziniert von der Möglichkeit, mit verschiedenen Drogen zu experimentieren. Natürlich wusste sie, dass das illegal war, und dennoch stieß sie auf eine Gruppe, die sich unter der Leitung eines Arztes regelmäßig traf und tiefe spirituelle Erfahrungen durch den Konsum aller möglichen Substanzen versprach.

Das erste Mal musste sie unterschreiben, dass sie Stillschweigen darüber bewahren würde. Das ließ sie zwar ein wenig skeptisch werden, aber sie beruhigte sich: Das ist ein Arzt, der wird schon wissen, was er tut! Sie wurde von den anderen Gruppenmitgliedern willkommen geheißen und fühlte sich wohl. Viele hochgebildete Leute waren da. Jeder herzlich und neugierig. Kreativ und lustig. Genau so wie sie eben. Der Leiter war ein Mann mit großem Charisma. Sie hörte immer wieder, wie besonders sie sei und dass ihre Familie und ihre Freunde sie eben nicht verstehen würden. Aber hier sei sie unter Gleichgesinnten. Hier gehöre sie dazu.

Bald zählte sie zum inneren Kreis. Das machte sie stolz. Sie betrachtete die anderen Mitglieder als ihre Wahlfamilie. Ihre bisherigen Freunde sah sie kaum mehr. Sie hatte ja jetzt welche, die so ähnlich waren wie sie. In der Gruppe ging es um höhere Werte als um das, was sie früher mit ihren Freunden so besprochen hatte. Sie seien die Vorreiter einer neuen Bewegung. Sie seien diejenigen, die die Welt zu einem besseren Ort verändern würden. Das fühlte sich gut für sie an. Da wollte sie mitmachen. Das war ein Ziel, das sie in ihrem Herzen spürte.

Sie machte vieles umsonst für die Gruppe, zahlte hohe Beiträge für die Workshops und Kurse, besonders auch weil ihr neuerdings immer mal wieder gesagt wurde, dass sie doch nicht so toll sei: Das habe sie noch nicht verstanden, und hier fehle noch einiges. Sie versuchte, »besser« zu werden, noch mehr zu machen, weitere Kurse zu belegen.

Mittlerweile fielen ihr einige Ungereimtheiten auf, und als sie das mal zur Sprache bringen wollte, traf sie zuerst die kategorische Abwehr des Leiters und danach die ganze Wucht der Gruppe: Sie sei das Problem!

Sie zuckte verschreckt zurück. Mit diesem massiven Angriff hatte sie nicht gerechnet. Vielleicht ist sie ja wirklich das Problem? Die Argumente schienen plausibel. Alle schienen es verstanden zu haben – nur sie nicht. Dann muss es ja an ihr liegen.

Sie belegte noch mehr Kurse.

Es dauerte eine ganze Weile, bis sie merkte, dass sie sich allmählich immer unwohler fühlte, immer eingeengter, immer kleiner. Aber erst als ihr sexuelle Übergriffe auffielen, Ungereimtheiten im Verhalten des Arztes, Temperamentsausbrüche, die für einen angeblich so weit entwickelten Leiter doch unpassend waren, wusste sie, dass es Zeit wurde zu gehen. Es dauerte ein halbes Jahr, bis sie es schaffte.

Der Weg aus der Gruppe war nicht einfach. Zuerst wurde sie umgarnt (»Du wirst uns fehlen!«, »Wir haben doch so viel miteinander erlebt«, »Wir sind doch eine Familie!«), dann wurde sie beschimpft und bedroht (»Du wirst schon sehen, wie einsam dein Leben ohne uns wird«, »Wenn du jemals zurückkommen willst, dann ist es zu spät«, »Wir haben keine Achtung mehr vor dir. Du bist selbstsüchtig, dumm und willst uns kaputt machen!«), schließlich wurde sie verstoßen und ignoriert. Niemand meldete sich mehr bei ihr. Um wiederaufgenommen zu werden, das wusste sie, hätte sie zu Kreuze kriechen müssen. Doch das konnte sie nicht mehr.

Sie war jetzt ohne Freunde und in der einsamsten Zeit ihrer Entscheidung. Sie schwankte, und doch erinnerte sie sich immer wieder an das Verhalten der Gruppe: Sie hatte sie bei der Trennung wirklich kennengelernt.

Vorsichtig versuchte sie, ihre früheren alten Freunde wieder zu kontaktieren, die sich sofort bei ihr zurückmeldeten. Diese gestanden ihr, welchen Eindruck sie von der Gruppe hatten, und es entstanden Gespräche, in denen jeder offen sagte, was wer wie erlebt hatte. Es dauerte eine Zeitlang, bis sie die Dynamiken erkannt hatte, und dann kam der Zorn. Der Zorn, so manipuliert worden zu sein. Gleichzeitig fühlte sie sich dumm, weil sie darauf hereingefallen war.

Und ein weiteres Gefühl zeigte sich: Es war nicht alles schlecht. Es gab eben auch viele berührende Erlebnisse.

Sie begann ihre Vergangenheit klarer einzuordnen: Das war gut. Das war übergriffig. Das war gefährlich. Das war manipulierend, und da habe ich selbst laut und begeistert Ja dazu gesagt.

Trotz des emotionalen Hin und Her, trotz der Trauer und des Zorns begann sie, sich wieder frei zu fühlen: frei, sich mitzuteilen, ohne dass ihr die Liebe entzogen würde. Frei, ihr Leben endlich wieder so zu gestalten, wie sie es für richtig befand, und sich nicht der Akzeptanz einer Gruppe unterordnen zu müssen. Niemand mehr, der ihr dauernd sagte, was an ihr falsch wäre und wo sie noch nicht entwickelt genug sei.

Sie erkannte, warum sie sich dieser Gruppe angeschlossen hatte: Sie hatte die Drogen zum Teil aus Neugier genommen und zum Teil, um ihrer Gefühlswelt zu entfliehen. Sie wünschte sich spirituelle Erlebnisse. Sie fühlte sich allein und sehnte sich nach

Gemeinschaft. All das glaubte sie am Anfang in der Gruppe gefunden zu haben, und da sie unbedingt weiter in dieser Gemeinschaft hatte bleiben wollen, ignorierte sie zunächst alle Warnzeichen ganz bewusst.

Gerade wenn wir uns in einer ungesunden Gruppendynamik befinden – ob nun in der Familie, in einer Sekte oder in der Firma –, zögern wir besonders deswegen, weil wir mit einer Trennung auch das Vertraute aufgeben. Wir verlassen nicht nur die Gruppe, sondern ändern eben auch unser komplettes Leben. In diesen Gruppensituationen haben wir uns über Jahre hinweg wahrscheinlich auch gemeinsam für etwas eingesetzt, was uns wichtig war. Außerdem war dort nicht alles nur schlecht. Wir haben viel zusammen erlebt. Es gab enorme Tiefe – aber wie im obigen Beispiel eben auch Übergriffigkeit, enorme Manipulation und Substanzmissbrauch.

Diese Dynamiken sind in allen ungesunden Gruppen in graduellen Abstufungen ähnlich. Von politisch bis intellektuell, von adelig bis obdachlos, von wissenschaftlich bis spirituell, von familiär bis beruflich – wenn es in einer Gruppe wenig persönliche Freiheit gibt, dann geht es nur darum, dass wir uns unterordnen und folgen.

Wie es aufgenommen wird, wenn wir uns mitteilen, gibt uns Aufschluss darüber, ob wir uns in einer gesunden oder ungesunden Beziehung, Familie oder Gruppe aufhalten. Können wir uns frei mitteilen oder nicht?

Kommunikation mit Sinn

Ich habe zahlreiche Kommunikationsworkshops auf Seelenebene gegeben und erlebe immer wieder, dass wir vieles einfach nicht gelernt haben. Wenn ich Gesprächssituationen durchspiele, dann sehe ich immer wieder das Aufblitzen von »Aha-Momenten«. Was wir üben, nenne ich »Kommunizieren mit *Sinn*«:

- S = sich zeigen,
- I = interessiert bleiben,
- N = nachfragen,
- N = nicht automatisch verteidigen.

Sich zeigen heißt, sich mitzuteilen. Wirklich wahrhaftig zu sagen, was in einem vor sich geht. Mit allen Ängsten und Sorgen. Mit allem, was uns durcheinanderschüttelt.

Dann geht es darum, *interessiert zu bleiben* und zuzuhören: Was sagt mir die andere? Was sagt mir ihre Körpersprache? Schalte ich automatisch »auf Durchzug«, oder höre ich wirklich hin? Welche Worte wählt sie? Wie passen sie mit ihrer Körpersprache zusammen? Wo schweigen wir lange? Lasse ich genug Zeit für Antworten, oder versuche ich dauernd, mich selbst einzubringen, statt interessiert herauszufinden, was denn mein Gegenüber bewegt?

Dazu gehört es *nachzufragen*: »Habe ich dich richtig verstanden, dass du ...?« Oder wenn man etwas nicht versteht: »Was meinst du damit?«

Und dann natürlich die berühmt-berüchtigte *automatische Verteidigungshaltung*, die vielen von uns kaum noch auffällt: »Natürlich kann ich zuhören! Du hörst *mir* nicht zu!«, »Ich bin überhaupt nicht egoistisch!« oder »Natürlich liebe ich dich!«, obwohl man der anderen gerade den Hals umdrehen könnte. Die andere Person spürt es sowieso, dass wir sie im Moment nicht lieben. Zu antworten: »Gerade liebe ich dich gar nicht« würde den meisten von uns aber im Traum nicht einfallen.

Wenn wir unser Sein, unser Erspüren verstecken wollen, dann hat unser Körper zweierlei zu tun: Einmal muss er verhindern, dass herauskommt, wie wir uns wirklich fühlen. Und zweitens müssen wir eine völlig gegensätzliche Reaktion nach außen zeigen. Schauspieler machen das sehr professionell. Wir allerdings schicken unseren Körper immer wieder durch enorme Anstrengungen: Sich nicht so zu zeigen, wie wir sind, ist wie ein Gefängnis, in dem wir uns freiwillig einsperren.

Wir wollen geliebt werden, wie wir sind

Eine Beziehung kann erst dann wirklich tief werden, wenn wir uns so zeigen, wie wir wirklich sind. Und nicht so, wie wir gern wären. Wenn wir uns nicht zeigen, wie wir wirklich sind, können wir dafür auch nicht geliebt werden. Logisch eigentlich, oder?

Wenn wir vor einer Trennung stehen, dann kann eine neue Art des Mitteilens viel bewirken. Manchmal kommen die Nähe und die Liebe zurück. Auf jeden Fall aber klärt es das jetzige Miteinander und kann eine enorme Unterstützung für den eingeleiteten Trennungsprozess sein.

Wenn wir also feststellen, dass wir uns unserem Partner nicht wirklich mitgeteilt haben, dann können wir das ändern. Wie? Mit einem einfachen Satz: »Bisher habe ich vieles mit mir selbst ausgemacht und nicht mit dir besprochen. Das möchte ich gern ändern. Das wird mir wahrscheinlich nicht leichtfallen, und ich könnte da deine Hilfe gebrauchen.«

Lass dem Gegenüber Zeit, das zu verdauen. Es ist nicht einfach, wenn man erfährt, dass man als Ansprechpartner für ein Problem nicht die erste Wahl war. Wir dürfen nicht unterschätzen, dass wir den anderen vielleicht mit diesen Aussagen überraschen. Eventuell ist meinem Gegenüber das überhaupt nicht klar gewesen. Vielleicht war ich wirklich »gut« im Vertuschen, und er fällt aus allen Wolken. Deshalb erlaube ich ihm auch, darauf zu reagieren.

Es gibt immer die Möglichkeit auf ein weiteres, vertiefendes Gespräch, nachdem man sich zum ersten Mal mitgeteilt hat, im Idealfall angekündigt: »Hättest du demnächst Zeit, dass wir uns das nochmal anschauen?« Wobei eine klare Zeitangabe hilfreicher ist als ein undefiniertes »Später«.

Hier wieder eine Verallgemeinerung: Frauen hätten Probleme gern sofort besprochen, wenn es ihnen einfällt. Männer erzählen mir, dass sie lieber darauf vorbereitet würden.

Ein gemeinsames Problem kann nur gemeinsam gelöst werden

Dieses wiederholt erwähnte gemeinsame Besprechen – das ich erst sehr spät gelernt habe – war mir eine enorme Erleichterung. Ich gab Verantwortung ab. Es lag nicht länger allein an mir, dass wir unsere Herausforderungen handhaben. Es lag an uns. Ich musste keine Lösung wissen. Wir konnten gemeinsam eine Lösung finden.

Ich war lange davon überzeugt, dass ich erst ein richtiges Gespräch beginnen kann, wenn ich eine Lösung zum jeweiligen Problem hätte. Ich also schon auf gewisse Fragen eine Antwort hätte, wie zum Beispiel: »Wie wird unsere Beziehung wieder besser?« Gleichzeitig war ich aber in Gedanken schon auf Wohnungssuche beziehungsweise stellte mir in meinen Träumen bereits mein neues Leben vor. Ich hatte ihn also innerlich längst mehrmals verlassen, ohne dass es ein Gespräch darüber gegeben hätte.

Ist Ehrlichkeit die Basis?

Wenn wir uns zurückhalten, still sind und uns nicht mitteilen, dann kann es keinen wahrhaftigen Austausch geben. Für einen wahrhaftigen Austausch aber braucht es auch Ehrlichkeit.

Es kommt dabei entscheidend darauf an, was wir selbst unter Ehrlichkeit verstehen. Ist Ehrlichkeit die Basis? Ja und nein. Angenommen, wir wollten immer und um jeden Preis die Wahrheit sagen, dann müsste das konsequenterweise auch dann geschehen, wenn eine Kollegin einen unschönen Hautausschlag hat, und wir würden sagen: »Das sieht ja ekelhaft aus!« Oder der kleine Sohn hat uns einen Geburtstagskuchen gebacken und bekommt zu hören: »Der schmeckt ja grauenhaft.« Unser Liebster versucht, uns beim Liebesspiel zu erfreuen, und wir sagen ihm: »Nimm die Finger weg. Mein früherer Freund konnte das viel besser.« Wir wissen natürlich, dass wir unser Zusammenleben enorm erschweren würden.

»Leg jemandem die Wahrheit wie einen warmen Schal um, und klatsch sie ihm nicht wie ein nasses Handtuch ins Gesicht« ist da schon eher eine hilfreiche Formel.

Für einige mag der Gedanke »Wie gut, dass man in einer Beziehung nicht immer alles sagen muss« das Verheimlichen einer Affäre oder das Verschweigen einer Spielsucht umfassen. Das ist genau die Gefahr, wenn wir mit unserer Ehrlichkeit hin und her schwanken: Wo es mir passt, bin ich ehrlich. Wo nicht, eben nicht.

Sich wahrhaftig zu zeigen ist ein hohes Gut. Und ja, uns mitzuteilen – höflich und respektvoll mitzuteilen – ist nützlich, wenn wir Nähe aufbauen und halten wollen. Das heißt aber nicht, dass wir gleich jeden Gedankengang und jede innere Regung kundtun müssen. Denn obwohl wir nicht alles mit uns selbst ausmachen sollen und Wichtiges auf jeden Fall kommuniziert werden sollte, gibt es dennoch Gedankengänge, die wir auch allein für uns sichten können. Das gilt genauso für eine Stimmung, eine Beurteilung, eine Bewertung, eine Meinung: Manches erledigt sich schnell wieder wie von selbst, und deswegen »ein Fass aufzumachen« wäre unnötig und auch für die Partner beziehungsweise Ex-Partner enorm anstrengend. Es braucht eine aufmerksame innere Gestaltung, um die richtige Balance umzusetzen.

Das haben wir doch so ausgemacht

Nach meiner Erfahrung gibt es in vielen Beziehungen sogenannte »stillschweigende Annahmen«. Aus dem, was nicht ausgesprochen wird, wovon man aber annimmt, dass das doch »für alle klar« sei – ohne es wirklich zu wissen –, beginnt dann gern mal ein Schwelbrand, der richtig entflammen kann. Es handelt sich nur um Vermutungen. Und wenn die Erwartungen nicht miteinander besprochen werden, dann sind sie nicht bestätigt. Wichtige Zukunftsentscheidungen wurden vielleicht mal zwischen Tür und Angel besprochen, jeder zog andere Schlüsse daraus, und dann wurde das als »erledigt« abgehakt.

Diese unartikulierten Ansprüche können sehr hartnäckig sein. Sie können sich gleich am Anfang der Beziehung eingenistet, weiter verfestigt haben und am Schluss sogar zur Trennung führen.

Sehr häufig werden Bereiche nicht angesprochen, weil sich jemand schämt. Da gibt es vielleicht Ängste, die man nicht zugeben möchte, finanzielle Probleme, die man nicht zeigen will, oder Sorgen, die man weder mitteilen noch sich selbst anschauen möchte:

Sie wurde schwanger, und da sie mehr verdiente als er, beschlossen beide, dass er nach ihrem Mutterschutz erst einmal zu Hause bleiben sollte. Er arbeitete als Webdesigner und sie als Ingenieurin. Sie machte weiterhin Karriere, ihr Gehalt verdoppelte sich, und er kümmerte sich um den Sohn, den kompletten Haushalt, und neben diversen kleineren Online-Jobs begann er, sich politisch zu betätigen.

Nach einer Weile kam von seiner Seite überhaupt kein finanzieller Beitrag mehr zur gemeinsamen Haushaltsführung. Sie nahm es grummelnd hin. Dann verlor sie ihren Job, denn ihre Firma fusionierte. Jetzt war sie zum ersten Mal wieder zu Hause und begann diese Zeit zu genießen. Sie wünschte sich, dass er von jetzt an die finanzielle Versorgung übernähme, und sie würde freiberuflich arbeiten und zu Hause beim Sohn sein.

Er weigerte sich jedoch. Denn er war schon zu lange aus dem Online-Geschäft, und so befürchtete er, dass er da nicht mehr würde mithalten können.

Beide teilten sich nicht offen mit und verbargen ihre Gedanken und Gefühle voreinander. Sie suchten nicht gemeinsam nach einer für beide passenden Lösung. Die Gespräche waren scharf und knapp und voller gegenseitiger Vorwürfe.

Mitten in diesem Kleinkrieg unterbreitete ihr ein Headhunter ein neues lukratives Jobangebot, und sie nahm es aus finanziellen Gründen an. Er war erleichtert, schien das Problem doch gelöst zu sein. Sie hingegen fühlte sich von ihm allein gelassen und beschloss, sich von ihm zu trennen. Mit der Unterschrift auf dem Arbeitsvertrag beendete sie auch gleichzeitig ihre Ehe.

In wachen Ehen und Beziehungen spricht man über die eventuellen Sorgen, die hinter einer Gewohnheit aufkommen können. Wie hätten die beiden das anders gestalten können? Er hätte nachfragen können: »Ich mache mir Gedanken darüber, dass ich dich mit der finanziellen Versorgung allein lasse. Wie geht es dir damit?« Sie hätte sich mitteilen können: »Ich bedaure, dass ich so wenig Zeit mit unserem Sohn verbringe, und habe das Gefühl, die finanzielle Verantwortung liegt jetzt nur noch auf meinen Schultern.« Wenn darüber nicht gesprochen wird und es auch keinen Zeitplan gibt, wie lange man ein Arrangement aufrechterhalten will, wird unterschwellig vereinbart, dass es so bleibt. Und wenn einer davon es dann plötzlich ändern will, kann es da gehörigen Widerstand geben.

Wenn wir uns in einer Lebenssituation eingerichtet haben – zum Beispiel einer bringt das Geld, die andere versorgt, oder es ist umgekehrt –, dann schleicht sich ein Gefühl der Normalität ein, und wir denken, dieser Zustand würde ewig so bleiben und der/die andere sähe das auch so: »So machen wir das eben, und so haben wir das schon immer gemacht.«

Wenn sich dann die äußeren Umstände verändern – zum Beispiel durch den Jobverlust der Hauptverdienerin oder auch den Wunsch, das Leben anders zu gestalten –, braucht es aber eine Veränderung unserer »typischen« Gedanken über unsere Ehe, unsere Beziehungen und Verantwortung. Es braucht die Bereitschaft, neue Wege zu gehen.

Fragen zu vermeintlichen Arrangements

Habt oder hattet ihr vermeintliche Arrangements, über die ihr nicht ausführlich gesprochen habt?

Als Cora in der Ausbildung war haben wir nicht fest über ein Nebenjob gesprochen.

Wer schien darüber unglücklicher zu sein?

Beide

Was hat dich zurückgehalten, über euer vermutetes Arrangement zu sprechen?

Ich wollte sie nicht verägen.

Hast du versucht, darüber zu sprechen, und das Gefühl gehabt, der andere will nicht?

Nein, ich hatte Angst.

Wie lange schon lag dir das auf dem Herzen?

Die ganze Zeit.

Wie könnt ihr das jetzt miteinander klären?

Darüber von Anfang an sprechen.

Gerade vor einer Trennung überlegen sich viele von uns, ob es nicht doch irgendwie zusammenpassen könnte. Diese Frage ist nicht immer eindeutig zu klären. Denn wenn wir voneinander lernen wollen, dann »passt« eine Beziehung ja auch. Wir erinnern uns: Wir suchen uns unsere Partner auch deswegen aus, weil sie eine Qualität haben, die wir nicht haben.

Und genau dies ist auch der Grund, der uns später zur Trennung führen kann:

Sie war immer schon introvertiert und mochte es, Leute zu beobachten. Und er hatte sie mit seinem Elan und seiner Begeisterungsfähigkeit einfach mitgerissen. Bei ihm war immer was los: Wanderungen. Feste. Sport. Fasching. Oktoberfest. Theater. Kleinkunst. Einen Abend in der Woche zu Hause bleiben, das konnte er gerade noch hinnehmen, aber am Wochenende chillen und sich entspannen, das ging mit ihm nicht: »Das mache ich noch lange genug, wenn ich tot bin!«, pflegte er zu sagen. Und so ließ sie sich anstecken von seiner Lebenslust und auch von seinem Übermut, und doch erwischte sie sich gerade am Anfang der Beziehung – umgeben von lachenden Fremden – häufig bei dem Gedanken: »Was mache ich eigentlich hier?«

Sie, die gern sinniert und nachdenkt, die es bevorzugt, ernsthafte und tiefere Gespräche zu führen, drohte jetzt zur Smalltalk-Queen zu avancieren. Sie sprach kaum darüber, weil sie sich sonst als Spielverderberin gefühlt hätte. Sie bat ihn gelegentlich, allein loszuziehen, aber das akzeptierte er nur, wenn sie Migräne bekam. Und so bekam sie immer häufiger Migräne.

Nach sechs Jahren war sie von der konstanten Aktivität so erschöpft, dass sie eine Trennung vorbereitete. Als er sie fassungslos fragte, warum sie denn gehen wollte, murmelte sie etwas von »Zeit, die ich für mich allein brauche«, aber zu einer wirklichen Aussprache konnte sie sich nicht durchringen.

Wie hätte das anders laufen können? Kann so ein Paar überhaupt zusammen sein? Sie haben sich ursprünglich gefunden, weil er – auf Seelenebene – zu viel macht und sich durch die Beziehung mehr Balance, also eben auch ab und zu Ruhe wünscht. Sie – auf Seelenebene – wünschte sich mehr Aktion.

Das kann man miteinander besprechen, ohne den anderen verändern zu wollen. Denn falls wir den anderen zwingen möchten, so zu werden wie wir selbst, dann wird uns das irgendwann einmal um die Ohren fliegen. Wenn sich in einer Beziehung einer nicht gesehen oder erkannt fühlt – wie gesagt oft auch deswegen, weil wir uns nicht wirklich mitteilen oder weil uns der andere nicht ernst nimmt –, finden wir in der Zweisamkeit kein Zuhause. Sondern wir haben das Gefühl, als ob wir auf einer Bühne stünden: Wir zwingen uns selbst, uns anders zu verhalten, als wir im tiefsten Herzen sind.

Und ja, es ist sehr gut möglich, mit solchen Vorzeichen eine erfolgreiche Beziehung zu leben. Aber dazu müssen wir uns mitteilen und auch bereit sein, den illusorischen Wunsch aufzugeben, wirklich alles zusammen zu machen und dabei »superglücklich« zu sein.

Wie würde eine mögliche Variante in unserem Beispiel aussehen? Etwa so: Er begreift, dass sie ihn nur ab und zu begleitet. Sie nimmt sich ihre Auszeiten von der gemeinsamen Freizeitgestaltung. Als Paar brauchen sie nicht die gleichen Freunde. Jeder sorgt für sein eigenes Wohlgefühl, und dann suchen sie sich Hobbys, die sie beide gemeinsam erfreuen.

Und jetzt kommt die Generalfrage: Passt das für beide? Wenn der Mann sich eine Frau wünscht, die viel mit ihm macht und ebenfalls Spaß an solchen Events hat, dann passt die Beziehung nicht für ihn. Wenn sie sich wünscht, viel Zeit allein zu verbringen, dann wäre ein passender Partner vielleicht der, der das auch für sich braucht. Eine Entscheidung, die viel Erspüren und gegenseitiges Mitteilen braucht.

Oft zeigt sich schon zu Beginn der Beziehung, wodurch sie auseinandergeht

Manchmal sagt uns die Intuition schon von Anfang an, dass eine Beziehung keine Zukunft haben wird, aber wir versuchen es trotzdem. Und damit beginnt der Weg auf einem schmalen Grat zwischen Manipulation und Wahrhaftigkeit, der zudem auch noch sehr, sehr rutschig sein kann:

Er war schon seit zehn Jahren Single und sehnte sich nach Liebe und einer Familie. Jetzt hatte er sich in eine Witwe verliebt, deren zwei Töchter ihn als Freund der Mama akzeptierten, ja sogar gern mochten. Er hatte selbst keine Kinder, konnte aber gut mit Kindern umgehen. Er übernachtete immer öfter und länger, schließlich täglich bei ihr, der Kinder wegen aber stets im Gästezimmer, und nach außen hin war er nur ein Mitarbeiter in der Firma der Mutter. Sie sagte ihm immer wieder, dass sie ihn als Freund und als Liebhaber sehe, aber nicht bereit sei, sich wieder zu binden. Das ging über zwei Jahre so. Sie ließ keine Zärtlichkeit außerhalb des Schlafzimmers zu.

Er befürchtete, dass sie die Beziehung nie »offiziell« machen würde, und überlegte sich, wie er sie dazu bringen könnte, sich zu ihm zu bekennen. Er beschloss schließlich irgendwann, seine Siebensachen zusammenzupacken, und hoffte, dass er ihr fehlen würde, obwohl er schon längere Zeit bemerkt hatte, dass sie sich von ihm zurückzog. Sie war nun für ein paar Tage mit den Mädchen verreist, und wenn sie zurückkäme und er nicht mehr da wäre, würde es ihr trotz allem schlagartig klar werden, wie sehr sie ihn vermisste.

»Weiß sie, dass Sie planen auszuziehen?«, fragte ich ihn.

»Nein.«

»Sie überraschen sie damit?«

Er nickte.

»Hat sie das verdient?«

Er schaute mich erstaunt an.

»Hat sie das verdient, dass Sie einfach so verschwinden, ohne mit ihr darüber zu sprechen?«

»Ich kann mit ihr nicht darüber sprechen, denn sonst verliere ich vielleicht die Kontrolle.«

»Und das ist in Ihren Augen …« Ich wartete, welches Wort er benutzen möchte.

»… zu schmerzhaft. Was ist, wenn ich Erleichterung in ihren Augen sehen würde?«

»Was ist mit den Mädchen?«

»Wie meinen Sie das?«

»Sie haben vor ein paar Jahren ihren Vater bei einem Autounfall verloren. Er war also schlagartig weg. Und jetzt gehen Sie auch unvermittelt. Welche Schlüsse, glauben Sie, ziehen die Kinder daraus?«

Er schaute mich überrascht an. »An die Kinder habe ich überhaupt nicht gedacht.«

Die Beziehung begann als Affäre. Sie wollte nur das. Er hingegen wollte eine Partnerschaft, obwohl seine Intuition ihm von Anfang an signalisiert hatte, dass sie dazu nicht bereit war. Es versuchte trotzdem, sich in der Familie als »unersetzlich« zu positionieren, um dort bleiben zu können. Der Wunsch der Persönlichkeit klebte sich über seine Intuition, die damit nur noch als Ahnung und Sorge vor der Trennung wahrnehmbar war.

Er suchte schließlich doch das Gespräch mit ihr, weil er merkte, dass er der Tatsache ins Auge sehen wollte. Wie befürchtet, begrüßte sie seinen Auszug sogar, aber er nutzte auch die Chance, sich von den Kindern zu verabschieden. Denn es war ihm ein Anliegen, sich auch weiterhin um die Mädchen zu kümmern. Er blieb ein gern gesehener Freund der Familie.

Jede Erfahrung ist dazu da, mehr über uns zu erfahren. Sie war nicht »falsch«.

Gerade vor einer Trennung steht der weitere Weg noch nicht fest. Viele von uns sind eine Beziehung eingegangen, weil wir intuitiv spürten: Das will ich erleben. Mit diesem Menschen möchte ich zusammen sein. Selbst wenn wir uns dann später in einer enormen partnerschaftlichen Krise befinden, kann sich eine Beziehung durch offene Gespräche wieder zur Nähe hinwenden:

Sie waren seit fünf Jahren zusammen und hatten seit einem Jahr Probleme. Er war alleinerziehender Vater, seine Tochter mittlerweile dreizehn Jahre alt, und fast immer besuchte sie ihn, denn er konnte wegen seiner Tochter selten weg. Die Freundin fühlte sich in seinem Haus nicht besonders wohl. Es war noch so eingerichtet, wie es seine Ex vor zehn Jahren verlassen hatte, und sie spürte überall deren Präsenz.

Sie war zu meinem Kommunikationsworkshop gekommen, weil sie ihrem Freund nicht sagen konnte, dass sie nicht weiß, ob ihre Beziehung halten würde. Außerdem – so stellte sich heraus – hatte sie noch nie erwähnt, dass sie sich bei ihm nicht wohlfühlte. Sie hatte dort keinen Platz für sich – obwohl das Haus groß war und genügend Raum zur Verfügung stand –, und deshalb zog sie sich still, aber stetig zurück. Da er nicht ahnte, weswegen sie ihn immer seltener besuchte, wusste er auch nicht, was er hätte ändern sollen. Jetzt hatten sie sich immerhin schon seit zwei Monaten nicht mehr gesehen, und er drängte auf ihren Besuch. Sie wusste nicht, wie sie sich verhalten sollte.

Nachdem wir geklärt hatten, wie wichtig es war, dass sie anfängt, ihre Bedürfnisse mitzuteilen, fragte ich sie, wie denn die Tochter damit umgehe, dass sie nicht mehr zu Besuch komme. Sie schaute mich verwirrt an: »Die Tochter?«

»Hast du denn eine Beziehung mit ihr aufgebaut?«

»Ja, schon …« Sie zögerte. »Aber das wird sie nicht stören, dass ich bereits lange nicht mehr da war. Sie ist jetzt eher mit Jungs beschäftigt.«

»Hattest du denn die letzten zwei Monate Kontakt mit ihr?«

»Nein. – Daran habe ich überhaupt nicht gedacht.« Sie überlegte.

»Sie kennt dich, seitdem sie acht Jahre alt ist, und jetzt kommst du nicht mehr. Was signalisierst du ihr damit?«

»Dass sie mir nicht wichtig ist.«

»Ist das die Information, die du ihr mitteilen willst?«

»Nein. Sie ist ein nettes Mädel. Aber … und nun?«

Im Gespräch erörterten wir die unterschiedlichen Möglichkeiten. Sie entschloss sich dazu, ihr in der Mittagspause eine SMS mit einer Entschuldigung zu schicken. »Tut mir leid, dass ich mich die letzten zwei Monate bei dir gar nicht gemeldet habe. Ich hab gerade viel um die Ohren und wollte dir nur sagen, dass du mir wichtig bist. Ich komme am übernächsten Wochenende, und vielleicht hast du ja Zeit?«

Kurze Zeit später kam ihre Antwort: »Okay. Das ist aber nett.«

Hier fehlte von Anfang an die offene Kommunikation. Sie hatte nicht gelernt, ihre Bedürfnisse auszusprechen. Und obwohl ihr Freund immer wieder nachfragte, warum sie denn nicht mehr so häufig komme, suchte sie nach Ausreden, um einem (vermutlichen) Konflikt zu entgehen. Die Möglichkeit, dass ihr Partner froh sein könnte, wenn er herausfände, warum sie nicht öfter kommt, kam ihr gar nicht erst in den Sinn. Ebenso wenig, wie ihm zu sagen, dass sie ein eigenes Zimmer bei ihm für sich brauchte.

Zusätzlich gilt: Wenn wir eine Partnerschaft verlassen wollen, zu der auch Kinder gehören, die ihr Herz für uns geöffnet haben, sollten wir unseren Einfluss auf sie nicht unterschätzen. Völlig sang- und klanglos zu verschwinden kann über Jahre Trauer bei ihnen nach sich ziehen:

Sie war schon 25 Jahre alt und hatte doch jedes Mal Tränen in den Augen, wenn jemand sie auf ihren Stiefvater ansprach. Ihre Mutter hatte sich von ihm kurz vor ihrem acht-

zehnten Geburtstag getrennt. Und seit der Zeit hat er sich nicht wieder bei ihr gemeldet. Sie versuchte es zweimal. Jedes Mal öffnete sie ihr Herz, zeigte ihm, wie sehr er ihr fehlte, und jedes Mal versprach er, im Kontakt mit ihr zu bleiben – und tat es aber nicht.

Wenn wir über eine Trennung nachdenken, in der es auch Kinder gibt, die zwar nicht unsere eigenen sind, die uns aber trotzdem ans Herz gewachsen sind, ist es der Mühe wert, darüber nachzudenken, wie wir uns in Zukunft verhalten wollen: Können und wollen wir Kontakt halten? Wie kann das aussehen? Was wollen die Kinder? Soll es eine graduelle Verabschiedung geben? Muss es überhaupt eine Verabschiedung der Kinder geben? Kann ich trotzdem eine Art Tante oder Onkel bleiben? Hierbei gilt es natürlich auch zu berücksichtigen, dass die Kinder nicht in eine Zwickmühle geraten: Was ist für diese Situation für alle passend? Und dazu braucht es offene Gespräche. Mit allen Beteiligten.

Für manche ist die Trennung ein Weg,
Schmerzen zu beenden.
Für andere entstehen Schmerzen
durch die Trennung

Vielleicht hast du während des Lesens und Durcharbeitens in diesem Kapitel festgestellt, dass es in eurer Beziehung noch Gesprächsbedarf gibt oder eine therapeutische Begleitung für euch nützlich wäre. Es ist vielleicht für euch einen Versuch wert.

Während der Trennung

Eine Trennungsphase ist eine ganz besondere »Kennenlern-Phase«, die – bei uns selbst wie bei den anderen – Eigenschaften aktiv zutage fördert, die man zwar erahnt haben mag, aber so vielleicht doch noch nicht wahrgenommen hat. Das liegt natürlich an der hochemotionalen Zeit der Trennung. Wenn wir die Entscheidung zur Trennung getroffen haben – oder sie für uns getroffen wurde –, dann beginnt eine neue Zeitrechnung und ein neues Leben.

Wie bei allem, was neu ist, müssen wir uns erst einmal umstellen und in die ungewohnte Situation einfinden. Bekanntlich dauert das eine gewisse Zeit. Eine Trennung kann für manche ein emotionaler Super-GAU sein und für andere eine Befreiung. Und doch gilt für beide:

Wenn wir uns verlieben,
zeigen wir uns, wie wir gern sein möchten.
Wenn wir uns trennen,
zeigen wir uns, wie wir sind

Da kommen sie hoch: Die Ängste. Die Verletzlichkeiten. Die Wut. Die Rache. Die Verzweiflung. Die Trauer. Die Einsamkeit. Aber auch der Drang nach Freiheit. Der Wunsch nach einem Neuanfang. Die Sehnsucht nach Verständnis. Die Hoffnung auf schnelle Heilung – oder die Suche nach einer neuen Liebe, die uns aus dem Drama und dem Schmerz der alten löst.

In dieser Zeit der Trennung benötigen wir einen klaren Blick. Erforderlich ist es, Aktion und Folge aufzuzeigen. Spirituelle Wahrheiten zu vertiefen. Die eigenen Ängste zu erkennen und Mitgefühl für den anderen zu zeigen – den man mal geliebt hat und vielleicht auch weiterhin lieben kann. Die übergroße Emotionalität – nicht beobachtet, nicht erkannt – kann weit in die Zukunft Dramen verbreiten und ein gelungenes, entspanntes Leben verhindern.

Wir erinnern uns: Die meisten Gefühle reden wir uns ein, und wir haben eine Viertelsekunde, bevor aus einem Gedanken ein Gefühl wird.

Wir sprachen schon über Emotionen und wie leicht sie unser Leben übernehmen können. Gerade in der Zeit der Trennung ist es wichtig, sich selbst unter Kontrolle halten zu können und den anderen immer noch mit Respekt zu behandeln. Denn es stellt sich die Frage: Wo will ich in Zukunft mit dieser Beziehung – oder den Resten dieser Beziehung – hin?

Dabei gibt es einen großen Unterschied: Sind Kinder involviert oder nicht? Im Teil »Nach der Trennung« kommen noch Beispiele, die mit Kindern zu tun haben. Manchmal haben wir eigene, manchmal kommen wir in eine neue Beziehung, in der schon Kinder sind, manchmal können wir unterstützend Freund oder Freundin sein, wenn wir Trennungen beobachten, bei denen Kinder betroffen sind. Und manchmal ist es unsere eigene Kindheit, die von einer Trennung betroffen war und die noch Heilung braucht.

Sind keine Kinder da, dann mag es möglich sein, den anderen nie wiederzusehen. Man gibt die Nähe und die Liebe vollständig auf und orientiert sich um. Vielleicht war das Erleben so ungesund, dass dies der einzig mögliche Schritt ist: Gewalttätige, übergriffige oder sonst wie ungesunde Partner, die nichts dazugelernt haben oder wollen, deren Versprechungen ohne Wert sind und die nach einer kurzen Pause einfach wieder da weitermachen, wo sie vorher aufgehört haben – dazu bedarf es wie gesagt keiner weiteren Worte.

Obwohl gerade Frauen, die sich in solch einer Situation befinden, gern mehr darüber lesen wollen. Oft aber nicht, um das Erlebte zu begreifen, sondern auch mit dem hoffnungsvollen Wunsch, vielleicht doch noch einen Ausweg zu finden, bei dem die Beziehung gerettet werden kann. Dennoch:

Wenn etwas den Unterhaltungswert verliert,
kann es nicht länger in unserem Leben bleiben.
Punkt. Es gibt keine Ausnahmen

Das ist ein Ausspruch meines Lehrers Solano (gechannelt von dem Autor, Lehrer und Medium LD Thompson), den ich immer wieder als wahr überprüfen konnte. Wir werden von bestimmten Dingen in unserem Leben »unterhalten«. Das heißt nicht, dass sie uns amüsieren, sondern auf dem Level faszinieren, wie uns Krimis unterhalten. Sie sind nicht schön, aber wir fühlen uns danach erleichtert, denn der Körper schüttet – wenn alles vorbei ist – nach dem Adrenalin das Glückshormon Serotonin aus.

Wenn wir an einem bestimmten Typus von Beziehung kein Interesse mehr haben, also wirklich gelangweilt davon sind, dann wird das nicht mehr auftauchen. Wir ziehen es schlichtweg nicht mehr an.

Finden wir uns aber trotzdem in solch einer Beziehung wieder, dann bedeutet dies, dass irgendetwas daran uns noch »unterhält«. Das ist nicht leicht zu lesen und auch nicht leicht zu verdauen.

Vielleicht empfindest du dich als »die Gute«, und der andere ist zwangläufig »der Böse«. Und doch bist du in Bereichen (konträr) fasziniert von diesem Anderssein. Wenn dich das langweilt, wenn du das nicht mehr in deinem Leben haben willst – wirklich nicht mehr in deinem Leben haben willst! –, dann sagst du dazu auch nicht mehr Ja.

Sind wir also in einer gänzlich ungesunden Beziehung, dann gibt es nur zwei Sachen, die wir darüber wissen müssen: Ich war davon für eine Weile fasziniert, und sie ist ungesund.

Punkt.

Ja, auch der andere leidet. Ja, du kannst auch Verständnis dafür haben, dass etwas in seiner Kindheit nicht wirklich rundgelaufen ist oder Entscheidungen getroffen wurden, die ebenfalls nicht besonders günstig für ihn waren; und doch ist es nicht *deine* Aufgabe, das zu lösen. Es ist *seine* Aufgabe. Und solange *er* das nicht lösen will und nicht gelöst hat, kann und wird daraus keine gesunde Beziehung entstehen. Auf einem lahmen Gaul reitet es sich schlecht. Und ... erinnere dich an das Beispiel von dem Piloten.

Wie wahrscheinlich ist es, dass er das regelt? Diese Frage musst du dir selbst vor dem Hintergrund deiner Erfahrung mit ihm stellen: Geht er Probleme an und bemüht sich, sie zu lösen, und kommt er über das Bemühen aber nicht hinaus? Gibt es da klare, neue Tendenzen zu mehr Gesundheit? Verhält er sich schon in vielen Hinsichten anders? Und ... geht das in einem Tempo voran, sodass du den Erfolg auch noch erlebst, bevor du hundert bist – oder ist es eher wie in folgendem Beispiel?

Seine Stimmungsschwankungen waren legendär. Er konnte der charmanteste Mann unter der Sonne sein und kurz danach so verletzend, dass sie ihn nicht mehr wiedererkannte. Wenn er schlechte Laune hatte – und das passierte ein

Dutzend Mal am Tag –, war er ein Meister in verbalen Grausamkeiten. Da machte er selbst vor den intimsten Momenten nicht halt. Einmal warf er sie sogar während des Liebesspiels von sich und sagte: »Ich kann dein sabberndes Gesicht nicht mehr ertragen!«

Ihre Talente putzte er herunter, ihre Erfolge belächelte er. Alles, was andere an ihr schätzten und bewunderten, redete er klein.

Nach der ersten Trennung – sie war vorübergehend zu einer Freundin gezogen – flehte er sie an, wieder zu ihm zurückzukommen.

Er ging in Therapie. Hörte auf zu trinken. Bemühte sich.

Wenige Monate später erfuhr sie dann durch Zufall, dass er schon lange nicht mehr bei dem Therapeuten war und das alkoholfreie Bier wieder durch Wodka ersetzt hatte. Es war fast alles wieder beim Alten. Fast. Die verbalen Angriffe waren nicht mehr ganz so brutal, die Stimmungsschwankungen nicht mehr so zahlreich. Wann immer es nach einem Streit ein klärendes Gespräch gab – bei dem er alles verstanden zu haben schien und schwor, sich zu bessern –, sagte er am Schluss regelmäßig treuherzig: »Aber ich bin doch schon so viel besser geworden!«

Ja. Das stimmte. Und sie nickte. Verständnisvoll. Er hatte sich ja auch wirklich gebessert.

Aber reichte das?

Es reichte nicht, und nach einer gewissen Zeit trennte sie sich wieder von ihm. Sie kam ein zweites Mal zurück, und das Ganze ging erneut von vorn los: Therapie. Alkoholfreies Bier. Nach ein paar Wochen wieder keine Termine mehr beim Therapeuten und Hoch- statt Nullprozentiges. Dieses Mal wartete sie nicht wieder so lange. Sie wusste, was passieren würde. Sie kannte das Ergebnis bereits.

Als sie das letzte Mal auszog, sagte sie ihm nur: »Du behauptest, du hättest dich gebessert. Das stimmt auch. Aber ob jemand täglich zehn Autos zu Schrott fährt oder ›nur‹ noch zwei, es sind einfach immer noch viel zu viele kaputte Autos!«

Um sich aus gänzlich ungesunden Beziehungen zu befreien, brauchen wir unter Umständen Hilfe von außen: Familie, Freunde, Polizei, Familienfürsorge, Kinder- und Jugendamt. Es ist schwer, das allein zu schaffen. Bist du in solch einer Situation, such dir Unterstützung:

Sie verließ ihn, als er während einer Geschäftsreise auf einem anderen Kontinent war. Anders hätte sie das nicht geschafft. Sie wusste, dass dies nicht ideal war, aber sie hatte zu viel Angst vor ihm und keine Idee, wie sie das sonst hinkriegen sollte. Ihr Bruder war dabei, als sie die Sachen der Kinder zusammenpackte. Die Beziehung war bereits sehr lange zutiefst ungesund. Obwohl er schon immer gern den Ton angegeben hatte, war es in den letzten Jahren infolge seines außergewöhnlichen Medikamentenkonsums immer schlimmer geworden. Seine Frustration über den Beruf und die strauchelnde Karriere ließ er an ihr aus. Verbale Attacken vor den Kindern waren an der Tagesordnung. »Ihr müsst nicht auf sie hören. Ich zahle hier alles!« Was gar nicht stimmte, denn ihren Lebensstil finanzierten seine sehr vermögenden Eltern.

Sie hatte all ihr Selbstbewusstsein verloren und schlich durch ihr eigenes Zuhause wie ein geprügelter Hund. Sie hatte jetzt nach Jahren verstanden: Es war nicht nur ihre Schuld, dass sich die Ehe in diesem Zustand befand – wie er ihr immer wieder vermitteln wollte –, sondern sie war eindeutig mit einem Narzissten verheiratet, der sie massiv manipulieren konnte. Sie sah, was diese Situation mit den Kindern machte, und befürchtete auch bei ihnen bleibende Schäden. An ihrem jüngsten Sohn entdeckte sie beispielsweise, wie er alle Mädchen geringschätzig als »dumm«

und »blöd« bezeichnete. Auch vor ihr ließ er es an jedem Respekt mangeln.

Sie musste sich Geld leihen, um sich ein Zuhause für sich und die Kinder zu mieten. Zwei studierten. Drei waren noch daheim. Die Scheidung hätte dramatischer nicht sein können: Sie traf die volle Wucht seiner Aggression. Alle Konten wurden gesperrt. Alle ihre persönlichen Besitztümer (Kleidung, Fotoalben, Andenken und so weiter) warf er weg. Er bezeichnete sie öffentlich als Alkoholikerin und Egomanin. Erzählte, dass er es war, der schon seit Jahren alle Aufgaben in der Familie übernommen hätte, weil sie völlig unfähig sei. Der älteste Sohn zog sich entsetzt zurück und warf ihr vor, die Familie zu zerstören. Sie wurde mit Anwaltsbriefen überschüttet, und er drohte ihr mit dem Ziel, das alleinige Sorgerecht für sich zu haben.

Die Kinder manipulierte er abwechselnd, indem er Mitleid erheischte, ihnen Vorwürfe machte oder teure Geschenke brachte. Er versuchte mit allen Mitteln, sie dazu zu bringen, dass sie die Mutter ablehnten. Freunde der Familie versuchten zu vermitteln, kamen aber durch die Wand seines Zorns nicht hindurch.

Sie weinte oft. Haderte mit ihrer Entscheidung, gegangen zu sein. Machte sich große Sorgen, ihren ältesten Sohn verloren zu haben. Saß in der neuen, ungemütlichen Wohnung und wusste nicht weiter. Sie befürchtete, ihren früheren Beruf nach 25 Jahren Pause nicht wieder ausüben zu können. Und wenn sie von Freunden hörte, dass auch diese Periode vorbeigehen würde, konnte sie es gar nicht glauben. Es war ihre dunkelste Zeit, und doch wusste sie, dass sie die Ehe nicht länger überlebt hätte.

Zwei Jahre später: Die Ehe war geschieden, das Sorgerecht auf beide übertragen. Die Schwiegereltern hatten sich nach dem langen und teuren Rosenkrieg schließlich eingemischt und für eine anständige finanzielle Regelung gesorgt. Das Verhältnis zum ältesten Sohn war wieder nah. Die jüngeren Kinder waren wo-

chenweise in ihren und in seinem Zuhause. Sie hatte einen jugendlichen Liebhaber und begann gerade als Innenarchitektin in einem neuen Beruf Fuß zu fassen. Vor Kurzem wurde der Schwiegervater öffentlich geehrt, und dazu war auch sie wieder mit eingeladen. Sie weiß, dass es für sie besser ist, einen gesunden Abstand zu ihrem Ex-Mann zu halten, doch neuerdings gibt es ein höfliches Miteinander, wenn sie sich treffen. Er ist mittlerweile gesundheitlich sehr angeschlagen, und das hat ihn nachdenklicher und milder werden lassen. Als der mittlere Sohn sein Abitur machte, lud der Vater die ganze Familie und auch sie zur Abiturfeier ein. Das war das erste Mal seit der Trennung. Der Abend verlief ohne schmerzliche Zwischenfälle.

Für viele mag das in der Trennungszeit ein völlig illusorischer Gedanke sein: ohne Aggression oder Streit jemals wieder Zeit mit dem Ex zu verbringen. Und das ist auch kein Wunder. Spricht doch die aktuelle Erfahrung eine ganz andere Sprache. Und dennoch ist es selbst bei schwierigen Trennungen möglich, später weiterhin, wenn schon nicht befreundet zu bleiben, so doch wenigstens respektvoll miteinander umgehen zu können.

Deshalb gilt es, gerade am Anfang der Trennung bestimmte »Eskalationspunkte« zu vermeiden, die garantiert Probleme schaffen. Ich habe eine Freundin, Dr. Birgit Schoeller, Scheidungsanwältin und Mediatorin, dazu befragt (siehe auch das vollständige Interview mit ihr im Anhang). Solche Eskalationspunkte seien etwa die folgenden: Ein Ehepartner höre unangekündigt auf, Unterhalt zu zahlen. Einer räume ein gemeinsames Konto ab. Ein Ehepartner konfrontiere die Kinder sofort mit einem neuen Partner.

Meistens komme der eine mit der Trennung schneller zurecht als der andere, der vielleicht noch gar nicht so weit sei. Es sei auch wichtig, den anderen nicht zu lange im Ungewissen zu lassen, denn daraus entstünden oft Unsicherheiten und Missverständnisse, weil man miteinander auch gar nicht mehr so gut reden könne in dieser Phase. Damit könne man selbst schon viel tun, damit die Trennung einen guten Weg nehme.

Da Patchworkfamilien bekanntlich keine Seltenheit mehr sind, gibt es in unserem Umfeld vielleicht auch Vorbilder, die uns inspirieren können, wie wir mit den unterschiedlichen Gegebenheiten umgehen. Wenn wir gemeinsame oder geschenkte Kinder haben, geht das über unsere Zweierbeziehung hinaus. Und allein unseren Kindern zuliebe ist es hilfreich, wenn wir uns aufmerksam, respektvoll und liebevoll verhalten.

Ist das leicht? Meistens nicht. Der Anfang der Trennung rumpelt. Da gibt es nun mal Schmerzen, Verletzungen und Trauer. Wir fühlen uns eventuell benachteiligt, schlecht behandelt oder wurden betrogen. Wir haben vielleicht selbst ein schlechtes Gewissen. Da ist ein enormes Auf und Ab. Der andere kommt plötzlich glücklich mit einer neuen Partnerin um die Ecke, und wir sollen das alles auf einmal verdauen? Zusammen mit unserer eventuellen Angst vor der Zukunft, der Unsicherheit, wo wir wohnen werden, wie wir das mit den Kindern regeln und wie wir unsere finanzielle Sicherheit gestalten?

Dies ist eine Ausnahmezeit
Sie geht vorbei

Diese Tatsache können wir uns auf einem Zettel notieren und ihn an den Badezimmerspiegel kleben. Manchmal befürchten wir, dass diese Situation so bleiben oder sich verschlimmern wird. Immer wieder spielen wir in Gedanken den »schlimmsten Fall« durch.

Das ist aber nur ein einziges Mal wirklich nützlich: Es beruhigt uns, wenn wir uns das einmal vorstellen und dann nach Lösungsmöglichkeiten forschen beziehungsweise erkennen, dass dieses »Worst Case«-Szenario höchst unwahrscheinlich eintreten wird und dass wir *selbst dann noch* in der Lage wären, auch eine solche Situation zu bewältigen!

Vorstellen, was wir wollen, statt was wir nicht wollen

Während einer Trennung ist es stets hilfreich, sich zu vergegenwärtigen, wie denn stattdessen das *ideale* Szenario aussähe, bei dem alle Familienmitglieder sich immer noch treffen, gemeinsam Zeit verbringen dürfen und niemand ausgegrenzt wird. Da werden auch nicht plötzlich Oma und Opa von den Enkelkindern getrennt, sondern es finden keine Machtkämpfe statt, Aggressionen und Seitenhiebe unterbleiben.

Das erfordert Disziplin, denn unsere Angst, unsere Sorge mag unsere Gedanken immer wieder in den »schlimmsten Fall« leiten. Ich erinnere mich da beispielsweise an die zum Teil schmerzhaften Streitereien, in die mein früherer Mann und ich während der längeren Trennungsphase überraschenderweise gerieten, weil der Einfluss durch seine neue Freundin größer geworden war. Plötzlich erlebten wir ein Hin-und-her-Zerren in Hinblick auf unsere Tochter, besonders bei Aspekten, die mit der Schule und den schulischen Leistungen zu tun hatten (was selbst bei Eltern, die sich in keiner Paarkrise befinden, eine solche auslösen kann). Während dieser Zeit stellte ich mir immer wieder bewusst vor, wie ich unsere Zeit der »Nach-Ehe« denn langfristig erschaffen möchte: Die gemeinsame Zeit sollte harmonisch sein. Wir alle haben uns in der Situation entspannt. Das häusliche Leben ist geklärt. Humor und Gelächter sollen wieder stattfinden dürfen. Die Dramen sind aufgelöst, die Finanzen aufgeräumt. Je öfter wir uns das vorstellen und das auch miteinander besprechen, desto klarer gibt es einen Weg, den wir sozusagen schon als Ziel gemeinsam gehen können.

Klar dauert das eine Weile, denn es gibt ebendiese Triggerpunkte, bei denen unsere Knöpfe gedrückt werden und wir leicht emotional hochgehen. Sich da immer wieder »herunterzuholen«, Pausen zu machen, räumlich Abstand einzunehmen, tief ein- und auszuatmen, sich von außen zu betrachten – all das erfordert eine große Wachheit und … Übung.

Manchmal wollen wir auch in die Luft gehen. Da ist diese innere Stimme, die uns sagt: »So, und jetzt zeig ich dem mal, dass ich auch anders kann!«

Da waren wir alle schon mal. Und das lässt zwar den Dampf ab, aber hilfreich ist es selten. Wir erinnern uns: Alles, was wir immer wieder an Verhalten an den Tag legen, trainieren wir durch die jeweiligen Wiederholungen. Wenn wir uns jetzt stattdessen antrainieren, uns zu entspannen, wird sich in Zukunft sicher unser ganzes System leichter entspannen lassen.

Wie ist denn unsere Idealvorstellung? Und ist sie ideal für alle? Dabei geht es nicht darum, dass wir auf welche Art und Weise auch immer »gewinnen«. Wenn wir zum Beispiel in der Trennungsphase die Kinder am liebsten immer bei uns hätten, gilt es, Faktoren zu beachten, die gelegentlich unberücksichtigt bleiben: Die Kinder sind weder mein Eigentum noch mein Trostpflaster, und sie haben ihre eigenen Bedürfnisse. Sie möchten außerdem in der Regel beide Elternteile beziehungsweise bisherige Bezugspersonen behalten.

Was wir allerdings an dem Wunsch, die Kinder bei uns zu haben, erkennen können, ist, dass wir uns ohne sie einsam fühlen – und es unsere Seelenhausaufgabe ist, mit dieser »Einsamkeit« zurechtzukommen respektive uns wieder auf uns selbst zu besinnen. Außerdem ist es geradezu notwendig zu erkennen, dass wir uns während und nach der Trennung nicht bei ihnen anlehnen dürfen:

Als der dreizehnjährige Sohn vom Campingurlaub mit dem Vater zurückkam, sah er besorgt aus.

»Was ist denn los?«, fragte ihn seine Mutter.

»Der Papa liebt dich noch. Er ist ganz furchtbar traurig, und ich glaube, er möchte wieder zurück. Kann er nicht wieder zurückkommen?«

Die Mutter versuchte, sich den Schrecken über das Verhalten ihres Noch-Ehemanns nicht anmerken zu lassen. »Ich liebe deinen Papa auch. Aber wir haben gemeinsam beschlossen, dass wir uns räumlich trennen. Wir werden immer eine Familie bleiben. Wir sind weiterhin deine Eltern. Aber du weißt selbst, wie anstrengend die letzten Jahre für uns alle waren, als wir noch zusammenlebten.«

Der Sohn nickte schweigend.

Am Abend rief sie den Vater an und erzählte ihm, was der Sohn ihr gesagt hatte. »Wir haben beide beschlossen, ihm zu sagen, dass dies eine gemeinsame Entscheidung war. Wenn du das nicht mehr möchtest, lass mich das wissen, dann sag ich ihm, dass die Trennung von mir ausgegangen ist. Ich verstehe, dass du traurig bist. Das bin ich auch. Aber bitte besprich dich darüber mit deinen erwachsenen Freunden und nicht mit unserem Sohn. Er kann mit seinen dreizehn Jahren weder dein noch mein Therapeut werden. Es ist nicht seine Aufgabe, dass wir uns bei ihm ausweinen.«

Sie ließ ihm Zeit, das Gesagte zu verdauen. Sie wartete ruhig am anderen Ende der Leitung.

Nach einer Weile hörte sie ihn laut atmen: »Ich kümmere mich darum. Ich werd gleich mit ihm reden.«

Nach ein paar Minuten rief er seinen Sohn an: »Ich wollte dir nur sagen, dass ich natürlich immer deine Mama lieben werde, aber ich weiß auch, dass das nicht besser mit uns geworden wäre. Ich krieg das schon hin. Das ist einfach die Phase der Trauer, und es tut mir leid, dass ich dich da mit reingezogen habe. Du musst dir keine Sorgen um mich machen. Ich bin schon groß. Wir treffen uns am Mittwoch zum Tennis, okay?«

Die Tendenz, sich bei unseren Kindern anzulehnen, ist eine Gefahr. Unsere Kinder werden damit zum Partnerersatz und sind überfordert. Wir als Erwachsene haben die Aufgabe, uns bei denen Unterstützung zu holen, die stabil und reif genug sind, uns weiterzuhelfen. Unsere Kinder sind das nicht, es kann Folgen für sie haben, die sie bis ins Erwachsenenalter beeinträchtigen:

An dem Tag, als mein Vater uns verließ, zog ich zu meiner Mutter ins Schlafzimmer. Ich war sieben Jahre alt und wurde ab da »mein kleiner Mann« genannt. Oft hörte ich sie nachts weinen, und dann umschlang sie mich und strich mir dauernd über den Kopf. Noch heute reagiere ich mit Unbehagen, wenn mir jemand über den Kopf streicht.

Nach der Trennung von meinem Vater hatte meine Mutter nie wieder eine Männerbeziehung – soweit ich das beurteilen kann. Sie sagte immer: »Ich habe ja dich!« Meine Mutter war sehr fragil und auch oft krank. Verstehen Sie mich nicht falsch, da gab es keine sexuelle Annäherung seitens meiner Mutter, aber ich fühlte mich trotzdem irgendwie vergewaltigt.

Als ich dann mit vierzehn endlich wieder in meinem eigenen Zimmer schlafen wollte, war sie beleidigt. Und bei meinen Freundinnen wusste man nie, wie sie damit umgeht. Manche bemutterte sie, manche trieb sie aus dem Haus. Also, einfach war das nicht.

Erst in Therapie, da war ich schon vierzig, habe ich verstanden, dass ich immer der perfekte Mann sein sollte. Ich durfte kei-

ne Fehler machen – wie in den Augen meiner Mutter mein Vater Fehler gemacht hat –, und bis heute will ich niemanden enttäuschen.«

Eine Herausforderung während einer Trennung ist, dass Kinder, Freunde oder Verwandte »auf unsere Seite« gezogen werden sollen. Das mögen relativ geringfügige Zustimmungsbekundungen sein, etwa wenn wir die Augen rollen und sagen: »Du weißt ja, wie er ist.« Aber auch massive Angriffe auf die Person des Vaters beziehungsweise der Mutter. Natürlich haben wir den Wunsch, verstanden zu werden, doch dürfen wir nicht aus dem Blick verlieren, dass zu einer Beziehung und deren Trennung immer zwei gehören. Und wenn wir mittlerweile wissen, warum wir uns gewählt haben, weswegen wir zusammen waren und wozu wir was erlebt haben, mag uns hoffentlich auch das leichter fallen.

Meistens beginnt solch ein Verhalten schon lange vor dem Aus einer Beziehung und kommt dann während der Trennung massiv nach oben. Am liebsten ist es uns, wenn es nicht nur Mitgefühl für unsere Situation gibt, sondern eben auch noch die Bestätigung, dass wir das »Richtige« tun. Dazu wollen wir zeigen, wie wir gelitten haben.

Das ist zwar verständlich, birgt aber diverse Probleme. Ich erinnere mich noch daran, dass ich einmal im Restaurant saß – wir waren noch vor einer Trennungsphase, aber schon mitten in diversen Krisen – und ich mich im Beisein meines damaligen Partners bei unseren Freunden über ihn beschwerte. Ich wollte meinen Freunden zeigen, wie anstrengend mein Leben an seiner Seite war. Und da ich das Gefühl hatte, er hörte mich nicht, wenn ich das mit ihm allein besprach, tat ich es vor versammelter Mannschaft.

Ein Aspekt von mir fühlte sich zwar nicht gut damit, aber ein anderer kam gerade richtig in Fahrt. Obwohl ich versuchte, sein

Verhalten in eine lustige Anekdote zu packen, war doch mein Angriff auf sein Verhalten eindeutig.

Später konnte ich das bei anderen Paaren beobachten. Wenn ich zu einem bestimmten Paar zu Besuch kam, dann erzählten mir beide, was denn der andere sich schon wieder geleistet hätte. Da ich da schon meine eigenen Hausaufgaben gemacht hatte, weigerte ich mich mitzuspielen. Ich sagte nur so etwas wie: »Anscheinend habt ihr Gesprächsbedarf. Ich spiele in der Zwischenzeit mit eurer Tochter«, und verzog mich ins Kinderzimmer.

Den Wunsch, von den Menschen in unserem Umfeld verstanden zu werden, müssen wir aufmerksam beobachten. Wann immer wir uns dabei ertappen, dass wir besser dastehen wollen als unser Partner, sind wir in der »Verständnisfalle« gelandet.

Ist das denn so abwegig oder schlimm, Verständnis zu suchen? Nein. Aber nicht auf Kosten des anderen. Das ist ein Unterschied. Sie kann sagen: »Wir beide versuchen unser Bestes, aber wir kriegen das nicht hin. Ich habe das Gefühl, ich muss mich um alles kümmern, und er sagte, dass ich in seinen Augen nur noch meckere.« Statt: »Mein Mann ist ein Idiot! Er denkt nur an sich und kann sich keinen Millimeter bewegen! Und als Vater glänzt er sowieso meist durch Abwesenheit. Ich dagegen versuche alles, und nichts findet seine Anerkennung.«

Machen wir einen Elternteil schlecht, dann kommen Kinder in die Zwickmühle: Einesteils wollen sie den abwesenden Elternteil verteidigen, andererseits wollen sie uns nicht enttäuschen. Sie fühlen sich hin- und hergerissen und haben das Gefühl, sich zwischen zwei Menschen, die sie lieben, entscheiden zu müssen. Es ist de facto genauso unmöglich, wie sich für den rechten oder linken Arm zu entscheiden. Wir wollen beide behalten.

Die Kinder werden irgendwann einmal erwachsen sein und sich – wie wir es auch getan haben – mit ihrer Kindheit und Vergangenheit auseinandersetzen. Wir sind für diese Kindheit mitverantwortlich. Und es ist uns hoffentlich bewusst, dass unsere Kinder eventuelle Manipulationsversuche, die wir während der Trennungsphase und darüber hinaus ausüben, später klarer erkennen können, besonders wenn sie sich deswegen vielleicht irgendwann einmal in der Therapie wiederfinden.

Sie wünschte sich eine große Hochzeit mit allem Drum und Dran. Doch da gab es ein Problem beziehungsweise zwei: ihre geschiedenen Eltern, die seit zwanzig Jahren nicht mehr miteinander redeten. Die Vorstellung, sie gemeinsam auf ihrer Hochzeit zu sehen, schickte Schockwellen durch ihren Körper. Obwohl die Mutter wie auch der Vater wieder verheiratet waren, wusste sie aus Erfahrung, dass von ihnen keine versöhnlichen Schritte zu erwarten waren. Und so begab sie sich nach langem Nachdenken auf die Reise, um beide und ihre jeweiligen Ehepartner zu besuchen.

Es war ein kurzer Besuch. Zu beiden Paaren sagte sie das Gleiche: »Ich bin nur gekommen, um euch beiden beziehungsweise euch vieren Folgendes zu sagen: Ich spiele nicht mehr mit. Ich werde in fünf Monaten heiraten und möchte meine Eltern gern auf meiner Hochzeit haben, aber nur wenn ihr euch für mich freut und euch angemessen verhalten könnt. Kein Drama, keine augenrollenden Blicke, keine zynischen Bemerkungen. Selbstverständlich sitzen wir am Familientisch alle zusammen, und da werdet ihr dann auch die Schwiegereltern kennenlernen, die übrigens ebenfalls geschieden sind und sich ausgezeichnet vertragen. Wenn das möglich ist, seid ihr herzlich eingeladen. Wenn nicht, bleibt bitte zu Hause. Ihr könnt sicher sein, ich werde euch bitten zu gehen, wenn ich irgendetwas in der Richtung erspüre.« Um ihre Entschlossenheit zu unterstreichen, stand sie nach ihren Worten auf und ging.

Die Nachricht an ihre Eltern war klar: Das ist meine Bedin-

gung, und die werde ich nicht diskutieren. Sämtliche Telefonate danach würgte sie ab. Wie sie es sich selbst versprochen hatte: Sie spielte nicht mehr mit.

Alle vier kamen zur Hochzeit. Was die Braut erst am Hochzeitsabend erfuhr, war, dass ihre Eltern sich in den letzten Monaten getroffen hatten. Mehrmals. Beide hatten sich dermaßen in der Vergangenheit festgebissen, dass es ein paar Gespräche brauchte, bis sie sich wieder daran erinnern konnten, was sie mal verband. Und darüber konnte am Hochzeitsabend sogar einmal herzlich gelacht werden …

Grenzen setzen

Hier hat die Tochter die Grenzen gesetzt: Ich spiele nicht mehr mit. Bis hierher und nicht weiter. Sie war klar. Eindeutig. Das ist für viele nicht leicht. Wenn es schon während der Ehe eine Herausforderung für uns war, »Grenzen zu setzen« und uns »selbst zu schützen«, dann wird uns die Zeit während der Trennung zum zusätzlichen Übungsfeld. Das geht hier wahrscheinlich weiter, auch nach dem Aus – es sei denn, wir haben das bereits vor der Trennungsphase verstanden und umgesetzt.

Klarheit hilft. Ich muss mein Veto nicht gleich wie mit dem Fallbeil vortragen – obwohl manche Mitmenschen nur ein sehr energisches Nein verstehen. Ist das nämlich jemand, der gern Grenzen auslotet, sie auch gerne überschreitet, und sei es nur versuchsweise, dann sind klare Abmachungen erforderlich, die ihm in der Konsequenz auch einiges an Mühe abverlangen können. Ist es allerdings jemand, der vielleicht ab und zu mal was aus Schusseligkeit verbaselt, dann muss man nicht gleich mit der Kavallerie anrücken.

Wir haben das Recht auf unser Selbstwohl und auf Selbstschutz

Dieses Recht zu verteidigen ist für einige von uns die größte Herausforderung. Besonders Menschen, die stets ein ausgeprägtes Mitgefühl und immer Verständnis für andere haben – sich also leicht in Situationen und Zustände hineinversetzen können –, sehen jedes Mal auch wieder die andere Seite: »Ja, das kann ich schon verstehen, dass er so schnell gereizt ist. Das ist ja auch kein Wunder bei …« Trotzdem müssen wir uns da rückbesinnen auf das, was wir in unserem Leben erschaffen möchten. Wir sind nicht gleich krankhaft egoistisch, wenn wir unser Dasein so gestalten, wie wir es gern hätten. Sondern wir sorgen dafür, dass wir uns selbst wohlfühlen, ohne jemandem Schaden zuzufügen. Das empfinden wir nur dann als »nicht richtig«, wenn uns das als egoistisch suggeriert worden ist. Der Unterschied zwischen unterstützender Liebe und co-abhängiger Aufopferung wird dann nicht immer erkannt:

Ihr Bruder leidet schon seit Jahren an schweren Depressionen, und sie ist die Einzige, mit der er in der Familie noch Kontakt hält. »Eigentlich« studiert er noch, doch dafür hat er schon lange nichts mehr getan. Sie ist mittlerweile berufstätig und bekommt von ihm Kurznachrichten übers Handy: was er braucht und was sie ihm besorgen soll. Denn er hat keine Kreditkarte mehr und kann sich einiges nicht selbst bestellen. Sein Leben besteht aus Warten auf ihre Antworten. Wenn sie nicht sofort reagiert, meldet er sich mit drei Fragezeichen. Bei der dritten Fragezeichen-SMS spürt sie schon, wie es aus dem Telefon herausbrodelt. Sie traut sich kaum mehr, es aus der Hand zu legen, denkt fast dauernd über ihn nach und fühlt sich hilflos, wenn sie darüber nachdenkt, wie das denn alles weitergehen soll.

Immer wieder versucht sie, ihn aufzumuntern, bietet ihre Hilfe an, schlägt neue Möglichkeiten vor, doch er ist nicht bereit, darauf einzugehen.

Sie merkt den Sog nach unten und weiß, dass sie sein Leben nicht mehr so intensiv begleiten darf.

Sie versucht immer mal wieder, vorsichtig Grenzen zu setzen. Das klappt nicht so, wie sie sich das erhofft hatte. Einmal hat er sich für drei Tage nicht mehr gemeldet, und sie befürchtete schon, er habe sich etwas angetan, und fuhr die hundert Kilometer zu ihm, um nach ihm zu sehen.

Er macht ihr regelmäßig massive Vorwürfe, sie verhalte sich nicht mehr wie seine Schwester und denke nur noch an sich und ihr »frivoles Leben«: »Ich dachte, wenigstens auf dich könnte ich mich verlassen!«, schleudert er ihr entgegen.

Und dann vergisst sie wieder für eine Weile, dass auch sie das Recht auf ein eigenständiges Leben hat, so groß ist ihre Angst um ihn.

»Ich dachte, wir sind Geschwister, und wir gehen diesen Weg gemeinsam – so kann man sich täuschen«, schrieb er ihr, als sie wieder einmal versucht hatte, sich zu erklären, warum sie nicht sofort hatte antworten können.

Sie überlegte lange, wie sie darauf reagieren sollte, und als sie sich schließlich dazu durchgerungen hatte, für eine Klärung zu sorgen, traf sie sich mit ihm.

Sie nahm seine Hand, schaute ihm unbeirrt in die Augen und sprach: »Du bist mein Bruder, und ich liebe dich. Du hast gesagt, du hoffst, dass wir unseren zukünftigen gemeinsamen Weg zusammen gehen. Was hier abläuft, ist aber kein gemeinsamer Weg. Das ist dein Weg. Ich kann diesen Weg nicht mit dir gehen. Du willst in den Keller, und da will ich nicht hin. Wenn du in die andere Richtung gehen willst, lass es mich wissen, dann werde ich dich unterstützen.

Das Gefühl, für das Leben des anderen verantwortlich zu sein – ob es nun um einen Verwandten oder einen labilen Partner geht, von dem wir uns gerade trennen –, kann uns dazu verleiten, »alles« für ihn zu tun. Was würde passieren, so fragen wir uns, wenn er sich wirklich umbringen würde?

Im Leben des Bruders ist die Angst, die Sorge, die Verzweiflung über den jetzigen Zustand so groß geworden, dass ein Aspekt von ihm befürchtet, dieser jetzt erlebte Zustand würde sich nie mehr ändern. Nie mehr! Je größer die Verzweiflung darüber wird, je mehr sieht man die Situation durch die Augen der Persönlichkeit, und je dunkler die Zukunft erscheint, desto verlockender scheint die Selbsttötung als Antwort auf diese Hoffnungslosigkeit und die einzige Möglichkeit, dieses Gefühl loszuwerden.

Im Leben der Schwester ist eine Co-Abhängigkeit aufgetreten. Sie hat die Verantwortung über sein Wohlgefühl übernommen und verzweifelt daran, dass es ihr nicht gelingt, ihn aus seinem Keller zu holen. Häufig wird darüber nicht einmal gesprochen. Die Schwester versucht es mit Aufmunterungen oder: »Das wird schon wieder!« Das ist aber kein wirklicher Austausch.

Wir müssen also erst einmal wirklich verinnerlichen, dass wir nicht für ein anderes Leben (außer von nicht erwachsenen Kindern) verantwortlich sind. Wie könnte sich dann ein wirklicher Austausch anhören?

»Ich möchte von dir wissen, ob du sterben möchtest?«, sprach sie ihn nun direkt darauf an, als er mal wieder für Tage nicht aus dem Bett kam. »Fällt es dir so schwer weiterzuleben?«

Wir können für andere nicht mehr wollen, als sie selbst wollen

Erforderlich ist die eigene Bewegung des Betreffenden, das eigene Wollen, um aus seinem Keller herauszukommen. Natürlich können wir ihn dabei unterstützen, aber wir können ihn nicht an den Haaren nach oben ziehen. Kaum ließen wir oben los, würde er wieder abgleiten.

Es ist seine Entscheidung, wie er sein Leben gestalten will, und auch, ob er es behalten will. Es liegt letztlich nicht in unserer Macht, den Suizid eines anderen zu verhindern. Wir können bis zu einem gewissen Grad versuchen, ihn davon abzuhalten, oder dafür sorgen, dass er professionelle Hilfe bekommt. Aber es ist nicht unsere Schuld, wenn es trotzdem passiert.

Denn wirklich geben können wir nur aus der Fülle und nicht, wenn es bereits an die Substanz geht. Sind wir bis zur Erschöpfung geschwächt, dann haben wir nichts, was wir hergeben können. Wie das Herz sich erst einmal selbst durchbluten muss, um alle anderen Körperbereiche versorgen zu können, müssen auch wir uns erst einmal selbst wieder auffüllen, um dann »aus der Fülle« geben zu können. Und genau dazu ist es erforderlich, ab einem gewissen Punkt klare Grenzen zu setzen.

Je selbstverständlicher wir für unser eigenes Wohlbefinden und unsere eigene Fülle sorgen, desto stabiler bleibt unser energetisches Feld. Dann werden wir der »Fels in der Brandung«. Allein durch unsere Gegenwart können sich Dramen beruhigen. Wir sind klar in unseren Aussagen. Selbst wenn um uns herum Aufruhr herrscht, lassen wir uns davon weder mitreißen noch anstecken.

Doch kommen wir jetzt zu einem weiteren Thema, das uns möglicherweise bereits während der Trennungsphase beschäftigt.

Wie beschaffe ich mir eine neue Familie?

Da stehen wir nun vor den Trümmern unserer Gemeinschaft. Einige machen dann schon *während* des Auflösungsprozesses der Beziehung das, was man auch vielfach bei Naturkatastrophen beobachtet kann: Sie planen einen schnellen und zügigen »Wiederaufbau« oder haben ihn bereits in die Wege geleitet, bevor die alte Beziehung faktisch beendet worden ist.

Aber wird das wirklich so nützlich sein?

Angenommen, unser Haus steht in einer Risikozone. Beziehungsweise, da *stand* unser Haus. Bis das Hochwasser dann tatsächlich kam. Wenn wir es nun einfach an derselben Stelle wiederaufbauen, ohne zu berücksichtigen, warum dieses Haus überschwemmt wurde, dann ist es sehr wahrscheinlich, dass uns das Gleiche wieder passieren wird. Eine solche Naturkatastrophenstrategie hat auch in Trennungen ihre Tücken.

Sie sagte ihrem Mann am Vormittag, dass sie ihn endgültig verlassen würde, und für den nächsten Tag hatte sie bereits eine Reise mit dem neuen Partner und ihren Jungs gebucht. Sie war verliebt. So verliebt, dass sie nicht mehr klar denken konnte. Den neunjährigen Zwillingen erzählte sie, dass sie sich in deren Vater lange getäuscht habe und ihn nie hätte heiraten sollen, dass der neue Mann aber ganz toll und die Liebe ihres Lebens sei.

Eine Freundin flehte die Neuverliebte an, die Jungs wenigstens während der Reise beim Vater zu lassen. »Lern ihn doch erst einmal kennen!« Aber das ging nicht. Es war schon alles gebucht. Und sie hatte den Jungs ja schon von der Südafrikareise erzählt.

Die Kinder schienen es auch gut zu verdauen. Jedenfalls hätten sie nichts gesagt, und sie würden sich ja schon auf die Reise zu den Elefanten freuen.

Wie es ausging?

Die neue Beziehung hielt drei Monate, und sie ging wieder zu ihrem Mann zurück. Das allerdings nur für ein paar Jahre. Dann trennte sie sich von ihm. Dieses Mal endgültig.

Die Hoffnung auf eine sofortige »neue« Familie ist groß, und von den Kindern wird erwartet, dass sie sich dem fügen. Was allerdings zeigen wir ihnen mit diesem schnellen Wechsel? Männer sind austauschbar. Trauer hat keinen Platz. Neues Glück ist der Weg, um Trauer zu überwinden. Und dann gibt es noch diesen Grundton: Wie könnt ihr traurig sein, wo ich doch endlich wieder glücklich bin?

Würden wir uns über das neue Glück unseres früheren Partners freuen und entspannt zusehen können, wenn er – mit dem wir gerade noch zusammen waren – mit seiner Freundin und unseren gemeinsamen Kindern lachend in den Sonnenuntergang segelt? Wohl nur die wenigsten. Das ist, wie wir wissen, einer der garantierten Eskalationspunkte: sofort den neuen Freund, die neue Freundin präsentieren.

Was erleben die anderen?

Es ist sinnvoll, sich immer mal wieder in die Situation der Menschen in unserem näheren Umfeld hineinzuversetzen, um all jenen aufmerksam und verständnisvoll zu begegnen, die ebenfalls von unserer Trennung durchgeschüttelt werden.

Viele befürchten den Verlust der Nähe nach einer Trennung. Das sind nicht nur der Vater oder die Mutter, sondern eben auch die Großeltern, Tanten und Onkel, Cousins und Cousinen sowie Freunde der Familie, denen die Kinder ans Herz gewachsen sind beziehungsweise die auch ein gutes Verhältnis zu dem verlassenen Partner haben:

Sie spürte die Panik ihrer Schwiegermutter, als diese von der bevorstehenden Trennung erfuhr. Sie war immer schon ein bisschen zu ängstlich gewesen, doch jetzt bekam sie sich vor Sorge kaum mehr ein. »Die armen Kinder, die armen Kinder«: Sie tätschelte ihnen den Kopf, schenkte ihnen zu viele Süßigkeiten und schaute sie derart mitleidig an, als würden alle drei todkrank in den letzten Zügen liegen.

»Oma nervt!«, sagte der Mittlere inzwischen, als die drei am Donnerstag wieder zur Mutter kamen, und die anderen beiden schauten schuldbewusst zu Boden. Eigentlich mochten sie ihre Großmutter, aber diese ewige Jammerei war schon krass.

Die Mutter beschloss, sich mal wieder allein mit ihrer Schwiegermutter zu treffen. Nach den ersten Plaudereien fragte sie sie dann konkret: »Du machst dir Sorgen, nicht wahr?«

Sie nickte und presste die Lippen zusammen, denn all die Vorwürfe, die sie ihrer Schwiegertochter an den Kopf werfen wollte, hatte sie schon oft genug gesagt. Ihr Sohn hat ihr dringend geraten, damit aufzuhören. Und das versuchte sie gerade. Aber ihren Gesichtsausdruck konnte sie nicht unter Kontrolle halten.

Die Körpersprache war der Schwiegertochter nicht entgangen. Sie reagierte trotzdem besonnen und versuchte zu vermitteln: »Ich weiß, du machst dir um die Kinder Sorgen, und das zeigt, dass du ein großes Herz hast. Aber ich befürchte, die drei sind mit ihren eigenen Gedanken beschäftigt, und wenn sie dann noch ihre Oma trösten müssen …«

»Sie müssen mich doch nicht trösten!«, empörte sie sich.

»Doch. Sie lieben dich. Sie wollen nicht, dass du traurig bist. Sie können dich entweder trösten oder dir aus dem Weg gehen …«

»Ja, das will ich auch nicht! Ich mach mir nun mal Sorgen. Ich bin nun mal sensibel.«

Die Schwiegertochter schluckte. Das hörte sie schon seit Jahren, und so häufig war es das letzte Wort. Doch dieses Mal nicht.

»Mama, heißt das, dass alle Leute, die nach Lösungen suchen, nicht sensibel sind?«

»Das habe ich so nicht gemeint.«

»Schau. Ich habe den Eindruck, als ob du dir schon dein ganzes Leben lang Sorgen machst. Vielleicht ist das auch ein bisschen eine Gewohnheit geworden? Denn damit sagst du deinem Sohn und mir, dass du uns nichts zutraust und wir unfähig sind, mit der Situation klarzukommen.«

»Na ja, das seid ihr ja auch.«

»Das finde ich nicht. Wir versuchen unser Bestes und haben gute Lösungsmöglichkeiten. Und ich würde mich sehr freuen, wenn die Kinder auch weiterhin gern zur Oma kämen.«

»Das heißt, sie können auch weiterhin kommen …?« Die Angst vor dem Verlust der Enkelkinder war jetzt offensichtlich.

»Aber klar. Sie lieben dich doch. Aber sie lieben dich ein bisschen mehr, wenn du auch mal wieder Spaß mit ihnen hast.« Während sie dies sagte, lächelte sie aufmunternd.

Verständnis haben. Großzügig sein. Klarheit zeigen. Es gibt umfangreiche Bücher zum Thema. Kurse über gesunde und »gewaltfreie« Kommunikation können da gegebenenfalls helfen.

Und ja, manchmal mag auch ein Gespräch unglücklich verlaufen. Das kann man ignorieren, dem anderen dafür die Schuld in die Schuhe schieben oder … einfach auch mal zugeben: »Tut mir leid. Gestern war ich überfordert und hab ein paar Sachen gesagt, die waren nicht richtig. Können wir es nochmal probieren?«

Der Zacken, der da aus der Krone fällt, ist ein sehr gut investiertes Geschenk für eine entspannte Zukunft. Die Bereitschaft, sich entschuldigen zu können, hängt auch mit unserer Selbstwahrnehmung zusammen. Glaube ich, dass ich immer recht habe? Will ich mich auf jeden Fall durchsetzen? Halte ich den anderen für einen Idioten? Wenn das unsere Gedankengänge sind, braucht es zur spirituellen Wachheit eine genauere Selbstbetrachtung und einen Wunsch:

Sich wirklich selbst begegnen

Was heißt das? Zu wissen, wer man ist. Was man will. Was man braucht. Das dauert manchmal ein ganzes Leben. Zuweilen haben wir Angst davor, uns wirklich genau anzuschauen. Wir befürchten, alte Wunden aufzureißen oder mit verdrängten Erlebnissen nicht zurechtzukommen.

Das ist jedoch nicht meine Erfahrung. Es ist vielmehr so, dass jedes Geheimnis, jeder unterdrückte Schmerz uns Lebenskraft nimmt. Wenn wir aufräumen, wenn wir Dunkles ans Tageslicht holen, fühlen wir uns danach erleichtert. Wir alle haben das schon erlebt: Wenn wir endlich die Wahrheit sagen, fällt der berühmte Stein vom Herzen.

Manches schauen wir uns vielleicht zum ersten Mal an. Bei manchem sehen wir auch schnell wieder weg, und manches wollen wir nicht genauer betrachten. Für all das haben wir Gründe. Diese herauszufinden ist spannend.

Vielleicht haben wir ein Image von uns erschaffen, das wir nicht zerstören wollen – selbst dann nicht, wenn uns die Wahrheit über uns selbst mehr Klarheit verschaffen würde. Je wacher wir uns erleben, desto klarer wird unser Leben. Da gibt es keine Illusionen mehr darüber, wer wir sind, was wir brauchen, was wir uns wünschen oder was nicht. Wir wissen jetzt, was uns guttut, und wir wissen auch, was wir verändern wollen.

Wir erkennen unser Wachstum auch daran, dass es uns dann nicht mehr wichtig ist, ob wir nach außen hin etwas »Besonderes« sind. Ob wir bewundert werden oder akzeptiert sind. Ob uns jemand für toll hält oder nicht. Wir kommen zu dem Punkt, an dem nur noch eines wichtig ist: dass wir uns selbst mögen, uns treu bleiben und uns – wie alle anderen auch – als besondere Wesen sehen können.

Know yourself to free yourself

Wenn uns eine Verhaltensweise plötzlich ganz klar und bewusst wird, dann sind wir nicht selten erschüttert. Wie können wir so etwas Essenzielles so lange übersehen haben? Wir können. Jeder von uns. Das ist ein Teil des spirituellen Wachwerdens: Wir bekommen mehr Klarheit. Wir kommen aus dem Schlummerzustand in ein waches Bewusstsein. Wenn uns etwas bewusst wird, dann ist es eine Herausforderung, nicht gleich von einem Extrem ins andere zu fallen. Wir haben uns jahrelang hauptsächlich um die Kinder gekümmert und merken erst jetzt, dass wir uns und unsere Interessen dabei völlig verloren haben. Dann wäre das andere Extrem jetzt, die Kinder zurückzulassen und in einer Kommune in Spanien zu leben. »Jetzt bin ich dran!«, in dieser gar nicht so unrealistischen Version wäre eine Trotzreaktion, aber kein spirituelles Highlight. Der gesündere Mittelweg wäre, sich selbst im täglichen Leben wichtig zu nehmen und gern auch mal für zwei Wochen allein zu verreisen – nachdem man für die gute Betreuung der Kinder in dieser Zeit gesorgt hat, statt sie gleich für Jahre zurückzulassen.

Trotzdem kommt es natürlich auch bei weniger folgenschweren Entscheidungen vor, dass wir die beiden Endpunkte der Skala erst einmal erreichen beziehungsweise ausprobieren wollen, um zu sehen, wo genau wir uns da zwischen A und Z zur Zeit am wohlsten fühlen – bevor wir uns in einer gesunden Mitte niederlassen. Haben wir Kinder, ist es für sie leichter, wenn wir diese Pole eher achtsam erforschen und nicht gleich unsere Siebensachen einpacken, um alle in eine Berghütte zu verfrachten, nur weil uns die Stadt während unserer Trennung anstrengt oder wir eine räumliche Distanz zu unserer Vergangenheit herstellen wollen.

Zu viele Gedanken während einer Trennung?

Gerade während Trennungen stellen wir fest, dass wir häufig bis ständig – auf jeden Fall aber gefühlt viel zu viel – über die Trennung nachdenken. Unsere Gedanken kreisen um unsere zu Ende gehende Beziehung. Um Situationen, die uns berühren. Erinnerungen, die uns schmerzen. Wir machen uns Sorgen um die Zukunft. Es gibt kaum ein anderes Gesprächsthema, geschweige denn andere Gedanken.

Diese Wellen von Worten und Gefühlen rollen in unserem Kopf und Körper hin und her, und wir ertappen uns dabei, dass wir uns einmal mehr fragen: Wird das so weitergehen? Warum hört das nicht auf? Wie kann ich das abstellen?

Ein Teil von uns versucht immer noch herauszufinden, was da genau passiert ist. Die Beziehung haben wir ja lange Zeit als »richtig« und stimmig empfunden. Den jetzigen Zustand empfinden wir noch als »falsch«. Wir wollen verstehen. Dabei gibt es verschiedene Stufen – nicht zwangsläufig in der Reihenfolge:

Habe ich einen Fehler gemacht?

Dieser Gedanke kommt vielleicht mehrmals hoch: »War es falsch, dass ich beschlossen habe, mich von ihm zu trennen?« Besonders dann, wenn die ersten Nachwehen sich schon bemerkbar machen und sehr stürmisch sind. Es gibt Momente, in denen wir uns einsam fühlen. Momente, in denen wir uns vielleicht wünschen, es wäre wieder so wie früher. Momente, in denen wir darüber nachdenken, ob es nicht besser gewesen wäre, länger auszuhalten.

Eine langfristige Beziehung verbindet uns auch mit unserem jüngeren Selbst und damit mit unserer Vergangenheit. Genauso wie ein Paar, das sich im Alter von zwanzig Jahren ineinander verliebt hat und sich dann dreißig Jahre später wiederfindet: Sie sehen sich zwar auch als Fünfzigjährige, aber sie erinnern, erspüren und sehen sich ebenfalls noch so, wie sie damals als Zwanzigjährige waren. Wenn wir uns also nach einer langjährigen Beziehung trennen, dann verlieren wir nicht nur einen Partner in unserer Jetzt-Zeit, sondern auch einen Aspekt von uns, der uns mit unserem jüngeren Selbst verbunden hat. Beides ist nicht einfach loszulassen.

Warum hat er nicht genug für unsere Beziehung getan?

Gerade wenn wir das Gefühl haben, selbst viel für die Beziehung getan und lange dafür gekämpft zu haben, sind wir nicht selten gekränkt und empfinden es als schmerzhaft, wenn sich der andere in unseren Augen nicht genug engagiert hat. Wir befürchten vielleicht, es nicht »wert« gewesen zu sein, dass man sich unseretwegen Mühe gibt.

Dabei übersehen wir vielleicht, dass nicht jeder von uns flexibel genug und bereit zu Veränderungen ist. Manche sind enorm eingeschränkt, was ihre Möglichkeiten und ihren Willen betrifft, sich zu bewegen. Je mehr jemand »so ist, wie er eben ist« – und auch so bleiben will –, desto weniger Dynamik wird da möglich sein. Es geht also nicht so sehr darum, dass wir es nicht wert wären oder gewesen wären. Der andere nimmt offensichtlich lieber das Ende der Beziehung in Kauf, als die Bereitschaft zur Veränderung aufzubringen.

Und das erklärt auch die Frage:

Warum kämpft er nicht um mich?

Dieser Gedankengang entsteht nur aus unserer Persönlichkeit. Das ist keine Frage, die wir als Seele stellen würden. Da gibt es verletzte Eitelkeiten – so schmerzlich sich das auch anfühlt. Vielleicht ist der andere sogar erleichtert, dass die Beziehung sich löst? Möglicherweise nicht in der Lage, sich für eine Beziehung wirklich einzusetzen? Vielleicht bevorzugt er den Rückzug?

Woher weiß ich, weshalb er sich nicht dafür einsetzt, dass wir wieder zusammenkommen? Weil er es nicht macht!

Ich stand mal nach einer Trennung einem Mann weinend gegenüber und fragte ihn, warum er mich denn nicht wenigstens in den Arm nehmen könne. Und er meinte, dass er seine ganze Kraft brauche, mich *nicht* in den Arm zu nehmen. Da wusste ich, dass wir nie eine Beziehung hätten haben können, die nur annähernd so wäre, wie ich mir das vorstellte.

Jetzt zeig ich's ihm aber!

Mit der Einstellung »Jetzt zeig ich's ihm aber!« sind wir im Rachemodus. Häufig entstanden, weil wir uns abgelehnt fühlen. Deshalb soll er leiden, wie wir leiden. Das kann auch mit einem enormen Drang zur Zerstörung einhergehen. Wir wünschen dem anderen alles an den Hals, was wehtun kann: Krankheit, Kündigung, finanzielle Abgründe. Egal was es ist. Hauptsache, er leidet:

Sie war eine prominente und erfolgreiche Schauspielerin, und er wurde nach der Geburt des gemeinsamen Kindes Hausmann. Schon bald konnte er mit dem Status seiner Frau nicht mehr umgehen und fühlte sich zunehmend kleiner. Er reagierte passiv-aggressiv, und sie ging in seiner Gegenwart wie auf Eiern. Sie war viel unterwegs, und wenn sie dann zu Hause war, machte sie sich kleiner, damit er ein Gefühl von Männlichkeit bewahren konnte. Alles ging nach seinem Kopf. Das war für beide ein enorm anstrengendes Verhalten. Gespräche führten sie darüber nicht. So ging das über Jahre.

Dann fand er heraus, dass sie ihn betrog, und sie gestand ihm, dass sie sich verliebt hatte und die Trennung wollte. Er schlug sie, warf sie aus dem Haus und wollte das alleinige Sorgerecht. Sie sagte nichts über die Schläge, denn sie wollte den Presserummel vermeiden. Er hingegen streute unwahre Gerüchte mit dem Ziel, ihre Karriere zu vernichten.

Keiner der beiden hatte sich während der Ehe wahrhaftig mitgeteilt, und so konnte sich das Drama zu diesem Höhepunkt hochschaukeln.

Vielleicht können in solch einem Fall noch Freunde helfen, gute Mediatoren (falls beide in der Lage und bereit sind, nach einer gemeinsamen Lösung zu suchen), sonst ist eine klare rechtliche Unterstützung erforderlich. Konstante Respektlosigkeit ist ein klares Warnsignal.

Die Herausforderung dabei bleibt, dem Drama so wenig wie möglich hinzuzufügen und immer wieder vor Augen zu haben, wie wir uns die ideale Situation vorstellen.

Der verletzte Stolz kann eine enorme Motivation für das Drama sein. Wir sind verletzt, und manche von uns möchten sich dann rächen.

Mit Mitte zwanzig hatte ich sehr an einem Beziehungsende zu knabbern, und ich traf mich mit meinem früheren Freund zum Mittagessen. Er strahlte. Ich fühlte mich geschmeichelt, denn ich dachte zuerst, dass er sich meinetwegen so freute. Das war aber keineswegs der Grund, sondern … er war anderweitig frisch verliebt.

Frisch verliebt? Jetzt schon? Mein Ego war in seinem Stolz gekränkt. Ich hätte mir gewünscht, dass er lange, lange leidet.

Den »Gefallen« tat er mir natürlich nicht, und ich musste mich mit mir und meinem Stolz auseinandersetzen. Das, so glaube ich, mich erinnern zu können, dauerte eine ganze Weile.

In Gedanken verlieren sich wohl viele von uns in kurzfristigen Racheszenarien. Einige versuchen es dann doch in die Tat umzusetzen.

Wir lesen ab und zu von Situationen, die mit dem Tenor »Wenn ich dich nicht kriege, soll dich auch sonst niemand kriegen« den dramatischen Höhepunkt finden. Jemand fühlt sich vernichtet und möchte die andere vernichten. Selbst wenn das eigene Leben ebenfalls beendet wird (durch Konsequenzen von Gefängnis bis zur anschließenden Selbsttötung).

Die Suche nach dem Sündenbock

Wie wir mit unserer Trauer und unserem Leid während der Trennungsphase umgehen, hängt von unseren Erfahrungen ab. Dem anderen alle Übel der Welt an den Hals zu wünschen ist das eine. Wenn wir nichts anderes gelernt haben und keine sonstigen Beispiele hatten, dann mag es auch sein, dass wir einen Sündenbock suchen, auf den wir alles abwälzen können, was wir bei uns selbst nicht betrachten möchten. Das können wir in der Politik fast täglich beobachten: Einer (oder eine Gruppe) muss an der Misere schuld sein!

Die Suche nach einem Schuldigen ist ein Warnzeichen: Wir hoffen auf eine »leichtere« Lösung, bei der wir nicht bei uns selbst forschen müssen. Das bringt uns aber nicht weiter.

Wir leben miteinander in Systemen. Und diese Systeme funktionieren so, wie sie funktionieren, weil alle mitspielen. Macht jemand etwas anders als bisher, muss sich das System neu darauf einstellen. Im schlechteren Falle schließt man diejenigen, die ausscheren, erst einmal aus. Das System wird sich dadurch nicht weiterentwickeln, denn es möchte im Status quo bleiben. Mit dem Ausschluss dieses »Schuldigen« wird versucht, das alte System weiterhin funktionsfähig zu halten.

Wenn zum Beispiel in Familien einzelne Mitglieder ausgeschlossen werden – also zum Beispiel die Großmutter nach einem Streit nie mehr eingeladen wird und nicht mehr im Familienbund präsent ist –, dann wird den Kindern vermittelt, dass es *eine* Schuldige gibt und dass andere auszugrenzen ein probates Mittel zur Problemlösung sei. »Mit Oma sprechen wir nicht mehr.« Das ist die Aussage, die ein Kind erst einmal verdauen muss. Was nimmt es damit auf? »Jemand Vertrautes kann ganz plötzlich ›verschwinden‹. Dann können das meine Eltern auch … und ich kann das ebenfalls.« Eine nicht sehr beruhigende Version vom Erwachsenwerden! Das kann sich auch negativ auf das Problemlösungsverhalten des Kindes in all seinen späteren Beziehungen auswirken. Und dann kann es von jetzt an selbstverständlich werden, dass man sich bei Widerstand nicht mehr um eine gemeinsame Lösung bemüht, sondern dass dann jemand in Zukunft ausgeschlossen wird. Es gibt ihn nun einfach nicht mehr.

Wie löse ich normalerweise Probleme?

Wir können also jemanden ausschließen. Wir können klar definierte Schritte zur Lösung unternehmen. Wir können jemanden vernichten wollen. Wir können darüber nachdenken. Wir können klein beigeben. Wir können uns zurückziehen. Wir können leiden. Wir können Probleme ignorieren. Wir können Lösungen suchen. Wir können uns als Opfer sehen. Wir können darüber laut lamentieren. Wir können manipulieren. Wir können Druck auf den anderen ausüben. Wir können lügen. Wir können Gerüchte verbreiten. Wir können die Situation und den anderen lächerlich machen. Wir können intuitiv erforschen, was zu tun ist. Wir können Rat einholen. Wir können stundenlang darüber reden wollen. Wir können versuchen, nötige Entscheidungen zu vermeiden. Wir können nötige Entscheidungen treffen.

Fragen zum Umgang mit Problemen

Jeder von uns hat eine bestimmte Art und Weise, mit Problemen umzugehen. Was sind deine?

Wenn es ein Problem gibt, dann mache ich in der Regel:

Darüber sprechen

Wie löst mein (früherer) Partner seine Probleme? Was macht er normalerweise?

Dominiert reden, einfühlsam
es schwankt

Werde ich jemals wieder eine Beziehung haben?

In der Trennungszeit ist der Gedanke »Werde ich jemals wieder eine Beziehung haben?« relativ normal. Beim Prozess des Loslassens schauen wir auch in die Zukunft und fragen uns, ob da nochmal eine neue Liebe kommen wird? Plötzlich gehen wir von einer relativen Gewissheit einer wenn auch im Auflösungsprozess befindlichen Beziehung in eine Ungewissheit, was die Zukunft bringt. Wenige Generationen vor der unseren war das eine sehr besorgniserregende Frage, denn die Männer wurden nur wieder »frei«, wenn sie Witwer wurden, da es ja kaum Scheidungen gab.

Da schwingt wahrscheinlich auch wieder die Angst vor dem Alleinsein mit. Wir befürchten ein Leben ohne festen Partner. Ohne regelmäßige Umarmungen und Sexualität. Wer wird uns in

Zukunft küssen? War das neulich vielleicht das letzte Mal? Wir sehen uns schon einsam und verlassen alt werden, in einer kleinen Wohnung sterben und Monate später von den Nachbarn entdeckt werden, weil es so komisch im Hausgang riecht …

Auch hier braucht es das eigene Erforschen: Was ist denn so schlimm an Zeit mit mir allein? Bin ich selbst für mich noch interessant? Oder warte ich auch weiterhin schlafend darauf, dass mich jemand wach küsst?

Sich selbst zu lieben, sich selbst ein spannendes, erfülltes, eigenständiges Leben zu erschaffen wird hingegen der größte Magnet für einen gleichwertigen Partner sein.

Signalisieren wir in unserem energetischen Feld Verzweiflung, dann ist das für andere zu erspüren. Sind wir mit uns selbst glücklich, dann ist das energetische Feld stabil, angenehm und strahlend. Wäre die Situation umgekehrt, dann würden wir uns auch eher von solch einem Wohlfühlfeld angezogen fühlen als von einem anstrengenden »Bitte nimm mich!« …

Wir sind kein heruntergesetztes Sonderangebot aus dem Ramschladen.

Die Angst vor dem Alleinsein ist wirklich oft hartnäckig. Wenn wir uns nicht mit uns selbst anfreunden, dann mag uns diese Angst gewaltig das Leben verderben. Single zu sein ist nicht das Schlimmste, was einem passieren kann. Von den damit verbundenen Freiheiten war ja schon die Rede. Und es gibt genügend glückliche Beispiele von »Solisten«. Wir hören davon lediglich nicht so viel wie von der »Nur-glücklich-weil-wir-ein-Paar-sind-Fraktion«.

Womit hab ich das verdient?

Das können wir schluchzend unseren Freundinnen erzählen. Uns in den Arm nehmen und trösten lassen. Tränenüberströmt in unser Kissen murmeln. Wir fühlen uns gerade schlecht, weil wir doch das Gefühl haben, dass wir schon so viel richtig machen, und das ist doch wirklich nicht gerecht! »Warum ausgerechnet ich? Und kann das bitte irgendjemand wieder für mich richten?«

Wir sind dann im »Zimmer des Selbstmitleids« gelandet. Das kann leicht passieren. Und für eine Weile ist das ja auch ein akzeptabler Platz, um sich die Wunden zu lecken. Dauerhaft einrichten sollten wir uns hier allerdings nicht.

Ich wiederhole: Wir sind Seelen, die auf Erden eine menschliche Erfahrung machen, und dazu brauchen wir … Erfahrungen. Die Trennung ist eine davon.

Wie wir damit umgehen, zeigt uns, bis zu welchem Grad wir schon wach sind. Und ja, es wäre so viel einfacher, wenn wir das alles irgendjemandem in die Schuhe schieben und uns elegant und sauber aus dem Ganzen herausziehen könnten, aber – dazu wissen wir mittlerweile zu viel. Und so heben wir unsere heruntergefallene Krone nach einer Weile wieder auf, polieren sie und setzen sie dahin, wo sie hingehört: auf unser hocherhobenes Haupt.

Schreiben hilft

Es hilft, sich hinzusetzen und aufzuschreiben, worüber man nachdenkt, was belastet, was wiederholt wird. Das entspannt und beruhigt das Gehirn.

Dazu kann man sich auch einen bestimmten Zeitrahmen setzen, innerhalb dessen man sich exklusiv darauf fokussiert, über all das nachzudenken, zum Beispiel täglich von 19.00 bis 19.30 Uhr. Tauchen früh um 8.00 Uhr schon Gedanken über die Trennung auf, sagt man sich selbst: Das machen wir erst heute Abend um 19.00 Uhr. Erstaunlicherweise akzeptiert dies unser Gehirn. Es muss nur gelegentlich wiederholt werden, denn der Tag ist lang.

Nachdem wir dann am Abend darüber nachgedacht haben und die Zeit abgelaufen ist (in unserem Beispiel nach einer halben Stunde), widmet man sich anderen Gedanken. Morgen ist ja auch noch ein Tag. Der Verstand wird damit trainiert, sich nicht wahllos gefühlt »dauernd« Gedanken zu machen, sondern nur während jenes festgelegten Zeitrahmens.

Nach ein paar Tagen stellen wir fest, dass wir schon alle Möglichkeiten durchdacht haben und nichts Neues dazukommt. Trotzdem bleiben wir bei diesem täglichen Termin, wir können ihn – im zweiten Schritt – verkürzen. Also nur von 19.00 bis 19.15 Uhr. Nach einer Weile ist das Problem gelöst und darüber nachzudenken nicht mehr notwendig.

Zusätzlich hilft es, sich während der übrigen Zeiten intensiv mit etwas anderem zu beschäftigen. Ein ausgefüllter Tag in der Firma kann dafür sorgen. Ein Buch kann das auch. Vokabeln lernen, ein Instrument üben. Singen. Brettspiele. Oder wir haben bestimmte Techniken, die auch sonst gut funktionieren: Meditation, Sport, Yoga und so weiter.

Eines wissen wir wie gesagt aber genau oder ahnen es zumindest: Es wird irgendwann einmal im Kopf wieder ruhiger werden, und diese immerwährend gleichen Gedanken werden aufhören. Sich selbst daran regelmäßig zu erinnern … beruhigt. Und genau das ist es, was wir in Krisen wie die einer Trennungsphase brauchen: Ruhe.

Welche Beratung wähle ich?

Selten sind wir während der Zeit der Trennung ohne Beratung. Wir fragen Freundinnen oder Familienmitglieder. Schauen uns um, wie es andere machen. Lassen uns inspirieren oder … manipulieren.

Es gibt Untersuchungen, die uns Folgendes erklären: Wenn wir unsicher sind und nicht wissen, wie wir uns verhalten sollen, dann schauen wir uns in unserer Umgebung um und machen das, was die anderen machen. Das kann bei einer Trennung dann doch fatale Folgen haben. Deshalb ist es äußerst praktisch – ich liebe dieses Wort –, wenn man sich da umschaut und sich da beraten lässt, wo die Trennungen gelungen sind.

Ergibt es einen Sinn, sich von Menschen beraten zu lassen, die mit ihren früheren Partnern immer und immer wieder Probleme haben? Offensichtlich wissen sie nicht, wie man diese Probleme löst. Wie hoch ist die Chance, dass es mit deren Beratung bei mir besser funktioniert? Das ist ein bisschen so, als würde mich ein Messie beraten, wie ich meine Wohnung aufräumen soll.

Deshalb: Such dir deine Beraterinnen und Berater sorgfältig aus. Denk daran, dass wir die Richtung vorgeben. »Meine Anwältin hat gesagt …« klingt wie eine Ausrede. Stehe ich hinter dem, was meine Anwältin, mein Anwalt schreiben? Will ich das so haben? Im Anhang findest du ein paar Briefe. Briefe, die als Inspiration gelten können. Damit zeigst du deinen Freunden, Familienmitgliedern oder Kolleginnen, was du von ihnen brauchst: Zuspruch, ohne aufzuhetzen. Beruhigung, wenn die Gefühle übertreiben. Verständnis für beide Seiten. Das Ziel vor Augen zu behalten, selbst wenn wir es gerade im Moment verloren haben.

Bei einem Abendessen saß ich neben einem Mann, der seit fünf Jahren geschieden war und vier Kinder hatte. Im Lauf des Gesprächs stellte sich heraus, dass er auf einen Anwalt und Freunde hörte, die der zukünftigen Gemeinschaft der Familie nichts Gutes hinzuführten. Im Gegenteil. Zum Beispiel hatte dieser Mann ein Klavier, das aus seinem Familienbesitz stammte, das aber auch seine Kinder gern benutzten. Er selbst spielte kein Instrument und hatte es auch nicht vor. Als er auszog, nahm er das Klavier mit und stellte es in seinen Keller, denn er hatte dafür keinen Platz in seiner Wohnung. Da steht es immer noch.

Warum er das tat? Der Rechtsanwalt fragte ihn, ob er denn wolle, dass der zukünftige Freund seiner bald geschiedenen Frau auf »seinem« Klavier spielte. Das wollte er nicht. Denn das Klavier stand stellvertretend für so ziemlich alles, was der geschiedene Mann nicht wollte, was der neue Freund mit seiner Frau »spielt« …

Nach unserem Gespräch beschloss er, das Klavier wieder zurückbringen zu lassen.

Eltern, Freundinnen, Kollegen glauben vielleicht noch, sie müssten uns zeigen, dass sie auf unserer Seite sind. Und wenn sie den Eindruck haben, dies sei für uns wichtig, kann es gut sein, dass sie Öl ins Feuer gießen. Wenn wir ihn also gerade mal wieder am liebsten umbringen möchten, wedeln sie mit der Telefonnummer eines Mafiabosses, statt uns daran zu erinnern, dass wir dann noch eine Leiche am Hals hätten, dem Mafiaboss auch einen Gefallen tun müssten, und lebenslanges Gefängnis wäre sicher auch keine wirkliche Lösung …

Der Gerichtstermin stand schon fest, und die Anwälte überschlugen sich gegenseitig mit ewig langen Schriftsätzen, die kaum jemand verstand. Die Rechnungen stapelten sich und zehrten das Gesparte langsam, aber sicher auf. So hatte sie sich das nicht vorgestellt. Das gemeinsame Reihenmittelhaus, dessen Finanzierung ohnehin schon wackelte, drohte mit den Rechnungen zu verschwinden. Beide wohnten noch darin und konnten sich nicht einigen.

Es war der zwölfjährige Sohn, der eines Abends seine Sachen packte und mit dem Rucksack im Wohnzimmer stand. Beide Eltern stritten sich gerade mal wieder (sie lebte im Erdgeschoss, er im ersten Stock) und schauten ihren Sohn überrascht an. »Ich fahre zu Tom und kann dort bei denen wohnen. Ich find das echt krass hier. Ich mag von Scheidung nichts mehr hören.«

Die Mutter sammelte sich zuerst: »Aber die sind doch auch geschieden?«

»Ja. Aber das merkt man nicht. Die lachen auch mal.«

Zwei Wochen später kam der Sohn wieder zurück. Die Anwälte wurden von beiden zurückgepfiffen, und es kam zu einer schnellen gütlichen Einigung.

Es ist anstrengend und überfordernd für unsere Kinder, wenn sie uns beruhigen müssen. Das ist nicht ihre Aufgabe, sondern unsere. Und es ist nicht einfach, Anwälte zurückzupfeifen. Manchmal glauben wir – wie bei Ärzten –: »Die wissen schon, was sie tun.« Manchmal wissen sie es eben nicht. Als Seelenaufgabe ist es wichtig, dem eigenen inneren Kompass zu folgen. Und wie gesagt – es gibt Mediatorinnen und Mediatoren.

Je intensiver der innere Prozess, desto weiter der Sprung

Während wir uns in diesen anstrengenden inneren Prozessen befinden, wünschen wir uns oft, dass sie auf der Stelle beendet werden. Doch wie wir mittlerweise wissen: Erkenntnis braucht Zeit.

Wenn wir schwanger sind, dann wissen wir, dass wir uns im sechsten Monat nicht zur Hebamme aufmachen müssen und ein Pressen das Kind schon rausbringt. Entwicklung dauert. Und während dieser neun Monate der Schwangerschaft haben wir genügend Zeit gehabt, um uns über vieles klar zu werden: Wie funktioniert mein Körper gerade? Was brauche ich? Was ist zu schaffen, was wird mir zu viel? Wie richte ich den Platz für das Kind her? Wie mache ich es mit der Kindererziehung? Und so ist das während der Trennung auch. Wir denken. Wir überlegen. Wir überprüfen. Wir handeln. Wir trauern. Wir hoffen. Wir planen.

Die Tiefe und Intensität unserer inneren Prozesse entscheidet, wo wir landen werden. Wenn wir versuchen, die Abläufe abzukürzen oder einzelne auszublenden, dann gibt es vielleicht nur einen kleinen Stolperschritt nach vorn. Deshalb ist es langfristig sehr viel sinnvoller, sich wirklich auf eine Entwicklung einzulassen, um damit weiterzukommen. Dabei brauchen wir uns nicht zu wundern, falls mit einem Problem auch noch drei weitere aufkommen. Wenn wir bereit zur Entwicklung sind, dann rufen nämlich auch weitere ungeklärte Aspekte in uns: »Ich auch! Ich auch!« Sie wollen mitgenommen werden in die leichtere Schwingung.

Der heilende Raum

Für diese Entwicklung brauchen wir einen heilenden Raum, der zum Beispiel in einer Mediation erschaffen wird. Ich bin selbst Mediatorin und weiß um die vielen Vorteile, wenn Paare beziehungsweise Parteien oder Gruppen über mögliche Lösungen sprechen und sich dann gemeinsam entscheiden. In einer Mediation geht es nicht darum, einen Schuldigen zu finden, jemandem recht zu geben oder zu bestrafen. Niemand wird übervorteilt oder bleibt ungehört. Die Mediatorin ist keine Richterin oder Lehrerin, die den Parteien sagt, wo es langgeht.

Wo es langgeht, entscheiden allein die Parteien selbst.

Die Aufgabe der Mediatorin ist es, dabei zu unterstützen, dass die Parteien erst einmal ein gemeinsames Ziel formulieren können. Zum Beispiel: »Wir möchten unseren Kindern keine zusätzlichen Schmerzen zufügen und auch in Zukunft anständig und respektvoll miteinander umgehen.« Erst dann werden Schritte und Entscheidungen erarbeitet, die zu diesem Ziel führen.

Wünsche, Träume, Sehnsüchte – sie zeigen uns, was wir gestalten möchten. Sie helfen uns zu klären, was für uns wichtig ist. Ein Traum von einem liebevollen Leben kann in der Realität erschaffen werden. Es ist ein erster wichtiger Schritt, ein Ziel zu formulieren. Und wenn wir dann ein Ziel vor Augen haben, dann gibt es mögliche Wege dahin. Gute Mediatorinnen sind in der Lage, diesen Raum zu erschaffen und zu halten, in dem das Erforschen unterstützend stattfinden kann.

Gute Freunde haben diese Gabe auch. Man fühlt sich in ihrer Gegenwart automatisch dem höheren Wert verpflichtet. Sie sind mit ihrem Herzen offen. Sie haben Mitgefühl und Verständnis, sie bemerken Gefühlsschwankungen und Gesten, aber behalten den klaren, unverstellten Blick auf eine Situation. Sie sind ehrlich mit uns, und sie können Knoten nicht nur durch ihre Gegenwart, sondern auch durch ihre Fragen entwirren.

Manche Mitmenschen haben ein angenehmes energetisches Feld. Sie beruhigen uns. In ihrer Gegenwart fällt Anspannung von uns ab. Nicht weil sie uns diese wegnehmen könnten, sondern weil unser energetisches Feld auf ihres trifft und davon beeindruckt wird. Nicht im Sinne von Bewunderung. Sondern in dem Gefühl: Das hier tut mir selbst gerade gut.

Wenn ich mich verfahre, dann mache ich als Erstes das Autoradio aus. Wenn ich angestrengt bin, dann kann ich keine anstrengende Musik hören. Ich muss mich konzentrieren, und dazu brauche ich Ruhe. Und genau das ist es, was uns Mediatorinnen wie auch gute Freunde vermitteln können: Hier ist ein unterstützendes Feld zur Ruhe.

Die Zeit in der Mediation hat verschiedene Vorteile. Unter anderem auch den, dass sich daraus mehr Verständnis für alle Beteiligten entwickeln kann, und das ist für die Gestaltung der Zukunft sehr nützlich. Es geht hier auch nicht darum, für die nächsten Jahre gemeinsame Entscheidungen zu treffen, sondern es wird für den überschaubaren Rahmen – gerade am Anfang einer Trennung eher die nächsten vier Wochen bis zwei Monate – etwas ausgearbeitet, was danach nochmal überprüft und modifiziert wird.

Dieses Feld der Ruhe – das wir brauchen, um uns selbst darüber klar zu werden, was wir wollen – ist unverzichtbar, um zu einer Lösung zu kommen. Deshalb ist es so wichtig, welchen Rat wir uns von wem holen. Mancher Beistand kann wie gezeigt nämlich durchaus auch weniger konstruktiv sein:

- Ist da gerade selbst jemand durch eine anstrengende Scheidung gegangen und droht mit Horrorszenarien?
- Ist da eine, die in enormer Abwehrhaltung zu einem zukünftigen Eltern-Miteinander steht, wird sie versuchen, uns dahin gehend zu beraten, den Vater außen vor zu lassen – weil es einfacher sei. Wenn mehr als einer entscheide, gäbe es »Probleme«. (Das mag für den Moment vielleicht so sein, aber gut wäre es keineswegs für das emotionale Wohlbefinden der Kinder.)
- Ist da eine Rechtsanwältin, die mit wortgewaltigen Briefen erst einmal alle Beteiligten verschreckt? (»Das schreibt man

so, aber jeder weiß, das machen wir nur zur Vorsicht. Das müssen wir ja dann nicht tun.«)

Wenn der Wind scharf in unsere Richtung zieht und weder durch Gespräche noch irgendeine Bereitschaft verändert werden kann, dann braucht es den klaren Schutz einer versierten Anwältin. Viele Vertreterinnen dieser Berufsgruppe haben ja auch eine zusätzliche Ausbildung als Mediatorin.

Ich glaube allerdings, dass dieser Fall eines sogenannten »Rosenkriegs« seltener ist, als man gemeinhin annimmt. Nur weil jemand gerade sehr wütend ist, heißt das nicht, dass er das immer bleiben wird und will. Nach dem ersten Sturm und dem Abklingen von Emotionen kann es auch wieder ruhiger auf der anderen Seite werden. Wenn wir uns dann aber auch selbst mit hochgeschaukelt haben, ist es schwerer, das gemeinsam wieder herunterzufahren.

Je ruhiger wir bleiben können, desto weniger wir auf diesen emotionalen Zug mit aufspringen, desto leichter kann es dann auch dem anderen fallen, sich wieder auf etwas weniger aufgewühltes Fahrwasser einzulassen. Unsere Stabilität und Achtsamkeit bleiben meistens nicht unbeantwortet. Dazu ist es natürlich auch wichtig, dass wir das wirklich erspüren. Es kommt dabei sehr auf unseren Ton an. Wenn wir zum Beispiel überheblich sind (»Also, ich habe mich ja da sehr viel besser unter Kontrolle, da sieht man mal wieder, wie weit ich schon bin!«), ist das für den anderen spürbar, und er reagiert sicher mit einer verstärkten Abwehrhaltung auf diese herablassende Haltung.

Wir müssen in uns selbst dieses Verständnis und diese Wärme für unseren Mitmenschen fühlen, damit wir auch respektvoller miteinander umgehen können.

Jede Trennung ist ein Test

Kann ich das, was ich mittlerweile weiß, auch wirklich in dieser Trennungsphase umsetzen? Wie benehme ich mich? Was sage ich? Kann ich berechtigterweise zufrieden damit sein, wie ich mich gerade verhalte, oder werde ich mich über kurz oder lang schämen? Halte ich mich für großzügig, oder streite ich mich da jetzt ernsthaft um ein altes Sofa?

Fühlen wir uns auf unbestimmte Weise benachteiligt, dann kämpfen wir möglicherweise um Gegenstände, die wir gar nicht brauchen. Diese Objekte sind also häufig nur Stellvertreter für das, was uns eigentlich wichtig ist:

»Wo sind die schönen Weingläser? Hast du die auch mitgenommen?« Seine Stimme aus dem Telefon klang zornig.

»Ich habe sie nicht. Aber du kannst gern kommen und nachschauen. Vielleicht hab ich sie doch aus Versehen eingepackt.«

Sie war sich sicher, sie hatte sie nicht. Denn sie hatte aus der gemeinsamen Wohnung nur Sachen mitgenommen, die doppelt vorhanden waren, und meistens dann auch noch die älteren Teile. Sie wusste, wie wichtig ihm diese kleinen Statussymbole waren, und ihr war das immer schon egal gewesen. Eine Viertelstunde später klingelte es an ihrer Tür. Sie ließ ihn hinein und erlaubte sich, ihn mit den Augen einer Freundin zu betrachten. Er schien erschöpft und abgekämpft und auch durcheinander.

Die Gläser waren nicht zu finden, und nach einer Weile der Stille stand er plötzlich mit hängenden Schultern da und sagte mit Tränen in der Stimme: »Es sind wohl nicht die Gläser, die ich vermisse. Du bist es, die mir fehlt.«

Sie umarmten sich, und nach einer Weile ging er wieder.

Sich immer wieder aus solchen dramatischen Gefühlsschwankungen herauszuholen ist wohl eine der größten Herausforderungen in Zeiten auch während der »Trennung in Liebe«. Unser Intellekt mag uns da eine enorme Hilfe sein, denn er wird – wenn wir denn auf ihn hören – wieder Entspannung in das Drama bringen können.

Wenn also jemand an etwas hängt, kann ich dann so großzügig sein, ihm das auch zu geben?

Das Geschenk der Großzügigkeit

Mein damaliger Mann und ich hatten zwei Jahren vor unserer Trennung ein altes Ferienhaus in Italien gekauft, in das er sich von Anfang an verliebt hatte. Mir gefiel es zunächst nicht besonders, denn es war karg, seit Jahren unbewohnt und sah dementsprechend aus. Ich begann jedoch, mich darum zu kümmern, und verbrachte viel Zeit damit, es zu renovieren und zu einem gemütlichen Zuhause zu machen.

Kurz nach unserer Trennung bat mich mein Mann um das Haus. Ich brach in Tränen aus. Erst eine Woche vorher war ich aus unserem Heim in Los Angeles ausgezogen. Ich sagte ihm, ich könne das jetzt nicht entscheiden. Dann verließ ich das Restaurant, in dem wir uns getroffen hatten, und ich begann zu trauern. Ich weinte um meine Türen und die Böden. Weinte um die Farbe, die ich ausgesucht hatte. Weinte um die Wärme, die ich in dieses Haus gelegt hatte.

Ich konnte nach einigen vergossenen Tränen dann aber auch den Vorteil für mich sehen: Ich, die sich immer um alles kümmert, muss sich jetzt nicht mehr um dieses Haus sorgen – und darf es trotzdem nutzen. Das ist auch ein Geschenk.

Am nächsten Morgen rief ich ihn an und stimmte zu. Er wusste, wie viel Zeit und Liebe ich in dieses Haus gesteckt hatte, und schenkte mir eines meiner schönsten Komplimente: »All you leave behind is beautiful.« (»Alles, was du hinterlässt, ist schön.«)

Wie bei allen Paaren gab es auch während unserer Trennung einiges an Entscheidungen. Auch wir hatten einen Mediator, der allerdings wenig zu tun brauchte. Wir hatten in Ruhe vorher über die Bereiche gesprochen, die geklärt werden mussten.

Wenn man in Kalifornien über zehn Jahre verheiratet ist, dann steht dem weniger Verdienenden lebenslanger Unterhalt zu. Da wir bei der Trennung sechzehn Jahre verheiratet waren, galt das auch für uns. Da mein früherer Mann sehr erfolgreich war, ging es um eine nicht unerhebliche monatliche Summe, die mir – auch wenn ich nie wieder selbst Geld verdienen würde – ein gesichertes Einkommen versprochen hätte.

Ich lehnte ab. Ich fand das nicht richtig. Dafür musste ich diverse Unterschriften tätigen, wovon mir mein Anwalt – den wir zur Scheidung brauchten – abriet. Nicht nur das, er legte schließlich das Mandat nieder, weil ich seinen Rat nicht befolgt hatte.

Ich suchte keinen Rat von außen. Ich suchte ihn von innen. Ich wusste, dass es diverse Möglichkeiten gibt, mit solch einer Situation umzugehen; und ich wollte die für uns richtige Option wählen. Wir hatten eine faire Lösung. Mehr wäre gierig gewesen. Obwohl es mir gesetzlich zustand.

Außerdem glaube ich, tut es der Beziehung nicht gut, wenn ein ehemaliger Partner den anderen eine zu lange Zeit finanziell versorgt.

Allerdings gibt es da Ausnahmen. Man muss beispielsweise berücksichtigen, wie alt man bei der Trennung ist und ob der ehemalige Partner dann überhaupt eine Möglichkeit hat, sich noch selbst zu ernähren. Aber in meinem Fall war das nicht gegeben. Ich war bei der Scheidung erst 45 Jahre alt und berufstätig.

Durch unsere beidseitige Großzügigkeit konnten wir unsere Freundschaft und unser gegenseitiges Vertrauen behalten. Mein früherer Mann fühlte sich nicht ausgenutzt und ich mich nicht über den Tisch gezogen.

Wenn jemand versucht, den anderen auszunehmen, ohne Rücksicht auf das, was wir in uns als richtig empfinden, also wenn wir eher dem Rachegedanken folgen als der Frage »Was ist fair?«, dann kann sich kaum eine Freundschaft halten. Wir sind sehr betrübt angesichts dessen, was sich da beim anderen gezeigt hat, weswegen wir auch kein Vertrauen mehr dahinein investieren wollen, dass er sich zukünftig fair verhält. Es geht aber auch anders:

Sie war zwanzig Jahre jünger, als sie geheiratet hatten, und jetzt – am Ende ihrer Ehe – auch schon fünfzehn Jahre aus ihrem Beruf. Die zwei Töchter waren abwechselnd bei ihm und bei ihr; und dank eines wohlkalkulierten Ehevertrags war er auf seiner Seite sehr gut abgesichert. Sie allerdings hatte enorme Probleme, beruflich wieder Fuß zu fassen. Sie wusste, das würde in einem Jahr anders aussehen, aber gerade jetzt war das Geld knapp. Er sah, wie sie versuchte, die finanziellen Probleme vor den Töchtern zu verbergen, und merkte, dass er sich nicht wohl damit fühlte, so gut abgesichert zu sein und mit den Mädchen Urlaub machen zu können, was ihr nicht möglich war. Die ihm hinreichend bekannten Berichte über geschiedene beziehungsweise alleinerziehende Mütter an der Armutsgrenze taten ihr Übriges.

Sein bester Freund riet ihm davon ab, ihr Geld zu schenken. Sein Argument: Das würde sie dann automatisch auch weiterhin erwarten, und dann würde sie ihre berufliche Situation vielleicht auch nicht verbessern wollen und ihm ein Leben lang auf der Tasche liegen.

»Sie ist die Mutter meiner Kinder!«, antwortete er. Er kannte seine frühere Frau als fleißig und zielstrebig. Sie würde das schon schaffen. Aber gerade jetzt brauche sie Hilfe.

»Na, dann gib ihr halt einen Kredit!«, meinte sein Freund.

»Also nein, da schäme ich mich! Ich kann mir das leisten, und ob sie es mir zurückzahlt, ist mir eigentlich egal. Sie braucht doch keine Erziehungsmaßnahmen! Sie ist 38!«

Wenn die Wahrheit ans Licht kommt

Es verschärft die Situation, wenn eine Trennung durch eine Affäre ausgelöst wurde. Denn zu der Trauer über das Auseinandergehen kommt das Gefühl des Betrugs hinzu. Als mir das in jungen Jahren passierte, hatte ich damals danach eine klare Vorstellung davon, wie sich jemand verhalten sollte, der fremdgeht: »Wehe, du sagst es mir!« Meine Erfahrung war, dass mein damaliger Freund sich nach dem Geständnis erleichtert fühlte – er war seine Lüge losgeworden, aber dafür fühlte ich mich belastet. Ich kam mit Mitte zwanzig erst nach langer Zeit damit zurecht.

Was würde ich heute raten?

Ich habe keinen Rat. Ich bin für Ehrlichkeit in einer Beziehung, und doch gibt es Informationen, die fügen mehr Schmerzen zu, als sie irgendetwas lösen. Muss ich von einem einmaligen »Ausrutscher« wirklich etwas wissen?

Ich vielleicht nicht, aber derjenige, der betrogen hat, sollte sich die Situation genau anschauen. Diese Entscheidung des One-Night-Stands einfach nur unter den Teppich zu kehren räumt sie nicht auf. Er braucht die Beantwortung des »Wozu?«. Derjenige oder diejenige, die sich zu einer Affäre entschlossen hat, hatte ihre Gründe. Welche waren das? Und was hat mir die Affäre gezeigt? Fühle ich mich endlich wieder lebendig? Genoss ich das Neue? Überdeckte ich damit ein eigenes Gefühl von Traurigkeit, Frustration, Mangel et cetera? Wollte ich meiner Partnerin oder meinem Partner etwas heimzahlen? Hoffte ich, erwischt zu werden, damit ich verlassen werde? War mir mein Leben zu langweilig geworden? Habe ich erkannt, dass ich eigentlich die Trennung will, aber erst einmal ausprobieren möchte, wie sich das anfühlt?

Bei einer Affäre gibt es ja auch immer die Geliebte oder den Geliebten. Für mich ist die »Rivalin« nicht das Problem. Klar kann sie sich eingemischt haben, klar kann sie ihn verführt haben – und doch hat mein Mann Ja dazu gesagt. Das ist das Einzige, was mich interessiert. Ich habe mit dieser anderen Frau keine Beziehung, sondern eine mit ihm. Manche bevorzugen es, die Geliebte zur Verantwortung zu ziehen. Vielleicht deswegen, damit sie ihm leichter vergeben können, denn er kann ja »nichts dafür«?

Doch, er kann etwas dafür. Er hat aktiv daran teilgenommen. Das mag ich verzeihen können oder nicht, aber er war auf jeden Fall dabei.

Falls nun aus der Geliebten nach der Trennung die neue Frau oder Freundin wird, habe ich, wenn Kinder mit im Spiel sind, etwas mit ihr zu tun. Dann wird sie in meinem Familienleben auftauchen. Das erfordert eine enorme Großzügigkeit, sie hereinzulassen. Auch die Geliebte befindet sich in einer unangenehmen Situation, die sie aber entspannen kann. Wodurch? Durch eine Entschuldigung.

Das ist meiner Meinung nach ein sehr wichtiger Schritt zur Heilung. Soweit ich das beurteilen kann, sind aber die wenigsten dazu bereit, ihn zu gehen. Sie haben dafür auch Argumente: »Ja, aber die Ehe war schon unglücklich!«, »Ja, aber seine Frau hat ihn vorher auch schon mal betrogen«, »Ja, aber sie will mit mir nichts zu tun haben«, »Ja, aber wir haben uns doch nur verliebt!« – und so weiter.

Das mag alles richtig sein, und trotzdem waren wir Teil des Betrugs. Wäre es da nicht das Mindeste, sich zu entschuldigen?

Auch hier: Drehen wir die Sache um. Statt Geliebte zu sein, stelle ich mir vor, ich war die Ehefrau und bin betrogen worden. Hinter *meinem* Rücken fand etwas statt, von dem ich nichts wusste. *Ich* wurde angelogen.

Gelegentlich passiert es, dass sich die Geschichte wiederholt. Die Geliebte wird die Freundin, dann die Ehefrau. Und dann kommt wieder eine neue Geliebte. Wenn der Mann nichts dazugelernt hat, wird er es wahrscheinlich wiederholen. Und wenn ich mich als ehemalige Geliebte seiner Ex gegenüber angriffslustig verhalten habe, dann darf ich das vielleicht jetzt auch einmal selbst erspüren.

Seelenhausaufgaben. Sie sind dann doch etwas hartnäckig.

Wie soll man sich denn nun verhalten, wenn man sich in jemanden verliebt hat, der aber selbst noch anderweitig liiert ist? Oder wenn wir selbst unsere bisherige Beziehung noch nicht beendet haben? Manchmal verlieben wir uns, damit wir unser Leben, so wie wir es bisher gestaltet haben, verlassen, und das schaffen wir vielleicht in der Trennungsphase nur, wenn uns jemand einen Schubs gibt. Durch eine neue Liebe kann uns klar werden, was uns fehlt. Wir sehen die Chance, glücklicher zu werden, und möchten sie ergreifen.

Haben wir eine Affäre, oder klären wir erst einmal unsere Situation?

Wenn wir jemanden kennenlernen, merken wir sehr früh, ob wir uns auf eine Beziehung einlassen wollen oder nicht. Möchten wir zunächst unsere Lage ordnen, kann es sinnvoll sein, den Kontakt zu der potenziell neuen Liebe – zumindest vorläufig – abzubrechen:

Während meiner zweiten Ehe traf ich in einer Meditationsgruppe einen Mann, zu dem ich mich hingezogen fühlte. Meine Entscheidung: Ich ging nie wieder zu dieser Meditationsgruppe. Wir hatten damals in unserer Ehe schon genug Herausforderungen. Dieses zusätzliche Problem wollte ich nicht.

Jahre später – in der aktuellen Trennungsphase – entstand ein kurzer telefonischer Kontakt mit meiner Jugendliebe. Wir waren in der aktuellen Trennungsphase, und ich schob unser erstes Treffen weit nach hinten. Und erst nach der Trennung und nach der Trauer darüber ließ ich den Kontakt intensiver werden.

Natürlich liegt es auch daran, wie bereit wir sind, nicht unserer Fantasie zu folgen, indem wir uns die potenzielle neue Beziehung in den schönsten Farben ausmalen. Damit kann eine Verliebtheit viel an Fahrt gewinnen. Brechen wir die Gedanken ab, wenn sie in diese Richtung gehen wollen, dann beruhigt sich auch das wieder. Das ist ein Fluchtmoment: Wir verlassen die Anstrengungen unserer Beziehung oder der Trennungsphase und malen uns eine neue, schönere aus. Doch es gibt eine Wahlmöglichkeit, wenn wir jemand Neuen kennenlernen.

Angenommen, wir treffen jemanden, den wir faszinierend, anziehend und interessant finden. Auf jeden Fall interessanter als das, was wir zu Hause haben. Wir blocken das eigene und das andere Interesse nicht ab, sondern beginnen zu flirten – was in dem Fall ein Spiel mit dem Feuer sein kann. Das ist uns klar. Weil unsere bestehende Beziehung wackelt, erlauben wir uns diesen Flirt. Unsere Gedanken kreisen um die neue Person, und wir malen uns alle möglichen angenehmen Varianten dazu aus. Täglich. Stündlich.

Verlieben sich jetzt beide ineinander – vielleicht sind auch beide verheiratet –, kann aus dem Feuer schon ein kleiner Schuppenbrand nahe dem Haupthaus werden.

Wir genießen diese neue Liebe. Diese Spannung. Die Geheimnisse. Das Ausprobieren. Auch manchmal das Verheimlichen. Da ist ein neuer Körper, der erforscht werden will. Lange schon eingeschlafene Lust. Ein neuer Geruch. Eine neue Innigkeit.

Damit kommen aber auch mehr Lügen und mehr Heimlichkeiten. Jetzt brennt die Hütte und droht auf das Haupthaus überzugreifen. Wenn es dann herauskommt – aus welchen Gründen auch immer –, geht es nicht nur darum, das Haus aufzuteilen, sondern erst einmal den Brand zu löschen. Denn das Feuer ist durch den Betrug stärker geworden.

Was ist die Alternative?

Wir merken, wir verlieben uns. Wir legen die Zündholzer aus der Hand und besprechen das: »Ich verliebe mich gerade in dich, und um mich weiter auf dich einzulassen, müsste ich lügen. So möchte ich aber unsere Beziehung nicht beginnen.« Bei so viel ausgesprochener Klarheit merken wir schnell, ob unser Gegenüber wirklich an uns interessiert ist oder ob ihn das eher verschreckt. Wenn Letzteres zutrifft: Wunderbar! Ein Problem weniger. Und es wäre ein Problem geworden. Wenn nicht, kann man das weiter besprechen: »Ich muss mein Leben erst aufräumen. Wie sieht es denn mit deinem aus? Wenn es etwas mit uns werden kann, dann wird es auch noch etwas werden, wenn wir warten. Ich brauche wahrscheinlich drei Monate, um aufzuräumen. Wie lange brauchst du?«

So etwas ist möglich. Es hat den enormen Vorteil, dass man nicht lügen muss.

Manche allerdings wollen die neue Beziehung erst einmal heimlich ausprobieren. Vielleicht funktioniert sie ja nicht, und dann wäre es vielleicht besser oder »sicherer«, die alte Beziehung trotz eingeleiteter Trennung zu kitten und weiterzuführen. Also ohne großen Erklärungsbedarf »bei Nichtgefallen zurück« ins alte Leben gehen zu können.

Eine Beziehung gestalten wir so, wie wir sie gern möchten, respektive was wir über Beziehungen und ihre Gestaltung wissen und was beide auch umsetzen können. Das gelingt uns manchmal mehr und manchmal weniger – genau deswegen, weil wir das nicht allein entscheiden, sondern zu zweit. Manche Paare legen auf Treue nicht so viel Wert. Das ist aber nur möglich, wenn wirklich beide das so sehen. Wenn eine darunter leidet und der andere nicht, dann ist das eine ungesunde Beziehung und … schmerzlich.

Dazu heißt es auch gern:

Liebe lässt frei

Was bedeutet das? Bei einer Trennung würde ich das sofort unterschreiben. Ja. Wenn ich jemanden liebe, er mich aber nicht mehr liebt oder nicht mehr mit mir zusammen sein möchte, dann muss ich ihn freilassen.

Mir steht es auch offen, ihn weiterhin zu lieben, aber er muss mich nicht zurücklieben. *Die Liebe liebt, wen sie liebt.*

Als ich das allerdings von einem Mann hörte, der mir damit sagen wollte, dass er neben mir noch eine andere sexuelle und innige Beziehung haben möchte, ließ ich ihn zwar frei, allerdings wohl etwas anders, als er sich das vorgestellt hatte:

Er schaute mir tief in die Augen und meinte, dass er ja immer schon zwei Frauen gehabt habe. Seine langjährige Geliebte, die er schon seit 25 Jahren immer mal wieder beglückt, und eben dann die »Neue«. Und jede neue Liebe müsste das natürlich akzeptieren. Als früherer Sannyasin hat er unter freier Liebe etwas anderes verstanden als ich.

Ich schmunzelte und meinte: »Das ist aber praktisch. Wenn du mit der einen Frau Ärger hast, dann gehst du einfach zur anderen und lässt dich dort trösten. Meine Form von Problemlösung würde da anders aussehen.«

Welche Art von Beziehung wir erschaffen wollen, ist natürlich uns selbst überlassen. Und es geht weniger darum, was gesellschaftlich erwartet oder gestattet wird, sondern was gesund oder ungesund ist. Oder heimlich und offen. Alles Heimliche hat eben die zusätzliche Komponente des Betrugs:

Sie war seit fünfzehn Jahren Geliebte und wollte es auch bleiben. Sie wollte nie seine Ehe auseinanderbringen. Sie genoss es, Geliebte zu sein. Sie traf ihn alle sechs Wochen für ein Wochenende in einem schönen Hotel, weswegen er seiner Frau sagte, dass er mit Kumpels beim Golfspielen sei. Sie war auch verheiratet: mit ihrer Firma. Sie wollte nicht täglich mit ihm zusammen sein. Sie liebte ihn, gar keine Frage, und sie war keine Sekunde auf seine Frau eifersüchtig. In den fünfzehn Jahren hatte er sie nie zu Hause besucht. Er kannte keine ihrer Freundinnen und sie nicht seine Kinder. Sie sprachen nie über seine Ehe. Sie verbrachten diese Wochenenden im Teenager-Glücksgefühl. Gedanken an die Ehefrau schob sie zur Seite. Sie glaubte dennoch, die Ehefrau wisse irgendwie Bescheid.

Jahre später trennte sich die Ehefrau vom Mann. Die Geliebte wurde zur offiziellen Freundin. Am Anfang wehrte sie sich gegen das Wort, und dann erspürte sie, was ihr vorher gefehlt hatte: die Innigkeit, die entsteht, wenn man sich gegenseitig jederzeit anrufen kann. Das Zuhause, das sie jetzt ab und zu mit ihm teilte. Das späte Kennenlernen seiner Kinder.

Sie wurde als neue Beziehung vorgestellt. Das fanden beide weniger anstrengend.

Ich weiß von Frauen, die sich entlastet fühlen, wenn der Mann anderweitige Interessen auslebt. Sie dulden die Zweitfrau, solange die Affäre still, heimlich und weit weg vom gemeinsamen öffentlichen Leben stattfindet. Diese Frauen – wie die Männer – bevorzugen den Status der Ehe aus verschiedenen Gründen und wollen ihn nicht aufgeben. Nach außen geben sie sich als ein zugewandtes Paar (was sie manchmal auch wirklich sind), und in ihrem intimen Leben beschäftigen sie sich anderweitig.

Für die meisten gilt: Betrug zu heilen ist ein Prozess. Es wird vieles angestoßen: das Selbstwertgefühl, das Vertrauen, das Gefühl, lächerlich gemacht worden, unattraktiv und austauschbar zu sein. Und dazu kommt das eigene Entsetzen: »Warum bin ich solch eine Idiotin, dass ich das nicht gemerkt habe?«

Also, wozu passiert uns das? Was ist der Vorteil daran?

»Da gibt es keinen Vorteil. Ich heule. Die Ehe ist im Eimer. Die Kinder werden aus unserem gewohnten Leben gerissen, und ich wünsche ihm und ihr sämtliche Geschlechtskrankheiten, die hoffentlich auch noch ständig jucken.«

Doch, es gibt einen Vorteil: Jede Krise weckt uns auf, und jeder Heilungsprozess und jede Trennung hilft uns, genau hinzuschauen. Sie ist nicht nur ein Test, sondern bringt auch ans helle Licht, was wir noch unter den Teppich gekehrt haben. Dazu ist die Krise da: Sie verschafft uns Klarheit darüber, wie wir jetzt leben und wie wir weiterleben wollen.

Auf Seelenebene ist sie ein Vorteil. Immer. Woher weiß ich, dass wir uns trennen sollten? Weil wir uns trennen. Woher weiß ich, dass die Beziehung nicht hätte länger halten können? Weil sie nicht länger gehalten hat.

Wir legen uns nicht mit der Realität an. Die Realität liegt hier vor uns. Wenn eine Affäre – ob von ihm oder von mir – der Anlass dafür war, dass wir uns jetzt trennen, wenn sie das Ganze noch zusätzlich belastet oder in der Trennungsphase ans Licht kommt, gilt es, sie genauer zu betrachten, um zu verstehen, was wir daraus lernen sollen:

Er war verwöhnt worden. Von der Mutter und der Großmutter. Wenn es bei der einen Ärger gab, konnte er sicher sein, dass die andere ihn tröstete; und das war schon immer so. Solange er sich erinnern konnte. Und auch später begann er automatisch, nach Trost zu suchen, wenn es in einer Liebe kriselte. Ja gut, es musste heimlich sein, aber das waren die heimlichen Besuche bei seiner Großmutter ja auch, wenn er Ärger mit seiner Mutter bekam. Das machte er halt so.

Jedes Mal kam die Affäre raus. Jedes Mal gab es ein Riesentheater. Bis, ja bis er sich das mal genauer ansah und erkannte, welche Dynamiken sich immer wiederholten.

Und dann hörte er damit auf.

Es gibt immer einen Grund für Affären. Bin ich mit einem notorischen Fremdgeher zusammen gewesen, der Bestätigung von außen braucht? Habe ich mich aus der Beziehung eigentlich schon lange zurückgezogen, und wir waren nur noch Eltern? Habe ich mich gehenlassen? Warum hatte ich selbst die Affäre? Fehlte mir Sex? Was hat sie mir gebracht? Warum habe ich mich darauf eingelassen?

Fragen zu Affären

Die Affäre des anderen. Was war der Grund?

Weil er es nicht anders kennt.

Nehme ich das an, oder weiß ich das?

Ich nehme das an.

Kann ich das verstehen? (Das heißt nicht, dass ich dem zustimme. Das heißt nur, dass ich es nachvollziehen kann.)

Ja

Die Affäre. Meine. Was war der Grund?

~~hatte Späße~~ Das Vertraute

Zu welchem Zweck hatte ich sie?

Wollte gefallen werden.

Wenn wir wirklich interessiert daran sind, warum der andere fremdgegangen ist, dann ist die Bereitschaft für ein Gespräch häufig gegeben. Wenn wir allerdings nur mit Vorwürfen um uns werfen, kann das schwierig werden.

Trennungsrituale

Die Verlobung und die Hochzeit werden gefeiert, aber leider haben wir noch wenige Rituale für die Trennung. Ich glaube, wir brauchen Trennungsrituale. Ein Paar-Trennungsritual würde ich ohne Kinder stattfinden lassen, denn die Intimität oder Emotionalität könnte für sie vielleicht schwer einzuschätzen sein. Ein gemeinsames Familienritual ist auf jeden Fall zu empfehlen.

Das Wunderbare an Ritualen ist:
Man kann nichts falsch machen

Denn alles, was wir gemeinsam an Ritualen gestalten und mit einem offenen Herzen tun, ist richtig. Richtig für das Paar. Richtig für die Familie.

Mein früherer Mann und ich nahmen gemeinsam unsere Eheringe ab und bedankten uns gegenseitig für unsere Zeit. Wir weinten und umarmten uns, lagen uns lange in den Armen und versprachen uns, auch weiterhin füreinander da zu sein.

Ich habe von Paaren gehört, die sich ein Trennungsversprechen gaben – wie damals ein Eheversprechen. Und das vor den Freunden und den Familienmitgliedern, die zum Teil auch auf der Hochzeit waren.

Andere warfen ihre Ringe gemeinsam in einen See. Wieder andere gaben sie zurück. Manche ließen sich die Ringe einschmelzen und entwarfen kleine Schmuckstücke für die Kinder.

Wenn wir ein gemeinsames Trennungsritual vorschlagen, dann zeigen wir, dass wir beides wertschätzen: die gemeinsame Vergangenheit und auch die anders zu gestaltende Zukunft. Wir haben uns nicht nur für die Hochzeit, sondern auch für die Trennung Zeit genommen. Wir hören, was der jeweils andere an der bisher verlebten Zeit liebte und schätzte.

Damit wird ein besonderer Moment gestaltet, der nicht einfach so zwischen Tür und Angel stattfindet und ein »Egal-Gefühl« hinterlässt. Egal war die Beziehung nicht, und es wäre schade, wenn das so vermittelt würde. Das gibt beiden – und wer immer sonst noch dazu eingeladen wird – ein Gefühl der gegenseitigen Achtung. Und das sollte nicht unterschätzt werden. Selbst wenn die Trennung schon lange zurückliegt, kann man dem anderen trotzdem auch später noch mitteilen, wie wichtig diese gemeinsame Zeit war. Viel kann da auch noch im Nachhinein gelöst und geheilt werden.

Trennungsrituale sind dann am wirkungsvollsten, wenn sie individuell auf die Familiensituation zugeschnitten sind, und zwar gemeinsam und mit allen Beteiligten. Ja, man kann Ideen einbringen, aber bei gemeinsamen Ritualen ist es wichtig, auch wirklich zu erspüren, was für die anderen ebenfalls stimmig ist. Gerade für diejenigen unter uns, die gern organisieren, ist es eine Herausforderung. Wir fragen erst einmal nach, ob überhaupt Interesse besteht: »Ich würde gern unsere gemeinsame Zeit mit einem Ritual würdigen. Könntest du dir das vorstellen?« Offen bleiben, abwarten, dem anderen Zeit zum Nachdenken geben. Sind wir selbst mit Ritualen vertraut, aber der andere hält sie für Spinnerei, dann braucht es eine mildere Version. Da reicht es, wenn wir aufrichtig von Herzen sagen: »Ich möchte mich bei dir bedanken für unsere gemeinsame Zeit. Sie hat mir enorm viel bedeutet, und du bist ein wichtiger Mensch in meinem Leben.«

Bei einem Ritual mit Kindern liegt das Hauptaugenmerk auf der zukünftigen Familiengestaltung. Mama und Papa (oder sonstige Menschen im Familienverbund) sind auch weiterhin da. Wir sind nach wie vor Familie. Manchmal helfen äußere Zeichen dieser weiteren Familienangehörigkeit: ähnliche Armbänder, kleine Skulpturen, gleich bedruckte T-Shirts – je nach Alter der Kinder –, die während oder nach Vollzug des Rituals verteilt werden. Ein Ritual ist wie der Boden, auf dem wir stehen. Es gibt uns Stabilität. Tiefe. Ruhe. Verlässlichkeit. Natürlich immer in Zusammenhang mit einem inneren »Ja« – für alle.

Ein Ritual gewinnt mit dem Bezug zur Natur. Denn damit erspüren wir bewusst oder unbewusst das Gefühl der Unendlichkeit. Wir sind hier im Leben für eine kurze Zeit, und die können wir uns angenehm oder unangenehm gestalten. Wenn wir gemeinsam um ein offenes Feuer sitzen oder um eine Kerze, findet das Auge und finden damit auch wir dort Ruhe. Das Gleiche gilt für einen Sonnenuntergang oder den Sternenhimmel. Und natürlich auch für das Wasser. Ein Symbol für den ewigen Fluss des Lebens.

Ein Familienritual

Alle fünf saßen gemeinsam am Tisch und malten auf ein quadratisches Papier Bilder von der Familie. In der Mitte brannte eine Kerze. Die Jüngste war erst fünf Jahre alt. Jeder erzählte etwas über die Zeichnung und was da zu sehen war. Dabei wurde viel offenbart, es gab die eine oder andere Träne, und oft lachten auch alle. Da erinnerte man sich an Urlaube, es gab viele leuchtende Farben und jede Menge Herzen. Immer wieder fiel der Satz: »Wir sind und bleiben Familie.«

Danach faltete jeder sein Blatt zu einem Papierschiffchen – da half man sich auch viel untereinander –, und so standen fünf bunte kleine Papierschiffchen auf dem Esszimmertisch. Draußen auf dem Balkon hatte Papa eine große Schale mit Wasser vorbereitet. Der Himmel war zwar bewölkt, und man konnte keinen Mond sehen, aber die bunten Kissen, ein paar Laternen und die milden Temperaturen sorgten für eine besondere Stimmung. Die Eltern saßen nebeneinander. Jeder hatte sein Schiff in der Hand und reichte es im Uhrzeigersinn an das nächste Familienmitglied weiter. Jeder hielt jetzt ein anderes Boot in den Händen und blies seinen Atmen mit viel Liebe hinein.

Dann gaben sie es weiter, bis jeder wieder sein Papierschiff in den Händen hielt. Das eigene Boot lag jetzt auf dem Schoß, und alle Familienmitglieder legten ihre Hände in die Schüssel mit Wasser und versuchten, sich alle zu berühren. Das ging gar nicht so einfach und war wieder Anlass für viel Gelächter. Auch jetzt ging es durch diese Wasserberührung spielerisch darum zu symbolisieren, dass sie miteinander verbunden sind und immer, wenn sie das fühlen wollten, das Schiff anschauen oder die Hände ins Wasser halten können. Damit sich alle immer daran erinnern, dass sie miteinander verbunden sind.

Sie hatten seit Jahren ein Familienlied, das sie immer auf großen Autofahrten sangen, und das stimmten sie jetzt an. Am Schluss änderte die Mama die Liedstrophe um: »Wir sind immer für uns da. Wir sind immer für uns da. Falleri, fallero, fallera.« Und dann kam auch noch mit großem Hallo der Mond heraus. Die Stimmung wurde ruhiger, entspannter. Und auch die Trauer durfte ihren Platz haben.

Bei jedem Familienritual ist es wichtig, nicht nur sich selbst zu erspüren, sondern die Aufmerksamkeit auch auf die anderen Teilnehmenden zu richten, besonders wenn es Kinder sind. Sobald erspürt wird, dass sich irgendjemand dabei unwohl fühlt, braucht es ein sensibles Nachforschen. Wahrscheinlich sollte dann etwas umgestaltet werden, und das am besten gleich.

Achtung: Unwohlsein kann leicht mit einem inneren Prozess verwechselt werden. Wenn wir uns unwohl fühlen, passt uns etwas nicht. Wenn wir dagegen eine emotionale Reaktion haben, ist das wichtig für unseren inneren Prozess und für das Ritual. Jemand, der dabei weint, darf ruhig weinen. Das ist es, was es braucht. Bei Kindern braucht es da wahrscheinlich einen körperlichen Trost: eine Umarmung, einen Kuss. Bei Erwachsenen manchmal eher nicht. Da stört das den inneren Prozess. Ich verlasse mich hier auf meine Intuition oder frage auch nach: »Kann ich etwas für dich tun?« Am Gesichtsausdruck sehe ich dann, ob es etwas braucht – oder eben nicht.

Der eigene innere Abschied

So wunderbar gemeinsame Rituale sind, so wichtig sind aber auch eigene. Es ist eine Verabredung mit mir selbst. Ich als Seele erlaube allen meinen Aspekten (Persönlichkeit, Körper, Intellekt), sich zu verbinden. Die meisten Rituale mache ich nur mit mir allein. Dies hier ist mein inneres Abschiedsritual:

Mein inneres Abschiedsritual

Ich bereite das Badezimmer vor, indem ich am Badewannenrand eine Kerze anzünde. Und mir eine Feder dazulege. Das Wasser unterstützt beim Loslassen. Energetisch fließt etwas aus unserem Körper heraus, wird vom Wasser aufgenommen und dann am Ende des Rituals aus der Wanne abgelassen, wenn wir den Stöpsel gezogen haben.

Ich liege in der Badewanne und spüre mich in meinen Körper ein und meditiere für eine Weile. Dann erlaube ich mir, die andere Person mit meinem inneren Auge zu sehen. Ich erlaube mir, beglückende Erinnerungen hochzuholen, und behalte dieses Gefühl der Dankbarkeit für die gemeinsame Zeit in meinem Herzen.

Dann öffne ich die Augen und schaue in die Kerze. Wenn es etwas zu vergeben oder zu verzeihen gibt, dann tue ich das jetzt, und dann verzeihe ich mir selbst. Dann spreche ich laut aus: »Ich bedanke mich bei dir für unsere gemeinsame Zeit, alle Geschenke (im weitesten Sinne), die du mir geschenkt hast, und alles, was ich lernen und erfahren durfte. Hiermit gebe ich all deine Kraft zu dir zurück.« Anschließend bewege ich die Feder über der Flamme (ohne dass sie anbrennt natürlich) und lege sie eine Zeitlang auf mein Herz.

Danach geht es um meine Kraft: »Mit dem nächsten Atemzug hole ich all meine Kraft, die ich dir gegeben habe, wieder vollständig zu mir zurück.« Das ist ein wichtiger Satz mit einer klaren Richtung. Ich mache ihn nicht kleiner.

Nun lege ich die Feder auf mein Herz und erspüre die Rückkehr der Stärke, die ich dem anderen überlassen hatte.

Nun schließe ich wieder die Augen und erspüre, wo in meinem Körper ich noch mit dem anderen verbunden bin. Sei es durch imaginäre Fäden, Seile, Stricke – egal welche Art von Verbindung. Das mögen manchmal ungewöhnliche Gerätschaften sein. Ich akzeptiere, was da intuitiv kommt. Ich zertrenne sie dann innerlich und gebe sie der anderen Person wieder zurück.

Am Ende des Rituals lasse ich die Feder über meinen Körper gleiten. Dann lasse ich das Wasser heraus und dusche mich anschließend nochmal ab. Dabei denke ich daran, dass ich in einem Prozess des Loslassens bin und *alles, was nicht meins ist, meinen Körper und mein Energiefeld verlassen* wird.

Danach creme ich mich besonders sorgfältig ein und genieße mich und meinen Körper.
Idealerweise findet solch ein Ritual vor dem entspannten Schlafengehen statt.

Achte bei Ritualen zur Trennung bitte darauf, keine negativen Gefühle mitzuschicken. Du akzeptierst das Wesen des anderen, erlaubst aber keine oder nur eine für die neue Situation passende energetische Verbindung:

Er war der Vater ihrer Kinder, dennoch hatte er stets enorme Ansprüche gestellt, und sie war gerade dabei, das in ein gesundes Miteinander für die Zeit nach der Ehe zu legen. Als sie das Trennungsritual durchführte und innerlich ihren Körper nach der Verbindung zu ihrem Ex-Mann scannte, spürte sie Fangarme um ihre Beine, an ihrem Kopf etwas Enggeschnürtes und eine Riesenpumpe an ihrem Herzen. Sie war erschrocken angesichts der Kraft dieser Verbindungen. Als Erstes trennte sie diese Fangarme von ihren Beinen. Es dauerte eine Weile, denn sie hatten sich ziemlich eingegraben. Anschließend spürte sie an ihren Beinen eine Beweglichkeit, die sie erstaunte. Dann zerrte sie sich die Mütze vom Kopf und schüttelte sich ihre Haare. Bei dieser massiven Pumpe an ihrem Herzen holte sie sich einen imaginären Schneidbrenner und kappte die Verbindung. Alles schickte sie klar, aber ohne negative Emotionen in seine Richtung zurück. Sie legte ihre Hände auf die jetzt zu verheilenden Stellen und sah zu, wie das alles geschah.

Ihre Beine waren frei. Ihr Kopf und ihre Haare waren erleichtert, und das Herz war kräftig und stark. Trotzdem fehlte ihr etwas. So ganz ohne Verbindung wollte sie zu dem Vater ihrer Kin-

der nicht sein. Sie erlaubte eine Herzensverbindung von ihrem Herzen zu seinem. Allerdings beweglich und leicht. Dann erlaubte sie sich, ihren Körper und ihr Sein zu erspüren; und als sie damit zufrieden war, ließ sie ihre Feder um ihren Körper gleiten.

Nur wenige Beziehungen brauchen nach einer Trennung einen kompletten Cut. Besonders übergriffige, gewaltbereite, bedrohende Beziehungen brauchen das, wie ich schon gesagt habe.

Haben wir gemeinsame Kinder, möchten wir in Freundschaft einander zugewandt bleiben, dann darf es natürlich weiterhin eine Verbindung geben. Wie sie gestaltet wird, entscheiden jetzt wir.

Was immer da in einem Ritual hochkommt, will betrachtet werden. Hast du am Schluss das Gefühl, du möchtest unter dem Sternenhimmel stehen, geh auf den Balkon oder in den Garten, oder lehn dich zumindest ein wenig aus dem Fenster. Alles, was in einer Ritualzeit hochkommt, schickt uns unsere Intuition. Es ist klüger, wenn wir das beachten. Selbst wenn es eigenartig klingt. Ich hörte mal, dass ich mich mit dem Saft einer ausgepressten Zitrone einreiben sollte, was ich natürlich tat.

Wenn wir uns in diesem Ritual unsere Kraft wieder zurückholen, dann spüren beide das. Besonders wenn wir in dieser Beziehung unterstützt wurden und gestützt haben, wird es auffallen, sobald diese Unterstützung nicht mehr zur Verfügung steht. Manchmal sieht man das beim nächsten Treffen: Der andere scheint geschrumpft zu sein.

In einer gesunden Beziehung sind wir uns gegenseitig liebevoll zugewandt. Ist jemand krank oder gerade geschwächt, außerhalb seines eigenen Gleichgewichts, können wir Unterstützung sein. Für eine bestimmte Zeit.

Manche glauben, es ist Liebe, wenn wir konstant von unserer Lebenskraft geben. Doch was Liebe ist – beziehungsweise nicht ist –, wissen wir ja mittlerweile. Dies hier ist eine Abhängigkeit. Es ist wie Stillen. Da würden wir uns auch wundern, wenn ein erwachsener Mann noch zum Stillen käme. Für alle Wesen gilt es, die eigene Kraft zu erkennen und einzusetzen und das, was uns schwächt, abzustellen. Wir sind für unser energetisches Feld selbst verantwortlich – und erwachsen.

Wenn wir ausdauernd unsere Kraft für den anderen hergeben, dann verlieren wir selbst Lebenskraft. Wir sind zur Batterie geworden, bei der sich der andere auflädt. Das ist auf Dauer nicht gesund. Natürlich kann man sich immer mal gegenseitig unterstützen. Aber ein konstantes Energiespenden ist wie Blutspenden. Das sollte man auch nicht täglich tun.

Wenn wir nach diesem Ritual unsere Lebenskraft wieder selbst verwalten und wissen, was Liebe ist, dann ist es – besonders auch für gemeinsame Kinder – erleichternd und erfreulich, wenn die Liebe noch da sein darf. Es ist eben eine andere Art von Liebe. Wir mögen, schätzen beziehungsweise lieben uns, haben aber beschlossen, nicht mehr zusammenzuwohnen.

Das hat nichts damit zu tun, dass jemand nicht gut genug wäre. Er ist eben anders. Und dieses Andere passt zu meinem Sein im täglichen Zusammenleben nicht mehr oder nicht harmonisch schwingend zusammen. Trotzdem kann man sich lieben und schätzen.

Wir alle haben Stärken und Schwächen. Können wir das beim Gegenüber und auch bei uns selbst akzeptieren? Nur weil wir vielleicht die Angewohnheit haben, zu oft Ja zu sagen, ist das noch lange nichts, wofür wir uns schämen müssten. Sondern etwas, was es zu erkennen gilt. Wir verwandeln ungesunde Angewohnheiten in bereichernde, indem wir anfangen, nur dann Ja zu sagen, wenn wir das auch wirklich meinen.

Trennungen sind eine Chance für persönliches Wachstum. Nicht nur um solche Lernprozesse anzustoßen.

Die zehn Gebote für Trennungen

1

Geht respektvoll miteinander um.

2

Seid dankbar für die gemeinsame Zeit.

3

Verzeihe die Schmerzen,
die dir zugefügt wurden.

4

Verzeihe dir selbst die Schmerzen,
die du zugefügt hast.

5

Widerstehe Machtkämpfen.

6

Sei großzügig.

7

Umgebe dich mit Menschen, die
beruhigen und nicht aufhetzen.

8

Lerne Emotionen zu beruhigen.

9

Kümmere dich um dein eigenes Leben.

10

Lege dich nicht mit der Realität an.*

*(Woher wissen wir, dass unsere Beziehung nicht weiter hätte bestehen können:
Weil sie nicht weiter bestanden hat.)

Nach der Trennung

In diesem Zustand des schmerzlichen Verlustes geht jeder von uns seinen eigenen Weg. Was immer man jetzt braucht, braucht man. Freundinnen und Freunde sind oft einfach nur durch ihr Dasein ein Trost. Wir spüren, dass wir Menschen haben, denen wir am Herzen liegen, und doch ist die Trauer ein persönlicher Prozess, der von niemand anderem übernommen werden kann. Wir brauchen zur Trauer die eigene innere Auseinandersetzung.

Die Rolle der Trösterin einzunehmen bedeutet nicht, dauernd mit irgendwelchen Ratschlägen aufzuwarten. Wir sind als Freundinnen einfach nur da. Das mag für manche eine ziemliche Herausforderung sein. Für mich, die früher viel ungefragten Rat gab, war es das auch. Ich zwang mich schließlich dazu, nichts zu sagen, wenn ich nicht darum gebeten worden war. Ich lud die Betreffenden zum Essen ein. Oder ich kam und versorgte sie. Ich rief sie an und hörte zu. Ich akzeptierte das gewählte Trauerverhalten. Meine aufmerksame Präsenz war Trost. Und ab und zu stellte ich die Frage: »Ich weiß, dir geht's nicht gut. Was kann ich für dich tun?«

Wenn unsere Freunde uns auf diesem Weg begleiten, kann sie das leicht überfordern. Sie möchten uns unterstützen, und sie glauben manchmal, sie müssten uns »wieder zurück ins Leben holen«. Das versuchen sie zuweilen mit Ziehen und Zerren und äußern eben auch schon mal Sätze wie: »Meinst du nicht, jetzt reicht es langsam? Das ist nun ja doch schon eine ganze Weile her …«

Eine Trauer dauert, so lange sie dauert

Für viele um eine Beziehung Trauernde ist es schwierig, wenn sie das Gefühl haben, die Länge der Trauer wird nicht akzeptiert: »Geh doch mal wieder unter die Leute!«, »Zieh dich nicht so zurück«, »Komm doch endlich mal wieder in die Puschen« – wie kommt das bei Trauernden an?

Es sei zu lange. Es sei gegen die Norm. Da stimme was nicht. Die Trauernde zieht sich weiter zurück oder tut jetzt so, als würde sie nicht mehr trauern.

Es gibt verschiedene Phasen der Trauer. Die Psychiaterin Elisabeth Kübler-Ross (1926–2004) teilte sie in fünf Phasen ein:

1. das Leugnen (Nicht-wahrhaben-Wollen),
2. der Zorn,
3. das Verhandeln,
4. die Depression,
5. die Akzeptanz.

Diese Phasen müssen nicht zwangsläufig hintereinander ablaufen, und es kann sein, dass die Betroffene die eine oder andere überspringt. Das ist aber nur dann nützlich, wenn es sich um ein Zeichen spiritueller Wachheit handelt.

Wenn wir etwas nicht wahrhaben wollen, legen wir uns mit der Realität an. Dann kommt der Zorn, wenn wir feststellen, dass zu leugnen nicht mehr hilft. Beim Verhandeln versuchen wir – je nach Persönlichkeit – entweder, den früheren Zustand wieder zurückzuholen (»Wenn wir wieder zusammenkommen, mache ich in Zukunft das und das«), oder es geht um das innere Verhandeln. Zum Beispiel: Ich bin für Beziehungen nicht geschaffen. Darauf folgt die Depression, also die Trauer darüber, und erst dann kommt die wirkliche Akzeptanz: Wir legen uns jetzt nicht mehr mit der Realität an. In welcher Phase wir uns wie lange befinden, hängt von uns und unserer Bereitschaft zur Akzeptanz ab. Manche brauchen dafür ein paar Stunden, andere ein paar Jahre. Jede Herausforderung, jede Krise – und das ist der Sinn dabei – führt uns zu einer Überprüfung:

Stimmt das, was ich glaube?

Bin ich ein spirituell suchender Mensch, sind mir Seelenhausaufgaben und Reinkarnation vertraut, dann kommt es jetzt – besonders bei einer Trennung durch den körperlichen Tod – zu einer weiteren tiefen Erforschung.

Wie tief sitzt die Verzweiflung darüber? Wie gehe ich damit um? Was erspüre ich? Erscheint mir alles, was ich bisher geglaubt habe, jetzt als falsch?

Ihr erwachsener Sohn war bei einem Motorradunfall gestorben, und sie rief mich verzweifelt an. »Warum?«, rief sie weinend. Ich kannte sie und ihren Sohn gut. Ich lebte damals am anderen Ende der Welt, und so blieb uns nur das Telefon.

Ich fragte, ob sie Kontakt mit ihrem Sohn aufnehmen wolle. Sie sagte Ja. Meine Erinnerung daran ist nicht mehr ganz exakt. Ich weiß aber noch, dass ich sie durch eine Meditation führte und dass sich ihr Sohn zeigte. Als sie ihn fragte, warum er gegangen war, sah sie vor ihrem inneren Auge, wie er sich in ver-

schiedenen Größen und unterschiedlicher Kleidung zeigte, als wenn diese Kleider aus verschiedenen Epochen stammten. Da sie sich noch nicht mit der Reinkarnation beschäftigt hatte, wusste sie nicht, was ihr das sagen sollte. Dies besprachen wir dann nach der Meditation.

Das, woran ich mich erinnern kann, war ein Satz, der plötzlich laut in ihrem Kopf hochkam: »Ich war fertig.« Ich hatte ihren Sohn gebeten, seiner Mutter ein Gefühl zu schicken – wie er sich jetzt wahrnehme –, und sie erspürte eine große Ruhe. Die Ruhe besänftigte sie, und für eine Weile verschmolz sie in diesem Frieden.

Dann beendeten wir die Meditation. Wir sprachen noch über das Erlebte, und sie fühlte sich beruhigt, entspannt und erlebte den Kontakt mit ihrem Sohn als wahr. Sie fühlte sich enorm getröstet, doch dieser Trost hielt kaum 24 Stunden.

Am Tag darauf besprach sie das mit Freunden, die ihr – manche durch Blicke, manche durch Worte – sagten, dass sie sich das alles nur eingebildet habe. Daraufhin fiel sie zurück in die Verzweiflung. Und blieb dort für eine lange, lange Zeit.

In diesem Beispiel ging es um jemandem, der sich noch nicht mit spirituellen Themen auseinandergesetzt hatte.

Haben wir uns schon intensiv mit der Spiritualität beschäftigt und hegen wir keine Zweifel daran, dass es Dimensionen gibt, die außerhalb unseres gewöhnlichen Wahrnehmungsbereichs liegen, dann wird unser Glaube durch solch ein Erlebnis überprüft. Diese Erforschung ist essenzieller Bestandteil unseres Wachstums. Wir können etwas lesen, etwas von anderen hören, diverse Workshops und Onlinekurse besuchen, aber ob wir etwas von alldem verinnerlicht haben, zeigt sich erst daran, wie wir mit einer wirklichen Krisensituation umgehen. Manche nennen diese Erfahrung »die dunkle Nacht der Seele«. Und ja, es schleudert uns durch. Es bringt nach oben, was angesehen werden will. Je nach dem bisher entwickelten Bewusstsein und der Tiefe der Erforschung dauert das. Es irritiert, und es klärt, und … es geht vorbei.

Ein wichtiger Schritt, um die Trauer zu verarbeiten und zu heilen, ist jedenfalls, dass wir den Zustand akzeptieren: Wir sind nicht mehr zusammen! Das ist eine Tatsache.

Verkürzen kann man die Trauer nicht, aber sie kann verlängert werden

Wir ziehen die Trauer in die Länge, wenn wir uns mit der Realität anlegen: »Ach, wären wir doch noch zusammen!«, »Ohne ihn wird es kein Glück mehr in meinem Leben geben«, »Niemand wird mich mehr so lieben, wie er es getan hat«, »Hätte ich doch dies und das anders gemacht, dann wären wir noch glücklich« … Und im Falle eines Todes die Frage nach dem Warum: »Er wollte nicht sterben«, »Sie ist viel zu früh von uns gegangen«, »Er hat doch so um sein Leben gekämpft«, »Es war solch ein sinnloser Tod. Wäre er nur früher zum Arzt gegangen/nicht mit dem Auto gefahren/nicht ›zum falschen Zeitpunkt am falschen Ort‹ gewesen« – und so weiter.

Auch hier legen wir uns mit der Realität an: Wir sind nie zum falschen Zeitpunkt am falschen Ort. Woher weiß ich, dass wir dort hatten sein sollen? Weil wir dort waren.

Derart über das »Warum« zu grübeln kann uns an den Rand des Wahnsinns treiben, jedenfalls bringt es uns keinen Schritt weiter.

Fragen wie »Wozu?« oder »Weswegen?« können da erhellender sein. Als mein früherer Mann und ich uns trennten, entstand dadurch eine größere Nähe zwischen Tochter und Vater. Das ist eine Antwort auf eine Wozu-Frage. Ich höre oft, dass durch den Tod oder eine schwere Krankheit beispielsweise der Zusammenhalt der Familie stärker wird. Alle rücken zusammen.

Unwichtiges wird als solches erkannt. Probleme sind auf einmal keine mehr, denn sie sind durch die Dramatik des Größeren in eine andere Perspektive gerutscht.

Durch manchen Verlust erspürt man erst die Nähe der Freunde.

Durch manches Unglück beginnt erst das spirituelle Erforschen. Dadurch, dass wir verlassen werden, lernen wir oft erst, uns auf uns selbst zu besinnen.

Es braucht:

- *Das Anerkennen des Zustands:* Wir sind getrennt. Wenn es anders möglich gewesen wäre, dann wären wir jetzt noch zusammen.
- *Das Verständnis dessen, warum diese Partnerin oder dieser Partner für diese Zeit in unserem Leben war und warum wir sie/ihn ausgesucht haben.*
- *Das Erforschen, wie es zu der Trennung gekommen ist:* Ich erkenne meine Seelenhausaufgaben darin.
- *Die Akzeptanz der eigenen Mitverantwortung:* Ich bin weder Opfer noch Täter, sondern Mitschöpferin.
- *Die Verinnerlichung dessen, dass jeder von uns die Wahl hat, eine Beziehung einzugehen und sie auch wieder zu trennen.*
- *Die Akzeptanz dessen, dass uns manchmal eine Welle des Bedauerns überschwemmen wird:* Jetzt gerade trauere ich, aber ich weiß, das Gefühl geht auch wieder vorbei.

Wenn wir Jahre später immer noch täglich über unsere Scheidung oder die Trennung trauern, dann haben wir die Situation noch nicht klar betrachtet:

- Haben wir die Hoffnungen auf ein schöneres Leben aufgegeben?
- Weigern wir uns, ein neues Leben überhaupt anzugehen?
- Wünschen wir uns heimlich, dass der frühere Partner weiterhin Schuldgefühle hat?
- Fällt es uns schwer, auf die Fürsorge durch die Menschen in unserem Umfeld zu verzichten, weil »wir ja immer noch nicht darüber hinweggekommen sind«?
- Haben wir die Vergangenheit illusioniert und die rosarote Brille fest auf der Nase?
- Betäuben wir uns (mit Alkohol, Schmerzmitteln, Drogen und so weiter), und sitzen wir im »Zimmer des Selbstmitleids«?

Seit zwei Jahren hört ihre beste Freundin nun bei jedem Treffen und jedem Telefonat immer wieder das Gleiche: »Er fehlt mir so! Warum hat er mich nur verlassen? Wir haben doch so prima zusammengepasst!«

Haben sie nicht. Ziemlich von Anfang ihres Zusammenseins an hatte sie über ihn hergezogen und sich laufend über ihn beschwert. Aber seit der Trennung stilisierte sie ihn regelrecht zum Traummann hoch, der grandioser nicht hätte sein können. In ihrer Fantasie, vor allem nach einem mittlerweile regelmäßig beachtlichen Alkoholkonsum, waren sie das Traumpaar par excellence.

Obwohl ihre beste Freundin immer mal wieder versucht hatte, ihr zu erklären, dass sie da einer Illusion erlag (»Weißt du noch, dass du dir jede zweite Woche überlegt hast, ob er überhaupt der Richtige für dich ist, und dass du dich selbst von ihm trennen wolltest?«), ging es immer so weiter.

Doch irgendwann reichte es auch der Freundin: »Ich kann es nicht mehr hören! Und übrigens, das wollte ich dir schon immer sagen: Wenn ich dein Freund gewesen wäre, dann hätte ich dich auch verlassen.«

Die so Zurechtgewiesene stellte das Weinglas ab und fragte erstarrt: »Wie meinst du das?«

»Du hast an diesem Mann ewig nur rumgemäkelt! Vor ihm und über ihn. Das ist doch völliger Blödsinn, was du jetzt dauernd erzählst! Also, ich an seiner Stelle wäre schon viel früher gegangen. Er konnte dir doch nichts recht machen! Und nun tust du so, als ob alles so toll gewesen wäre. Mir reicht's! Erzähl das Märchen jemand anderem. Außerdem trinkst du viel zu viel. Ob dir das dabei hilft, darüber wegzukommen … also, ich bezweifle das.«

Das war der Weckruf, den die Verlassene gebraucht hatte. Sie reduzierte drastisch ihren Alkoholkonsum und begann sich ernsthaft mit der Trennung auseinanderzusetzen. Der Freundschaft der beiden Frauen hat das nicht geschadet.

Wie wir mit Trennungen umgehen, hängt von unseren Gewohnheiten ab. Bei den einen mag es die Verklärung der Vergangenheit sein, in die sie sich geflüchtet haben, bei anderen ist es ein Schockzustand, in dem sie sich wie »abgestorben« fühlten.

Unser Körper gibt uns wichtige Informationen. Sein Zustand zeigt uns, wie es uns geht.

Einige haben den Kontakt zum eigenen Körper verloren – und das nicht nur durch die Trauer.

Nimm dir Zeit, dich zu fragen: Was spüre ich? Was fühle ich? Wo ist mein Körper angespannt? Was würde mir jetzt gerade guttun (frische Luft, Spaziergang, Sport, Massage, Badewanne und so weiter)? Diese Wahrnehmung bringt dich wieder näher zum Leben.

Sie heilt.

Wir haben keine Seele, sondern unsere Seele hat uns

Dieses bereits erwähnte Wissen hilft uns dabei, uns wieder bewusst zu werden, dass wir als unendliche Seele leben und, um eine menschliche Erfahrung zu machen, einiges manifestieren mussten: Neben dem Körper brauchen wir eine Persönlichkeit (den Verstand respektive Intellekt), Gefühle und die Intuition. Alle vier Aspekte unseres Seins suchen besonders in Krisensituationen unsere Wachsamkeit:

- Die *Intuition* ist die Sprache unserer Seele, tiefes Wissen.
- Der *Verstand* beziehungsweise *Intellekt* ist für die Vernunft und die Analyse zuständig.
- Die *Gefühle* zeigen uns unseren momentanen Zustand.
- Der *Körper* ist unser Instrument und Sensorensystem.

Wir erleben uns meistens als *Ich*. Das getrennte Ich von »allem, was ist«. Um zu wissen, dass es ein Meer gibt, müssen wir verstehen, dass es Wassertropfen gibt. Wir sind von der Weite des Meeres (ich als Teil der Unendlichkeit) in die singuläre Existenz gekommen (ich als Sabrina), und dafür ist eine Persönlichkeit erforderlich.

Wenn die Persönlichkeit gelernt hat, sich hinter der Seele einzuordnen, werden die einzelnen Funktionen klarer. Also ist unser Körper nicht mehr ein »Ding, das gefälligst zu funktionieren hat«. Unser Verstand ist nicht mehr unser einziger Maßstab. Die Gefühle schütteln uns nicht mehr unkontrolliert durch, und unsere Intuition ist kein schwammiges Teil, von dem keiner weiß, wie sie wirklich funktioniert.

Sondern wir sind dankbar für alle unsere Aspekte und verstehen jetzt auch, wie sie in uns schwingen:

- Wir beginnen unsere *Intuition* zu verstehen und ihr zu vertrauen.
- Wir erkennen die Zeichen, die uns unser *Körper* schickt, und begreifen ihn als wundervolles Instrument.
- Wir lernen, den *Verstand* für seine Vernunft und Analyse zu schätzen, ihn aber nicht als alleinige Weisheitsquelle zu sehen.
- Wir erforschen unsere *Gefühle*, denn sie zeigen uns unseren momentanen Zustand und geben uns wichtige Zeichen.

Wir wissen jetzt um unser Ziel: wach und zugewandt mit allen diesen täglich auf uns einwirkenden Informationen umzugehen. Und das gilt es zu üben.

In diesem Heilungsprozess nach der Trennung geht es auch um die Heilung dessen, was geschehen ist. Und das ist nicht nur die Trennung. Unser Verhalten ergibt sich aus der Zusammenfassung unserer Erfahrungen in der Vergangenheit. Will ich aufräumen oder weiterhin ignorieren, was mir Probleme bereitet und potenziell zur nächsten Krise führt?

Die Vergangenheit befrieden

Wir haben viel über unsere Beziehungen in unserem bisherigen Leben erfahren und gelernt – und wenn wir das wirklich verstanden haben, dann sehen wir es in unserem Gesicht.

Solange wir genervt, kurz angebunden, knirschend, mühsam, angestrengt über unsere Kindheit oder über eine Beziehung sprechen, so lange haben wir das nicht verdaut, geheilt und/oder losgelassen. Wenn wir das nicht gelöst haben, wird es uns in der zukünftigen Beziehung wieder zum Thema werden. Wir erinnern uns: Seelenhausaufgaben sind hartnäckig. Sie wollen gelöst werden.

»Ich habe kein Problem mit meiner Kindheit«, sagte er knapp, als sie mit ihm über seine sie erdrückende Eifersucht sprechen wollte. Er presste die Lippen zusammen und verschränkte die Arme. »Die ist vorbei, und das ist in der Vergangenheit. Das ist erledigt! Ich will nicht mehr darüber reden!«

Seine neue Freundin stand neben ihm im Badezimmer und sah ihn an: »Schau in den Spiegel. Sieht so jemand aus, der mit seiner Vergangenheit im Reinen ist?«

Er kämpfte mit sich – das konnte sie sehen –, aber er warf dann doch einen kurzen Blick in den Spiegel.

Sie legte ihm die Hand auf die Schulter. »Schatz, da ist ein Schmerz in dir, der wird unsere Beziehung zerstören, wenn der nicht geheilt wird. War das nicht auch der Grund, warum eure Ehe auseinanderging? Überleg es dir. Ich werde damit auf Dauer nicht leben können. Und ich würde wirklich sehr gern mit dir zusammen sein – aber so wird das nicht gehen.«

Unsere Vergangenheit hat uns in diesem Beispiel noch im Griff und wird unsere Gegenwart ungesund beeinflussen. Sie ist erst dann geheilt, wenn wir entspannt und vielleicht sogar mit einem Schmunzeln darüber sprechen können. Wir haben das als Erfahrung abgespeichert und den Segen darin erkannt und erlebt.

Wir sind frei.

Fragen zur Vergangenheitsbewältigung

Bitte begib dich vor einen Spiegel. Stell dir jeweils eine der drei folgenden Fragen. Spür dich wirklich ein, und denk erst einmal darüber nach, bevor du in den Spiegel schaust:
Was passiert in deinem Gesicht, wenn du über deine Kindheit nachdenkst? Wie siehst du aus?

Was passiert in deinem Gesicht, wenn du über die letzte Beziehung nachdenkst?

Sieht das nach einer Vergangenheit aus, die du akzeptiert hast und die geheilt ist?

Nach jeder Trauer beginnen irgendwann einmal die ersten Schritte in eine neue Zeit. Manche setzen den Fuß vorsichtig auf: Wie fühlt sich dieser neue Weg an? Manche stürmen voran, um schnell viel Abstand zu den vergangenen Erlebnissen herzustellen und sich mit dem Geschehenen nicht auseinandersetzen zu müssen.

Unser Wachstum messen wir nicht zwangsläufig daran, dass etwas Unerwünschtes nie wieder passieren wird. Wir sehen Fortschritte, wenn wir das Missliebige jetzt schneller als früher erkennen und uns anders entscheiden. Mit jedem »Aha-Erlebnis«, jeder neuen Erkenntnis erreichen wir eine leichtere Art der Schwingung, und unsere Synapsen werden an einer anderen Stelle verbunden. Wir fühlen uns in unserem Leben wohler und erfreuen uns daran, dass wir mehr Werkzeuge zur Lösung von Problemen haben. In dieser neuen Art der Schwingung gibt es natürlich auch neue Anziehungen. Und dann kommt:

Der Test

Unsere Seele schickt uns das Gleiche nochmal in Grün, um zu schauen, ob wir das, was wir gelernt haben, jetzt auch wirklich umsetzen. Können wir der Verlockung widerstehen, auf den dieses Mal beim ersten Blick noch toller, interessanter und anziehender wirkenden Typen hereinzufallen?

Orientieren wir uns also an unseren mittlerweile erkannten Maßstäben (»Ich brauche einen Partner, der reden kann, und dem Typen da – so sexy der auch sein mag – muss ich schon wieder jedes Wort aus dem Mund ziehen«), dann wird der Kerl an der Bar ohne uns bei seinem Drink bleiben; wir freuen uns, dass wir das so schnell erkannt haben, und können uns dem sympathischen Mann neben uns widmen, der gerade offen von seinen Herausforderungen als alleinerziehender Vater erzählt.

Und falls nicht – drehen wir eben nochmal eine Runde … Wir haben Zeit, denn für die Seele ist Zeit irrelevant. Wenn wir uns also trotzdem nochmal an die Bar stellen sollten, einen Drink oder mehr von ihm zu uns nehmen, wird aber durch unser mittlerweile wacheres Wissen irgendwann der Moment kommen, da wir begreifen: »Ah, jetzt verstehe ich das: Er war nicht die tolle neue Liebe, sondern er war der Test!« Und vielleicht haben wir ja noch irgendwo die Telefonnummer von dem alleinerziehenden Vater.

Neue beste Freunde?

Wenn uns jemand verlassen hat oder wir jemanden verlassen haben, dann orientieren wir uns neu. Und ja, es ist wunderbar, wenn wir aus der vorherigen Beziehung eine Freundschaft aufbauen können, aber das wird nicht von heute auf morgen gelingen.

Nach dem Ende einer Beziehung ist meist erst einmal ein gewisser Abstand sinnvoll. Wir spüren selbst, ob und wann wir wieder eine Annäherung mit dem Ex-Partner wünschen. Wenn es uns jedes Mal in tiefe Trauer zurückschleudert, sobald wir uns sehen, dann ist das zu früh, und wir brauchen noch Zeit.

Wenn wir jemanden verlassen haben, dann sind wir es, die nach der Trennung den ersten Schritt zur Annäherung gehen können. Wir müssen dem anderen aber auch erst einmal genügend Zeit lassen, das Ganze zu verdauen, und uns dabei ebenfalls darüber im Klaren sein, dass er das eventuell als Neubeginn missverstehen kann.

Da ist Eindeutigkeit angezeigt: Wir dürfen keine Flirtsituation entstehen lassen. Nicht zu früh »in Erinnerungen schwelgen«. Sorgfältig müssen wir auch bei Berührungen sein: Natürlich kann man sich beim Begrüßen umarmen, aber wenn man sich streicheln lässt, erweckt man beim anderen Hoffnung. Das wäre nicht fair.

Es geht um kleine erste Schritte. Mal ein kurzer Anruf. Eine Karte. Eine E-Mail. Immer aber auch sollten wir nachspüren, ob das zu viel ist. Da hilft unsere Intuition. Sie weiß sehr viel genauer als der Verstand, was passend für alle ist.

Was wähle ich als Nächstes?

Kommen wir wieder darauf zurück, dass wir nach einer Trennung enorme Wahlmöglichkeiten haben: Wie will ich mein Leben *jetzt* gestalten? Will ich eine Weile allein bleiben, aktiv einen Freundeskreis aufbauen, genauer schauen, was mir guttut und was nicht, mehr für mein Wohlbefinden tun? Da wir einiges aus der letzten Erfahrung gelernt haben, geht es auch darum, das umzusetzen. In der Zeit nach der Trennung gilt es, aufmerksam zu sein. Denn wir sehen, ob wir schon in der Lage sind, »Rückfälle« zu erkennen.

Und diese Rückfälle wird es sehr wahrscheinlich geben. Das ist nun mal so beim Lernen und Wachsen. Wir gehen drei Schritte nach vorn und einen zurück. Der eine zurück ist kein Problem. Schließlich machen wir das beim Tanzen ja auch, und da bringt es Abwechslung und Freude – das ist im Leben nicht anders. Wenn ich allerdings Schritt um Schritt wieder zurückgehe, dann brauche ich ein inneres Alarmsystem, das mir signalisiert: »Oh, ich mache das Gleiche ja jetzt schon wieder!«

Dabei helfen Freunde, aber auch Zusammenhänge, die man sich aufgeschrieben hat und die man gelegentlich nochmal überprüfen kann:

Was er aus seiner letzten Partnerschaft gelernt hatte, war in einem einfachen Satz zusammengefasst: »Jeder ist für sein Benehmen verantwortlich.« Schon seit Kindertagen hatte er von seinem gewalttätigen Vater Sprüche gehört wie: »Du machst mich wahnsinnig!«

So hatte er den Glaubenssatz abgespeichert, dass er Leute dazu bringen könne, schreckliche Dinge zu tun, die sie eigentlich nicht tun wollten. Es sei also seine Schuld, wenn sein Vater die Beherrschung verlöre. Wenn er ein guter Sohn wäre und nicht mehr alles falsch machte, dann wären alle glücklich, und niemand würde mehr die Beherrschung verlieren. Und das versuchte er. Immer und immer wieder.

Auch in seiner Ehe, denn er hatte offensichtlich eine Partnerin angezogen, die die Lektionen für ihn fortsetzte. Da hörte er Vorwürfe wie »Du bist schuld, dass ich traurig bin«, »Du bist schuld, dass ich Migräne habe«, »Du bist schuld …« an allem und jedem. Und lange Jahre hatte er genickt und sich gedacht, das sei eben so, wenn man solch ein »Waschlappen« ist, als der er sich mittlerweile fühlte.

Dann wurde der Handwerksbetrieb, in dem er arbeitete, an ein Ehepaar verkauft. Bei diesem Paar sah er eine Zweisamkeit, die er so bisher noch nie erlebt hatte. Sie waren zugewandt, aufmerksam, lachten miteinander, konnten auch gegensätzlicher Meinung sein, ohne dass ein Drama daraus entstand – und es gab keine gegenseitigen Schuldvorwürfe. Niemand war beleidigt. So etwas hatte er aus der Nähe noch nicht gesehen, und am Anfang mochte er es kaum glauben. Und doch konnte er tagtäglich beobachten, wie Partnerschaft eben auch sein kann.

Er, der sich angewöhnt hatte, immer die Schuld auf sich zu nehmen – auch im Berufsleben –, merkte zu seiner Überraschung, dass das zum Thema wurde. Seine Chefin bat ihn eines Tages, das abzustellen: »Ich suche keinen Schuldigen. Ich suche eine Lösung.«

Ein paar Tage später schüttete er ihr abends sein Herz aus und sprach über seine Ehe. Die Chefin war die Erste, die ihm glaubwürdig versicherte, dass er weder ein »Waschlappen« noch dauernd an allem schuld sei. Er beschloss schließlich, in Therapie zu gehen. Seine Frau weigerte sich mitzukommen.

Nach einigen Wochen verstand er, dass er in seiner Frau das gesucht und angezogen hatte, was ihm von seiner Familie her auch schon vertraut war. Und zum ersten Mal wurde ihm klar, dass er das selbst abstellen konnte. Er musste sich nicht mehr so behandeln lassen. Er begann konsequenter für sich einzustehen.

Die Scheidung war anstrengend, aber dann doch irgendwann einmal vorbei. Er bat seine Chefin, dass sie bitte die nächste Freundin auf Herz und Nieren prüfen möge – und obwohl beide darüber lachten, war ihm das ernst. Er vertraute sich selbst noch nicht genug, um sicher zu sein, dass er die Warnzeichen auch wirklich erkennt.

Eine potenzielle Freundin hat er jedoch schon mal abgewimmelt. Denn mit ihr, das war ihm nach dem ersten Abendessen von selbst klar geworden, hätte er über kurz oder lang das Gleiche in Grün erlebt.

Auch hier gab es also wieder den typischen Test, den wir uns als Seele schicken: Können wir beim nächsten Mal umsetzen, was wir wissen und bisher gelernt haben? –

Schauen wir uns ein weiteres Beispiel an:

Sie unterhielt sich mit einer Freundin über ihre neue Beziehung nach ihrer geschiedenen Ehe. So weit lief alles ganz gut, aber der neue Freund hatte gerade eine Flaute in seinem Ein-Mann-Betrieb und verbrachte die Abende und Nächte neuerdings bei ihr. Worüber sie nicht ganz glücklich war, denn sie war ab und zu auch ganz gern allein. Am nächsten Morgen schlief er bis mittags, was sie enorm störte, weil sie fand, einen Teil ihres Zuhauses jetzt nicht mehr am Vormittag betreten zu können.

Da sie aus ihrer vorherigen Ehe gelernt hatte, nicht zu lange zu warten, wenn es etwas anzusprechen gilt, nahm sie ihren Mut zusammen und suchte den Dialog. Ihr Vorschlag war, dass er doch bitte in seiner eigenen Wohnung übernachten möge, wenn er bis mittags schlafen wolle. Er schien zwar einsichtig, aber auch leicht amüsiert. Sie erklärte es ihm eine Woche später erneut, weil sich bis dahin nichts geändert hatte. Er küsste sie und versprach, sich zu bessern. Das ging jetzt jedoch schon seit ein paar Wochen so, und sie war mit ihrem Latein am Ende. »Ich weiß, ich muss Grenzen aufzeigen und mich durchsetzen, und ich habe das auch angesprochen, aber dann schläft er doch wieder bis Mittag! Was kann ich denn noch tun? Ich habe doch wirklich alles gemacht.«

Ihre Freundin antwortete: »Na ja, du hast nicht alles gemacht.«

»Wie, nicht alles? Ich habe mich sehr deutlich ausgedrückt!«

»Ja, das hast du, aber du hast ja keine Konsequenzen gezogen. Entweder lässt du ihn abends nicht mehr über Nacht bleiben, oder du machst es ihm morgens ungemütlich: Wenn du aufwachst, öffnest du die Vorhänge. Dann weckst du ihn und sagst ihm, dass er jetzt nach Hause gehen soll. Dann werkelst du im Schlafzimmer rum, und wenn er dich zurück ins Bett ziehen will, dann schläfst du nicht auch noch mit ihm als Belohnung. Du sorgst dafür, dass du dein Schlafzimmer wieder für dich hast.«

Es trat eine längere Pause ein. »Das mache ich nicht. Ich rede nur.« Und nach einer Weile fügte sie hinzu: »Er benimmt sich wie ein Kind. Er respektiert nicht, was ich sage und will.«

»Gut zu wissen. Willst du das nochmal?«

Wenn unser Wunsch nach einer neuen Beziehung sehr stark ist, dann kann es sein, dass wir »blind« und wieder rückfällig werden. Wir mögen zwar einzelne Aspekte unserer Lernerfahrung sehen, andere hinwieder haben wir vielleicht noch nicht klar genug erkannt, und so schauen wir ein weiteres Mal weg. Wir reden uns ein: »Na ja, er ist ja nicht *so* schlimm.« Die Hormone setzen sich durch. Wenn wir uns vornehmen, wacher zu bleiben, gelingt uns das leichter.

Sie hatten sich ein paarmal gemailt und einmal telefoniert. Es war ein nettes Gespräch. Am nächsten Morgen schickte er ihr ein »Guten Morgen« mit fünf unterschiedlichen Emojis, und sie schrieb schnell ein »Guten Morgen« zurück. Dann fuhr sie ins Büro. Als sie am Feierabend ihr privates Handy wieder anschaltete, sah sie sich mit fünfzehn Nachrichten konfrontiert, die letzten mit vielen Fragezeichen, was bedeuten sollte: Warum meldest du dich nicht? Sie schrieb ihm zurück, dass sie das Telefon während der Arbeitszeit immer ausschalte.

Er antwortete: »Weißt du, wie schmerzhaft es ist, wenn man auf seine Nachrichten keine Antwort bekommt?«

Sie starrte auf das Handy. Ist das sein Ernst? Sind wir im Kindergarten?

Sie antwortete: »Nein.«

Schon kam die nächste Nachricht.

Er: »Hast du wenigstens an mich gedacht?«

Jetzt musste sie laut auflachen.

»Nein. Ich habe gearbeitet. Außerdem kenne ich dich doch noch gar nicht.«

Dann legte sie das Telefon weg, denn die Alarmglocken wollten gar nicht mehr aufhören zu läuten.

Denn wie sich die »Partnerschaft« entwickeln würde, war da schon absehbar. Sie beendete das Kennenlernen, indem sie nicht einfach verschwand und den Anderen fragend und irritierend zurückließ, sondern klärend: »Es sieht so aus, als ob wir unterschiedliche Wünsche und Vorstellungen von einer Beziehung haben.« Ein Klammerverhalten kann sich aber nicht nur am Anfang, sondern eben auch am Ende einer Beziehung zeigen:

Dich lass ich nicht los!

Wenn wir den anderen nicht loslassen können, versuchen wir, das Problem zu umgehen, indem wir die Trennung verweigern. Wir trauen uns vielleicht nicht zu, ein eigenständiges Leben aufzubauen, und hängen immer noch am Gemeinsamen. Ohne den anderen zu leben ist nicht vorstellbar, und den Weg zu einem gelösten Sein wollen wir nicht gehen. Die Ablehnung des anderen stachelt uns eher an: »Ha, mich wirst du nicht los!«

Wir akzeptieren nicht, dass jeder die Freiheit hat, sich zu binden und sich zu trennen.

Sie hatten als Paar sehr viel miteinander durchgemacht, und als sie sich dann trennten, fand er, dass sie sehr gut versorgt aus der Ehe ging. Tief im Herzen fand er das ungerecht. Er wohnte zur Untermiete, während seine Ex-Frau das schöne, von ihm gebaute Haus (er war Architekt) behalten hatte. Selbst Jahre nach der offiziellen Scheidung überzog sie ihn immer wieder mit Prozessen. Er hatte unterschätzt, wie verletzt sie nach seinen Affären wirklich war und mit welcher Vehemenz sie darauf bestand, dass er sich weiterhin mit ihr auseinandersetzte.

Kaum war ein Prozess abgeschlossen, kam schon der nächste: Ihr stünde dies und jenes noch zu. Das und jenes hätte er verheimlicht. Das wäre nicht fair und das nicht richtig gewesen.

Sie hatten gemeinsame Kinder, die bei der Trennung zehn und zwölf Jahre alt und jetzt mittlerweile mit dem Studium fertig waren. Kurz vor der Verjährung versuchte sie es noch einmal. Sie hatte dazu die passende Anwältin. Nur durch einen Formfehler war der letzte Prozess auch wirklich der allerletzte. Alles, was an Nähe und Respekt jemals existierte, war verschwunden. Die Kinder hatten sich angewöhnt, nie vom anderen Elternteil zu erzählen.

Der Partner möchte nicht mehr mit uns zusammen sein. Das ist erst einmal zu verdauen. Weigern wir uns beispielsweise aufgrund mangelnden Selbstwertgefühls, das zu akzeptieren, bleiben wir in der Vergangenheit hängen, erleben den Schmerz immer wieder und lösen uns nicht von dieser Erfahrung. Wir hängen im Ego fest.

Fragen zum Selbstwertgefühl

Wie gut ist dein Selbstwertgefühl entwickelt? Das »Zimmer des Selbstmitleids« zu verlassen ist ein enorm großer Schritt. Falls das für dich zutrifft: Wann ist dieses Gefühl der Wertlosigkeit entstanden?

Kindheitstagen

Durch welche Personen oder welche Situationen?

Mit meiner Mutter beim Eis essen

Und dann kommt wieder die Frage nach dem Wozu. Wozu war das nützlich? Was erfahre ich dadurch? Was lerne ich davon?

Zu erfahren getrennt zu sein, trotz der Verletzung zu wachsen!

Der Grund, warum wir etwas erlebt haben, war einmal mehr, dass wir hier vor einer Seelenhausaufgabe standen. Jemand mag nicht mehr mit mir zusammenleben. Heißt dies nun, dass niemals mehr jemand mit mir zusammenleben will?

Natürlich nicht.

Allerdings, wenn ich mich in den Hass oder die Trauer hineinstürze und nicht wieder rauskommen will, ist das nicht besonders verlockend für jemand anderen, mit mir eine Beziehung einzugehen. Derjenige kann sich lebhaft vorstellen, was ihm blühen wird, wenn er dann mal gehen will.

Wenn wir umgekehrt in einer Situation sind, in der sich der Partner weigert, uns loszulassen, und schon während der klaren Trennungsphase immer wieder eine ungesunde Nähe sucht, kenne ich zwei Wege, um dies abzugrenzen. Einmal den »körperlichen« Weg: Wir suchen das Gespräch, um herauszufinden, was denn da noch nicht gelöst ist; und/oder wir setzen Grenzen, je nach dem Grad der Verweigerung. Bei manchen reicht ein klärendes Gespräch. Andere brauchen klare Ansagen. Dabei geht es darum, nicht nur zu reden, sondern dem Gespräch auch Taten folgen zu lassen:

Es war 23.00 Uhr, und das Telefon klingelte. Sie wusste bereits, wer es war: ihr Mann, von dem sie sich vor drei Wochen getrennt hatte. Das war seine übliche Zeit. Da setzte die Wirkung des Alkohols ein. Die Trauer über die leere Wohnung. Sie kannte die Gespräche schon: Erst wurde er wehleidig. Weinte manchmal auch. Bat sie, zu ihm zurückzukommen. Wenn sie versuchte, ihm klar zu machen, dass sie nicht zurückkommen würde – jedes Mal wieder vorsichtig und verständnisvoll –, fing er an, sie zu beschimpfen, und sie, sie hörte sich das auch jedes Mal wieder an. Fast jede Nacht. Langsam wurde das zum Ritual. Bis ihre Freundin sie fragte, warum sie denn nicht einfach das Handy ausmache. Oder nicht rangehe. Ja, warum eigentlich nicht?

Sie erkannte, dass sie gehofft hatte, ihn beruhigen zu können, seinen Schmerz zu lindern, und ihn dazu hatte bringen wollen, dass er die Trennung verstünde und akzeptiere. Dafür ließ sie sich aber fast jede Nacht beschimpfen. Und sie erkannte auch, dass sie zu feige war, ihm zu sagen, dass er diese nächtlichen Anrufe unterlassen soll. Das war schon immer ihre Seelenhausauf-

gabe gewesen: endlich Grenzen zu setzen. Jetzt konnte sie das weiter üben.

Es braucht häufig beides: den körperlichen und den energetischen Weg. Welchen wir zuerst gehen, wird uns unsere Intuition zeigen. Auf dem »energetischen« Weg trennen wir auch auf der Seelenebene die Verbindung. Dazu hilft eine bestimmte Art der Meditation beziehungsweise Visualisierung, ähnlich meinem »inneren Abschiedsritual«.

Meditation: Die Verbindung durchtrennen

Wir schließen die Augen, gehen in die Stille, achten auf unseren Atem und erforschen mit unserem inneren Auge, wie und wo an unserem Körper noch eine Verbindung zum ehemaligen Partner besteht. Das kann ein imaginäres Band sein, das von unserem Solarplexus zu der anderen Person geht. Es können Stricke sein, die von unserem Herzen zum anderen reichen. Es können Fangarme sein, die sich in uns eingegraben haben, oder etwas, was unsere Beine umschlingt. Was immer uns unsere innere Wahrnehmung als Bild dazu gibt, das akzeptieren wir.
Dann trennen wir in der Meditation diese Verbindung zwischen uns, indem wir visualisieren, dass wir eine Schere haben (oder was sonst an Werkzeug benötigt wird), und zerschneiden dieses Band unmittelbar an unserem Körper. Wir schicken die Verbindung zum Absender zurück. Dann legen wir die Hand auf diesen Körperbereich und »versiegeln« die gelöste Verbindung.

Dies ist kein Ritual nach dem Motto »Mal schaun, ob's klappt«. Es klappt! Niemand kann sich mit mir verbinden, wenn ich das nicht erlaube. Als Seelen sind wir gleichwertig. Meine Souveränität, meine Klarheit kann von einer anderen Seele nicht überwunden werden. Meine Entscheidung und mein Wille können nicht übergangen werden. Wenn ich allerdings zutiefst an dem Glaubenssatz festhalte, dass jeder stärker sei als ich, dann kommt das einer Einladung zur »feindlichen Übernahme« gleich: »Hier lieg ich, und ich wehr mich nicht.« Auch das ist eine Wahl. Eher unpraktisch zwar, aber trotzdem eine Wahl.

Ich will dich zurück!

Wenn wir einmal gründlich darüber nachdenken, dass wir unbedingt an jemandem festhalten wollen, müssten wir eigentlich zu dem Schluss kommen, dass dies nicht sehr sinnvoll ist – außer wir haben masochistische Tendenzen. Warum würden wir mit jemandem zusammen sein wollen, der nicht auch mit uns zusammen sein möchte?

Aus Angst vor dem Alleinsein? Verweigern wir uns, uns in Richtung Selbstliebe zu bewegen? Dann mag uns das Angebot von einer Beraterin »So behalten Sie Ihren Partner« wie eine Rettung vorkommen. Endlich so weiter machen zu können wie bisher! Wenigstens nicht allein sein müssen!

Aber ist es nicht viel besser, jemanden an der Seite zu haben, der genauso gern mit mir zusammen sein will wie ich mit ihm?

Ich saß in einem Restaurant und wurde unfreiwillig Zeugin eines am Nebentisch geführten Gesprächs zwischen einem circa vierzigjährigen Mann und einer deutlich jüngeren Frau.

»Weißt du«, sprach er, »ich hab mich bisher immer gegen eine Beziehung entschieden, denn das bedeutet ja, dass ich auf alle anderen Frauen verzichten muss. Aber mit dir ist das etwas ganz

anderes …« Dann nahm er ihre Hand und schaute ihr tief in die Augen.

Ich sah ihren Gesichtsausdruck. Sie lächelte. Ich hätte in ihrer Situation wahrscheinlich zuerst gedacht, ich hätte mich verhört. Ihm dann erklärt, warum ich das weder als Kompliment noch als Zukunftsperspektive sehen kann. Denn was sagt er damit? Mit mir zusammen zu sein bedeutet für ihn Verzicht und nicht Freude. Wie sich diese Beziehung entwickeln wird, kann ich mir vorstellen.

Verlust nach einer Trennung

Auf Seelenebene gilt es nach einer Trennung, die eigene Selbstständigkeit wiederzuerlangen, was manchmal mit einem großen Widerstand einhergeht. Gerade wenn wir lange mit jemandem zusammengelebt haben, fühlen wir uns manchmal wie amputiert, nachdem der andere gegangen ist:

Seit mein Vater gestorben ist, ruft mich meine Mutter jeden Tag mehrmals an und will, dass ich etwas für sie erledige. Sie weigert sich einfach, etwas selbst zu erledigen. »Dafür bin ich zu alt!«, sagt sie dann stets, dabei ist sie erst siebzig!

Sie suggeriert mir das Gefühl, eine schlechte Tochter zu sein, weil ich nicht dauernd zur Verfügung stehen kann. Meine Mutter kann gar nicht nachvollziehen, dass ich berufstätig bin. Sie glaubt immer noch, das sei so eine Art Hobby von mir. Sie hat nie außerhalb ihrer Wohnung gearbeitet. Sie versteht auch nicht, dass ich selbst eine Familie habe, um die ich mich ebenfalls kümmern muss.

Meine Trauer über den Verlust meines Vaters spielt auch überhaupt keine Rolle. Es geht nur darum, dass sie nach 48 Jahren Ehe jetzt allein ist. Ich habe aber auch jemanden verloren! Nicht nur sie. Obwohl sie dauernd auf Facebook herumstöbert, stellt sie sich beim Internet-Banking an, als ob sie ein Kleinkind wäre. Alles nur, damit ich ihr zur Verfügung stehe. Ich kann nicht mehr!

Diese Umstellungsphase ist mit einigen Herausforderungen für alle Beteiligten verbunden. Manche erwachsenen Kinder beobachten erstaunt, wie sehr sich die eigene Mutter oder der eigene Vater nach einer Trennung oder einem Todesfall verändert. Von völligem Rückzug bis zur plötzlich erwachten Zärtlichkeit gibt es alles an Varianten. Viele Witwen genießen zum ersten Mal eine Zeit, in der sie sich nicht um jemanden kümmern müssen. Denn obwohl der Mann in Rente gegangen war, blieb die Frau oft immer noch »Haushälterin« mit einem Mann an der Seite, der nach wie vor bedient werden wollte. Sind diese Frauen verwitwet, fühlen sie sich zwar am Anfang etwas verloren – schließlich ist der Lebensinhalt nicht mehr da. Manche bleiben in der Depression und Trauer über den Verlust des Lebensinhalts. Viele andere aber fühlen sich nach der Trauerzeit erleichtert und frei. Diese Frauen haben dann erkannt, dass ihr Verständnis von einer Partnerschaft die der Versorgerin war. Das war ihre Art, Liebe auszudrücken; und da sie ein partnerschaftliches Miteinander nie erlebt hatten, antworten sie häufig auf die Frage »Möchten Sie nochmal einen Mann haben?« mit: »Um Himmels willen, nein!« Denn wieder einem Mann hinterherräumen, das wollen sie nicht mehr.

Heiße die Nachfolgerin oder den Nachfolger willkommen

Während und nach einer Trennung wird uns manches schwerer und manches leichter fallen. Einiges triggert bestimmte Verletzlichkeiten und Verlustängste, besonders wenn wir mit der Nachfolgerin konfrontiert werden.

Haben wir einen Platz verlassen, dann mag ihn jetzt jemand anders einnehmen. Es ist schwieriger, wenn wir durch die Betreffende unseren Platz verloren haben, trotzdem ist es nicht mehr unserer. Er ist jetzt von einer anderen Person besetzt, und die gilt es trotz allem freundlich zu akzeptieren:

Mein früherer Mann hatte nach mir einige Freundinnen, und die habe ich immer willkommen geheißen. Sie waren herzlich zu unserer Tochter und wussten – weil ich es ihnen sagte –, dass ich mich freute, sie zu sehen und kennenzulernen. Ich erinnere mich noch an eine Freundin meines ehemaligen Mannes, die aus China kam. Dort ist es wohl äußerst ungewöhnlich, mit der oder dem »Ehemaligen« irgendeine Beziehung zu haben. Geschieden ist eigentlich verwitwet. Sie hatte am Anfang Schwierigkeiten zu akzeptieren, dass wir als geschiedene Eltern auch noch Freunde sind. Außerdem war unsere Tochter gerade mit ihrem Studium fertig und wollte sich in Los Angeles niederlassen. Dazu zog sie erst mal zu ihrem Vater, und als ich zu Besuch kam, wollten beide, dass ich selbstverständlich auch bei ihnen im Haus wohnte. Seine Freundin fand das weniger selbstverständlich. Als ich davon erfuhr, schlug ich vor, dass wir uns gleich bei meiner Ankunft zu einem Essen träfen. Vorher bat ich meinen früheren Mann, auf gar keinen Fall irgendwelche Sätze in meine Richtung mit »Erinnerst du dich noch an …« zu beginnen. Was er immer noch sehr gern zu tun pflegte.

Wir trafen uns im Restaurant. Ich stellte mich vor und sagte ihr, wie glücklich mein Ex-Mann aussehe, und dass ich mich sehr freute, sie endlich kennenzulernen, denn er hätte schon so von ihr geschwärmt. Damals war ich verlobt und richtete ihr auch schöne Grüße von meinem Verlobten aus. Also, ich versuchte alles, damit sie sicher sein konnte, dass ich keine Gefahr für ihre Beziehung bin.

Meine Aufmerksamkeit galt hauptsächlich der neuen Freundin. Sie war selbst Mutter eines Sohnes, und wir sprachen darüber, wie wir uns freuen, wenn wir die Kinder wiedersehen (ihr Sohn war gelegentlich bei den Großeltern). Danach sprach ich über meinen Besuch und sagte ihr, dass ich gern in der Nähe unserer Tochter bin, statt weiter weg im Hotel zu wohnen. Sie verstand das. Ich sprach an, dass es wahrscheinlich komisch für sie ist, wenn ich jetzt auch noch bei ihrem Freund (das habe ich betont) wohne, und dass ich verstehe, wenn sie das irritierend findet. Es wäre auch nur für dieses Mal, da meine Tochter bald in ihre eigene Wohnung zöge und ich sie dann natürlich dort besuchte.

Ich konnte an ihrem Gesichtsausdruck sehen, dass sie sich nicht mehr in der Abwehrhaltung befand. Dann sagte ich ihr, dass ich von beiden schon gehört habe, wie toll sie koche. Sie dachte kurz nach. Mein ehemaliger Mann fragte sie: »Was hältst du davon, wenn wir morgen Abend gemeinsam kochen?« Sie nickte und lächelte. Ich bedankte mich bei ihr, dass ich dort wohnen könne. Wir verabschiedeten uns mit einer Umarmung und einer Verabredung für den nächsten Abend im Haus meines ehemaligen Mannes. Sie kam und kochte, und ich verhielt mich wie eine Besucherin.

Ich sorgte dafür, dass wir in den nächsten Jahren immer in Kontakt blieben.

Ich möchte, dass meine früheren Liebsten glücklich sind, und ich möchte auch – das ist ziemlich eigennützig von mir –, dass wir alle weiterhin gemeinsam ohne Anstrengung Zeit miteinander verbringen können. Und dazu braucht die neue Frau einen passenden Platz.

Und der ist in der neuen familiären Situation meines ehemaligen Mannes »über« mir.

Die zehn Gebote für Trennungen und eine neue Familiengestaltung

1

Geht respektvoll miteinander um.

2

Seid dankbar für die gemeinsame Zeit.

3

Verzeiht einander die Schmerzen,
die ihr euch gegenseitig oder euch selbst zugefügt habt.

4

Widerstehe Machtkämpfen.

5

Sei großzügig.

6

Umgebe dich mit Menschen,
die beruhigen und nicht aufhetzen.

7

Lerne Emotionen zu beruhigen.

8

Kümmere dich um dein eigenes Leben.

9

Sorge dafür, dass die Kinder keine Bezugsperson
verlieren und nicht Partnerersatz werden.

10

Heiße die Nachfolgerin, den Nachfolger willkommen.

Trennungen mit Kindern und Patchwork

Trennungen mit Kindern bringen naturgemäß zusätzliche Herausforderungen. Ob wir selbst Vater beziehungsweise Mutter sind oder uns in jemanden verlieben, der schon Kinder hat: Es geht jetzt nicht mehr nur um uns als Paar – unsere Trauer und unsere eigenständigen Schritte –, sondern es sind »Wir«-Gedankengänge, die wir uns machen müssen. Und das »Wir« schließt frühere und zukünftige Partner und Partnerinnen mit ein.

Der zweite Platz ist eine interessante Stelle. Manche Frauen, die kinderlos in eine Patchworkkonstellation kommen, sind verwirrt darüber, wo ihr Platz ist.

Der erste Platz gehört den Kindern

Der Kampf um die erste Stelle im Leben des neuen Mannes ist sinnlos, finde ich, und einen Vater, der sein Kind nicht an den ersten Platz stellt, den würde ich auch gar nicht als Partner haben wollen.

Mir wurden durch meinen Lebensgefährten zwei Kinder geschenkt, und eines Nachts – wir waren in den Anfängen unseres

Zusammenseins – klingelte das Telefon. Seine Tochter hatte die letzte S-Bahn verpasst, stand irgendwo am Ende der Welt und kam nicht mehr heim. Mein Liebster stand auf, zog sich an und begann, sich bei mir dafür zu entschuldigen, dass er sich jetzt aufmache, um sie abzuholen. Ich unterbrach ihn: »Du müsstest dich bei mir entschuldigen, wenn du dich nicht aufmachen würdest.«

Hat man den zweiten Platz akzeptiert – von Herzen akzeptiert –, hört dieses unterschwellige Eifersuchtsthema auf. Als wir unseren ersten gemeinsamen Urlaub mit seiner Tochter machten, bestand ich immer mal wieder darauf, dass die beiden allein gemeinsam etwas unternehmen. Es ist extrem nervig – so würde ich es als Tochter empfinden –, wenn dauernd die noch fremde neue Frau dabei wäre. »Kann ich bitte meinen Vater mal allein haben?«

Das alles hängt an dieser Position der zweiten Stelle. Es bringt eine enorme Freiheit, wenn man anerkennt, dass die Kinder zuerst da waren. Und sie brauchen mehr Unterstützung als ich erwachsene Frau. Ich muss mich um mein waches Erwachsensein selbst kümmern … und nicht den Kindern den Vater wegnehmen beziehungsweise ihm ein schlechtes Gewissen machen, wenn er sich um sie kümmert.

Sollten wir an der ersten Stelle hängen, mag das verschiedene Gründe haben. Einer ist, dass es uns an Gelassenheit und Selbstbewusstsein mangelt. Dann bietet diese neue Situation eine wunderbare Gelegenheit zu lernen, aufmerksam und entspannter auf innere Triggerpunkte zu reagieren. Wir stehen vor einer Seelenhausaufgabe. Sind wir genervt und denken: »Schon wieder verbringt er seine Zeit mit den Kindern«, halten wir inne und erinnern uns daran, dass wir nicht in Konkurrenz zu den Kindern stehen. Wir reden uns quasi selbst gut zu: »Er liebt seine Kinder. Das ist ein gutes Zeichen. Das ist ein liebender Mann.«

Wir erkennen unser eigenes Defizit als ursprünglich in der Kindheit entstanden – »Ich bin ohne Aufmerksamkeit wenig wert« – und holen uns selbst wieder in das Erwachsenengefühl: »Ich bin wertvoll, denn ich gebe mir selbst Aufmerksamkeit.«

Ein zweiter Grund für die Sehnsucht nach der ersten Stelle kann ein Paarproblem sein. Da ist der Neid auf die Kinder nur ein Platzhalter. Wir fühlen uns in der Beziehung mit dem Vater als gänzlich unwichtig. Alles, was die Kinder sagen, wird gemacht. Alles, was wir wollen, wird ignoriert. Wir haben in diesem Verbund gar keine Position. Wir laufen so mit. Achtung: Stimmt das auch? Oder rede ich mir das nur ein? So oder so, wir werden mit unseren üblichen Gewohnheiten konfrontiert. Erinnern wir uns: Seelenhausaufgaben zeigen sich immer wieder – auch in neuen Konstellationen. Zögern wir also wieder vor einer klaren Aussprache? Trauen wir uns nicht, uns mitzuteilen? Reden wir uns Gefühle ein? Haben wir aufhetzende Beraterinnen? Besprechen wir wieder alles nur mit Freundinnen?

Statt unzufrieden zu sein, richten wir unser Augenmerk jetzt auf die möglichen Veränderungen: Was genau hätte ich gern anders? Nun gilt es, das umzusetzen, was wir unter anderem aus der vergangenen Beziehung gelernt haben. Natürlich brauche ich als neue Frau auch meinen Platz. Und der ist nicht draußen neben dem Fußabstreifer. Manche neuen Partnerinnen versuchen, ihre Position jedoch um jeden Preis durchzudrücken, statt gemeinsam über die unterschwelligen Probleme zu sprechen:

»Also, dieses Weihnachten schenken wir uns gegenseitig nichts mehr. Das ist sowieso ein Riesengeschäft geworden!«, verkündete die neue Ehefrau ihren beiden geschenkten Kindern, die jetzt fast schon erwachsen waren. Der Junge war siebzehn, die Tochter achtzehn. Seit zwei Jahren war sie die neue Frau, und es ging mehr schlecht als recht. In diese Stimmung wurde eine solche Aussage geworfen. Der Sohn nahm es schulterzuckend hin. Die Tochter sprang auf und meinte zornig: »Klar.

Logisch. Das kann auch nur dir einfallen! Also, ich schenke meinem Papa was!«, und rannte aus dem Zimmer. Der Vater räumte betreten das Geschirr weg.

Die neue Frau fand sich im Recht. Seine Tochter benahm sich ihr gegenüber häufig »respektlos«, und jetzt wollte sie ihr klare Zeichen setzen. Die neue Frau erzählte einer Freundin von der Situation und fragte um Rat.

»Du kannst doch nicht einfach solche Sachen bestimmen! Das bespricht man miteinander, und wenn alle einverstanden sind, klar. Kein Wunder, dass die Tochter ausgetickt ist. Das wäre ich auch. Geschenke sind auch immer Liebesbezeugungen. Du sagst ihr damit, dass sie keine Liebe mehr vom Papa bekommt und von dir auch nicht. Du nimmst immer alles so persönlich. Die würde bei ihrer eigenen Mutter auch genervt reagieren. Sie ist doch noch ein Teenager! Also, da würde ich mich jetzt erst mal bei ihr entschuldigen.«

Manche neuen Partnerinnen sind an einem Familien-Wir gar nicht interessiert, sondern haben sich in einer Haltung à la » Ich und du gegen den Rest der Welt« eingerichtet:

Ich hatte 55 Jahre einen tollen Vater, und jetzt ist er eben … tja … irgendwie gestorben. Er hat vor drei Jahren seine Pflegerin geheiratet, und die will uns nicht mehr im Haus haben. Sie hat meiner Schwester und mir den Schlüssel zum Elternhaus abverlangt, was ich ja auch verstehen kann, aber sie schottet unseren Vater auch völlig ab, und der lässt das zu. Seine Enkelkinder hat er auch schon seit zwei Jahren nicht mehr gesehen. Ob mir das wehtut? Ja. Schon. Aber dann denke ich mir, das ist eben auch seine Wahl. Er hat offensichtlich so viel Angst, ohne eine Frau zu sein, dass er alles tut, was sie will. Und so denke ich mir, ich habe wenigstens 55 Jahre einen tollen Vater gehabt. Manche haben das gar nicht. Ob sich das wieder ändert? Ich glaube nicht. Wir haben alles versucht, und es sieht keineswegs so aus.

Wie ist das auf der Seelenebene? Jemand, der Angst vor dem Alleinsein hat, trifft auf jemanden, dem es genauso geht. Es zeugt von großer Unsicherheit, wenn ich nichts neben mir zulassen kann. Ich muss die Wichtigste sein, und alles andere muss nicht nur in die zweite Reihe – sondern sicherheitshalber ganz weit weg. Damit ich etwas Besonderes bin, darf es keine relevante Vergangenheit des anderen geben: Dieser Mann gehört *mir*! Es gilt, verbissen zu verteidigen, was mir diesen Status wegnehmen könnte, am besten durch komplette Abgrenzung. In manchen Fällen geht es hier auch um betrügerische Motive. Die Familie soll nicht mehr vorhanden sein, damit die Manipulation in Ruhe vollzogen werden kann und die Versorgung auch nach dem Tod – über das Erbe – gesichert ist.

Die Bereitschaft für den ersten Schritt

Immer wieder höre ich von Patchworkkonstellationen, bei denen sich nicht alle kennen. Die neue Freundin kennt die Mutter der Kinder nicht, die sie betreut und aufnimmt. Die Mutter weigert sich, die neue Frau zu treffen, obwohl sie ihr ihre Kinder anvertraut. Der Mann ignoriert den neuen Freund seiner ehemaligen Frau. Der Vater weigert sich, sich im selben Zimmer wie sein Nachfolger aufzuhalten:

Als sie sich in ihn verliebte, war ihr klar, dass das nicht einfach werden würde. Die Trennung lag nicht lange zurück, und die Mutter der Kinder war verletzt, da der Mann die

Beziehung abgebrochen hatte. Jetzt sah sie sich plötzlich in der Rolle der Stiefmutter und überlegte, wie sie damit umgehen sollte.

Sie beschloss, den direkten Weg zu gehen. Sie wollte der Mutter eine E-Mail schreiben: »Liebe XY, Sie haben ja schon durch P. von mir gehört. Ich werde das kommende Wochenende zum ersten Mal auch da sein, wenn Ihre Kinder da sind. Ich bin selbst keine Mutter und bin etwas besorgt, dass ich vielleicht etwas anders mache, als Sie das gern hätten. Könnten Sie mir bitte sagen, was Ihnen wichtig ist? Gibt es eine Abendroutine? Gibt es bestimmte Regeln, die ich wissen sollte ? Gibt es bestimmte Dinge, auf die Sie besonderen Wert legen? Ich bin selbst Scheidungskind, und in meiner Kindheit hat mich mein Vater immer zu sehr verwöhnt, und für meine Mutter war das sehr mühsam. Ich habe auch unten meine Handynummer notiert. Ich würde mich freuen, wenn ich mich mal vorstellen darf. Liebe Grüße.«

Als sie ihrem neuen Freund die E-Mail zeigte, war er alles andere als begeistert. Die E-Mail war ihm zu devot. »Was soll das ›Sie‹? Ihr seid gleich alt.« Und überhaupt wäre es besser, sie würde sich da raushalten.

Ihre Antwort war klar: »Ich kann mich nicht raushalten. Ich bin eine Mitspielerin. Entweder habe ich überhaupt nichts mit den Kindern zu tun – dann kann ich mich raushalten –, oder ich bin deine Freundin, dann kann ich das nicht. Aber ich werde mich in dieser Konstellation nicht ruhig verhalten. Das ist nicht machbar. Ich bin Teil des Systems.«

Die Antwort der Mutter auf die E-Mail war eher knapp: Der Vater wisse schon, was die gemeinsame Erziehungsmethode sei, und er soll sich einfach daran halten.

Die neue Freundin ließ sich nicht entmutigen. Ihr war klar, dass dies kein leichter Weg sein würde. Immer wieder fragte sie bei der Mutter nach. Gelegentlich gab sie den Kindern kleine Aufmerksamkeiten für sie mit, und nach Monaten beständiger

Höflichkeit und respektvollen Umgangs mit ihr wurde auch die Sprache von ihrer Seite milder.

Eine Änderung der Dynamik ergibt sich darüber hinaus, wenn ein weiteres gemeinsames Kind oder mehrere gemeinsame Kinder hinzukommen. Die Älteren waren zuerst da. Haben sie jetzt das Gefühl, dass wir unsere ganze Liebe auf das/die gemeinsame(n) neue(n) Wesen legen, oder werden sie nach wie vor gebührend berücksichtigt?

Manche glauben auch, man bräuchte ein gemeinsames Kind, um die »Liebe zu besiegeln«:

Sie war vierzig und hatte zwei Kinder, zehn und fünfzehn Jahre alt. Ihr dreißigjähriger Freund war seit drei Jahren ein wunderbarer »zusätzlicher Vater« geworden. Beruflich hatte sie in den letzten beiden Jahren richtig durchgestartet und stand kurz vor der Übernahme ihrer Abteilung. Letzte Woche sah sie ihren Freund mit dem neugeborenen Baby eines Kollegen im Arm. Sein zärtlicher Blick auf das Kleine rührte sie und machte ihr gleichzeitig Sorgen. Bei ihr würde es bald knapp werden, wenn sie ein gemeinsames Kind haben wollten.

Aber würde sie wirklich nochmal »von vorn anfangen« wollen?

Als sie das mit ihm besprach, schaute er sie überrascht an. »Hast du den Eindruck, mir fehlt etwas?«, fragte er. Sie verneinte. »Ich weiß doch, wie viel Zeit Kinder brauchen, und wir haben die gerade auch nicht übrig. Willst du wirklich noch ein Kind, oder sollte es eine Art ›Weihnachtsgeschenk‹ für mich werden?«, dabei grinste er und nahm sie in den Arm.

»Aber was ist, wenn du später ein Kind haben willst und ich dann zu alt bin?«, wandte sie ein.

»Dann werde ich mich später damit beschäftigen. Vielleicht bin ich dir ja dann auch zu jung, und du schmeißt mich raus …?«

Sie sprachen noch lange darüber. Es war ihnen klar, dass keiner von beiden wissen kann, ob und wie lange diese Beziehung halten wird, aber sie wollten gemeinsam versuchen, sich nah und zugewandt zu bleiben. Sie fühlte sich erleichtert.

Wenn etwas besprochen wird, können wir durch unsere körperliche Reaktion sofort sehen, wie dieses Gespräch bei uns angekommen ist. Ihre Erleichterung war ein deutliches Zeichen.

Auch hier gilt:

Ein gemeinsames Problem kann nur gemeinsam gelöst werden

Das ist in zukünftigen Beziehungssituationen – eben gerade auch in Patchworkfamilien – enorm wichtig. Wenn alle (und wirklich alle) Beteiligten offen miteinander sprechen, dann wird es eine Lösung geben. Jeder will wahrgenommen werden, und wenn jemand »außen vor« ist, wenn Probleme nicht besprochen werden, dann beginnt es zu gären.

Auch Kinder können da – altersgerecht, versteht sich – an bestimmten Prozessen teilhaben. Wie genau, das ist nicht immer eindeutig absehbar, oft erfordert es von uns, dass wir uns über eine längere Zeit innerlich einspüren. Wie will ich das handhaben? Was passt für alle?

Als die Tochter meines Liebsten zu mir zog, bekam sie das Zimmer meiner Tochter. Diese war ins Berufsleben eingestiegen und lebte in Los Angeles. Trotzdem war es für meine Tochter als Einzelkind nicht leicht, bei ihrer Mutter ein junges Mädchen einziehen zu sehen. Da meine Tochter mehrmals im Jahr zu Besuch kam, sprachen wir gleich zu Beginn gemeinsam darüber, wie wir das handhaben wollten. Meine geschenkte Tochter schlug vor, während dieser Zeit zu einer Freundin oder zu ihrem Freund zu gehen. Sie fand das selbstverständlich, dass meine Tochter (sie war ja »als Erste« da) dann auch in ihr Zimmer käme.

Und so lief das ab: Wenn meine geschenkte Tochter zu ihrem Freund ging, fotografierte ich erst einmal alles, verpackte ihre Kleidung, Bücher und Schulsachen in Schachteln und brachte sie auf den Speicher. Ihre ganz persönlichen Sachen behandelte ich mit sorgfältigem Respekt. Ich bezog das Bett mit der Bettwäsche meiner Tochter und stellte sämtliche Bilder und so weiter wieder auf, wie sie das seit jeher kannte. Dann reinigte ich den Raum energetisch durch ein Räucherritual, und so kam sie in »ihr« Zimmer. Es sah aus, wie sie es zuletzt verlassen hatte.

Wenn sie weggeflogen war, brachte ich alles zurück, räumte alles wieder genauso ein – dazu hatte ich ja die Fotos –, führte ein weiteres Räucherritual aus und hatte den Raum für meine geschenkte Tochter vorbereitet. Beide sahen ihr Zimmer jeweils so wieder, wie sie es verlassen hatten.

Meine damalige Putzperle konnte das nicht glauben: »Mein Gott, machen Sie sich aber viel Arbeit!«

Ich fand, das war nicht zu viel Aufwand, damit sich zwei Menschen wohlfühlen, die mir am Herzen liegen.

Sie war wütend, als sie am Sonntagabend nach Hause zur Mutter kam. Beim Vater hatte sie kein eigenes Zimmer, sondern es gab nur ein Gästezimmer. Sie hatte keine Möglichkeit, das irgendwie zu ihrem zu machen. Ihr Vater wollte es als neutrales Gästezimmer behalten, schließlich war seine vierzehnjährige Tochter nur einmal im Monat da, und er hatte auch öfter anderen Besuch. Sie war das Nesthäkchen und erst zwei

Jahre alt gewesen, als sich das Ehepaar getrennt hatte. Zu den beiden älteren – mittlerweile erwachsenen – Schwestern unterhielt der Vater ein sehr viel engeres Verhältnis. Jetzt hatte sich die älteste Schwester gleichzeitig zu Besuch angekündigt, und der jüngeren wurde bedeutet, sie solle im Wohnzimmer auf dem Sofa schlafen.

»Ich geh da nicht mehr hin«, sagte sie, als sie wieder nach Hause zu ihrer Mutter kam. »Der kann mich mal!«

Verständlich, dass die jüngste Tochter eifersüchtig wird, wenn sie sieht, dass die älteren Geschwister nur Vorteile, sie aber meistens Nachteile hat.

Vater und Tochter haben sich nach einem langen und endlich auch offenen Gespräch schließlich darauf geeinigt, dass sie in Zukunft zusammen kleine Wochenendreisen oder Ausflüge unternähmen, statt dass sie gelegentlich bei ihm wohnt. Das war für beide eine Erleichterung.

Ich will hier weg

Manche wünschen sich nach der Trennung einen vollständigen Neuanfang: neue Stadt, neue Umgebung, neues Leben. Das mag für uns als Erwachsene eine Erleichterung sein, wird für unsere Kinder aber in vielen Fällen eine zusätzliche Anstrengung bedeuten. Vielleicht haben wir eine neue berufliche Perspektive, eine neue Liebe, oder wir wollten uns schon seit Längerem räumlich verändern und können das jetzt endlich in die Tat umsetzen.

Haben wir keine Kinder, warum nicht? Und dennoch gilt es auch in diesem Fall, jetzt nochmal zu überprüfen, ob wir hier denn nicht vor uns selbst zu flüchten versuchen.

Denn – es ist immer gut, sich daran zu erinnern – auch wenn wir in eine andere Umgebung gehen, nehmen wir uns selbst mit, und unsere persönlichen Probleme werden sich nicht in Luft auflösen.

Wenn wir Kinder haben, müssen wir auch einen klaren Blick darauf werfen, wo denn der andere Elternteil bleibt. Eltern haben sich beim Wunsch, einem Kind das Leben zu schenken, für die gemeinsame Elternschaft entschieden. Und das bedeutet für sie auch die Verpflichtung, dafür zu sorgen, dass Mutter und Vater räumlich problemlos zur Verfügung stehen:

Als ich noch Coachings gab, bat mich eine Klientin um Rat. Sie hatte eine dreijährige Tochter und lebte vom Vater getrennt in Hamburg. Er wohnte in der Nachbarschaft, und beide kümmerten sich um die Tochter. Sie würde aber gern in die Nähe der bayerischen Berge ziehen. Meine Frage, ob der Vater denn auch mit in den Süden ziehen würde – nicht gemeinsam, aber zumindest in die Nähe –, verneinte sie. Ich wollte wissen, ob sie es andersherum fair fände, wenn der Vater mit der Tochter so weit wegzöge.

Das beantwortete ihre Frage.

Nach einer kurzen Pause schaute sie mich verzweifelt an. »Ja, aber ich wünsche mir das so. Warum muss ich denn auf meine Freude verzichten?«

Weil man es vom anderen des gemeinsamen Kindes wegen ebenfalls erwarten würde. Wäre die Situation anders herum, würde man das auch nicht wollen. Das Leben ist lang. Die Berge laufen nicht weg.

Die sind in zehn Jahren immer noch da.

Das Nestmodell

Manche getrennten Paare haben sich für das sogenannte Nestmodell entschlossen: Die Kinder bleiben in ihrem gewohnten Zuhause, und mal ist der eine, mal der andere Elternteil da. Manche hingegen leben weiterhin in der ursprünglichen Wohnung zusammen, aber wie in einer WG. Häufig hat das finanzielle Gründe: Es reicht nicht dazu, dass eine oder einer von den beiden woanders wohnen kann. Was auch hier erforderlich ist: klare Vereinbarungen zu treffen.

Er hatte eine Affäre. Es war nicht die erste, und jetzt reichte es ihr. Und nun? Er hatte von einem Kollegen etwas über das Nestmodell gehört, und er wollte auf gar keinen Fall einer von diesen »Jedes-zweite-Wochenende-Vätern« werden. Das konnte sie verstehen, aber von dem Nestmodell hielt sie erst einmal nichts: Wie soll das gehen? Das gemeinsame Haus und dann noch zwei Wohnungen? Das konnten sie sich nicht leisten.

Sie setzten sich zusammen und bemühten sich, eine Lösung zu finden. Einfach war das nicht. Es gab emotionale Gespräche, manchmal scharfe Antworten und doch immer den Versuch, einen guten Weg zu finden. Sie hatten den Schock der Kinder vor Augen und beschlossen, dass sie die Angelegenheit »anständig« regeln wollten. Die Tochter und die zwei Söhne waren da neun, sieben und vier Jahre alt.

Er wollte eine Fifty-fifty-Lösung für die Zeit mit den Kindern – eine Woche bei Mama, eine bei Papa –, die sie sich nicht vorstellen konnte. Er war beruflich drei Tage die Woche nicht da. Die Kinder dafür in Fremdbetreuung, das war ihr nicht recht.

So sah die Lösung aus: Montag, Dienstag und Mittwoch war die Mutter im gemeinsamen Haus. Jeden Donnerstag und Freitag übernahm der Vater. An den Wochenenden wechselten sie sich ab. Beide wollten, dass die Kinder so wenig wie möglich in ihrem normalen Tagesablauf gestört wurden.

Alle vier Großeltern, die gelegentlich als Babysitter einsprangen, machten das auch weiter im gemeinsamen Haus. Der Vater kam für die anderen Tage im Haus seiner Eltern unter. Sie fand für ihre freien Tage eine Pension mit Apartments, die normalerweise an Monteure vermietet wurden und bezahlbar waren. Sie machte Yogakurse, blieb an den »familienfreien« Tagen länger im Büro und war dafür kürzer dort, wenn sie die Kinder hatte. Sie begann die freie Zeit zu genießen. Und sie hatte verstanden, dass ihr Mann ihr nichts »wegnehmen« würde Er wollte seine Kinder nur regelmäßig sehen.

Der Vater genoss sein Vatersein. Die Verbindung zu den Kindern wurde enger. Er merkte jetzt, wie viel Arbeit es macht, sich wirklich um alles zu kümmern, und fiel jeden Sonntagabend in ein emotionales Loch. Nach der vollen Woche mit Beruf und Kindern war er am Sonntagabend mit sich allein.

Die erste Zeit während des Nestmodells merkte er, wie kleinlich er war: »Kauf ich jetzt mehr Milch, damit sie nicht gleich am Montag früh einkaufen muss, oder nicht?« Mit der Zeit entwickelte sich ein entspannterer Umgang. Manchmal blieb er am Sonntagabend noch zum Essen. Nach einem Jahr fragte die Mutter nach, ob das mit den Zeiten so okay sei oder ob er doch lieber eine Fifty-fifty-Regelung gehabt hätte. Er war zufrieden und fand, dass es jetzt für alle stimmte.

Für die Ferien mieteten sie sich ein gemeinsames Haus. Sie verbrachte die erste Hälfte dort. Er die zweite. Sie wurden beide großzügiger im Umgang miteinander und tauschten sich mehr und mehr aus, und damit entwickelte sich mit der Zeit wieder eine Nähe, die sie sich vorher nicht mehr hatten vorstellen können. Sie beschlossen nach zwei Jahren Nestmodell, es nochmal miteinander zu versuchen, und beide zogen wieder ganz zusammen.

Das kann eben auch passieren, wenn beide ihre Hausaufgaben machen. Aber selbst wenn sie sich zu keinem neuen Versuch entschlossen hätten, so war das konstruktive Miteinander doch für alle enorm hilfreich.

Ein Kommen und Gehen

Angenommen, wir hätten eine Schwester, die sich schnell verliebt und uns alle naselang begeistert einen neuen Mann vorstellt. Immer mit dem gleichen Ablauf: »Hurra, ich bin verliebt. Bitte lernt euch kennen und lieben.« Und kaum hat man sich beschnuppert, ist er auch schon wieder weg, bis zum nächsten »Hurra, ich bin verliebt«. Wie lange würden wir das mitmachen wollen?

Manche getrennten Paare stellen ihren Kindern zu früh und zu oft neue Partner vor. Die Kinder machen durch, was auch Eltern von Teenagern erleben: Beide fragen sich, ob der neue Freund bleibt oder morgen schon wieder weg ist. »Muss ich mir den Namen merken?«[6]

Ja, wir verlieben uns gerade und genießen es sehr. Aber für alle anderen ist es erst einmal eine Umstellung und eine Destabilisierung. Und die kann anstrengend sein.

Vielleicht sind wir in der Lage, den ersten begeisterten Impuls (»Schau mal, ich bin verliebt, und wie findest du ihn?«) erst mal wahrzunehmen und nachzuspüren, ob es nicht vielleicht für alle Beteiligten besser wäre, die erste Zeit des Näherkommens innerhalb der Paarbeziehung zu erforschen, um zu schauen, ob sie sich überhaupt zu mehr gewünschter Gemeinsamkeit entwickelt.

Mein Papa kommt – aber wohin?

Die Idee zur gemeinnützigen Initiative »Mein Papa kommt« entstand, als ein kleiner Junge Annette Habert (siehe das ausführliche Interview im Anhang) angesprochen hatte: »Mein Vater kommt jedes Wochenende vom Bodensee nach München gefahren, um mich zu sehen. Aber nur im Sommer, denn er schläft ja im Auto, und dann wird es zu kalt. Kannst du da nicht was machen?«

Diese Frage ließ sie nicht mehr los, sie war der Startschuss für das Projekt »Mein Papa kommt« (es gilt auch für Mütter), mit dessen Hilfe kostenlose Übernachtungen bei ehrenamtlichen Gastgebern zu Hause am Wohnort des Kindes vermittelt werden beziehungsweise es auch noch andere Optionen gibt (Kinderzimmer auf Zeit, die zum Beispiel Kindergärten am Wochenende kostenlos aufmachen).

Gerade wenn die Eltern nicht mehr am selben Wohnort sind und die finanzielle und zeitliche Belastung zu hoch werden kann, gibt es da einen Platz, an dem man sich treffen kann, sodass man nicht nur ins Kino gehen kann oder ins Museum. Oft kennt der Papa (oder die Mama) an diesem neuen Ort – wo das Kind jetzt wohnt – niemanden sonst.

Durch diese Möglichkeit, regelmäßig auch bei geringem Budget bei ehrenamtlichen Gastgebern wohnen zu können, geben sie dem getrennt lebenden Elternteil Rückhalt, und so wird auch dem Kind eine gewisse Kontinuität vermittelt – vor allen Dingen die Sicherheit: Mein Papa kommt wieder. Auch im Winter.

In manchen Kernfamilien ist es jedoch möglich, dass auch der Elternteil, der nicht in der Nähe wohnt, zu Besuch kommen kann und wirklich harmonisch eingebunden ist.

Unterschiedlich viel Zeit für die Kinder

Wie viel Zeit man mit den eigenen Kindern verbringen kann, hat nicht nur etwas mit dem Wohnort zu tun, sondern eben auch viel mit unserem Berufsleben. Dass Eltern genau gleich viel Zeit für die Kinder haben, ist selbst bei glücklichen Ehen selten der Fall, was bei Trennungen manchmal übersehen wird.

Sie war Sängerin, ihr Mann Lehrer. Sie war beruflich viel unterwegs; und als sie ihre Tochter bekam, wollte sie weniger reisen. Das gelang ihr auch in den ersten Jahren. Doch dann fühlte sie sich immer wieder enorm eingeschränkt in dem, was ihr Lebenskraft und Freude gab – in ihrer Berufung als Sängerin. Besonders eben auch, weil ihre Tochter eine milde Form von Autismus hatte und sie sie deswegen nicht überallhin mitnehmen konnte. Ihre Tochter brauchte sehr klare, übersichtliche und strukturierte Lebensbedingungen, die in dem Terminplan einer freiberuflichen Sängerin nicht zu finden sind und völlig gegen das kreative und schwungvolle Sein der Mutter waren. Der Vater bevorzugte ebenfalls gewohnte Strukturen. Der Grund, warum ihre Ehe auseinanderging, war, dass sie ein gemeinsames Leben nicht glücklich machte. Die Mutter erkannte, dass ihre Tochter beim Vater besser aufgehoben war und das räumliche Hin und Her nach der Trennung die mittlerweile Achtjährige enorm anstrengte.

Die Mutter kämpfte lange mit ihrer Angst vor der öffentlichen Beurteilung, eine Rabenmutter zu sein, und wusste dennoch, dass ihr Mann sehr viel mehr für das Wohl der Tochter tun konnte als sie selbst.

Sie bestand nicht mehr darauf, dass ihre Tochter genauso viel Zeit mit ihr wie mit ihrem Vater verbringen musste. Der Hauptmittelpunkt wurde das Zuhause beim Vater. Sie sahen sich oft.

Und doch merkte sie jedes Mal, dass ihre Tochter das überschaubare Leben bei ihrem Vater und seiner neuen Frau bevorzugte. Und sie verstand das.

Hier ging es nicht um zwei Egos, von denen jeder das Kind haben beziehungsweise gleich viel Zeit mit ihm verbringen will. Hier ging es um das Wohl des Kindes. Die Angst davor, als Rabenmutter abgestempelt zu werden, ist nicht selten. Wenn wir Frauen untereinander in der Lage sind, die andere Entscheidung zu akzeptieren, können wir es gemeinsam schaffen, das auch gesellschaftlich zu verändern.

Dazu gehört auch die Entscheidung, keine Kinder haben zu wollen. Das wird häufig als egoistische Einstellung abgewertet; doch wenn wir das genauer anschauen, dann wollen wir auch aus egoistischen Gründen Kinder haben, denn wir sehnen uns nach Liebe, Nähe, Erfahrung, Familie. Wenn wir uns die Übervölkerung der Erde vergegenwärtigen, ist die Entscheidung für die Kinderlosigkeit auch eine Entscheidung für das gemeinschaftliche Wohl auf diesem schon sehr vollen Planeten.

Ich schaffe das nicht allein

Es entwickeln sich gerade viele neue Modelle, die gesellschaftlich sehr viel mehr Anerkennung erfahren. Es geht um individuelle Lösungen und nicht darum, »was *man* macht oder was *man* nicht macht«. Wir wissen mittlerweile, dass gerade alleinerziehende Mütter sich oft an der Armutsgrenze und an ihrer Belastbarkeitsgrenze bewegen, und die Möglichkeit einer Alleinerziehenden-WG – also einer Wohngemeinschaft – wird immer beliebter. Da hat man Unterstützung, sei es bei der Kinderbetreuung oder bei den Ausgaben fürs Wohnen, und es gibt sogar einen Babysitter zu Hause. Natürlich muss man aufmerksam beobachten, ob das Zusammenleben auch funktioniert und das ist, was man sich darunter vorstellt. Seelenhausaufgaben im partnerschaftlichen Bereich fließen auch da ein. Egal ob wir uns in einer Wohngemeinschaft oder einer Liebesbeziehung befinden.

Das sind alles neue Möglichkeiten, und es ist interessant zu sehen, welche automatischen Reaktionen oder Abwehrgedanken wir diesbezüglich haben. Geht es beim Gedanken an die WG (obwohl sie uns eine enorme Hilfe wäre) erst mal mit den üblichen Befürchtungen los wie: »So was klappt ja eh nicht. Was ist, wenn sie dauernd irgendwelche Kerle mitbringt?«, haben wir schon einer potenziell günstigen Option im Vorhinein den Hahn abgedreht. Sich umzuschauen, sich zu informieren, eben neue Wege zu gehen, das ist Teil des Wachstumsprozesses nach einer Trennung.

Da mag auch unsere Gewohnheit oder der Glaubenssatz »Das muss ich doch allein schaffen!« gegenüberstehen. Nein, das müssen wir nicht. Wir können uns das Leben einfacher gestalten. Wir können Hilfe in Anspruch nehmen. Das war schon in der ganzen Menschheitsgeschichte so (ein afrikanisches Sprichwort besagt, dass man ein ganzes Dorf brauche, um ein Kind großzuziehen). Erst im Industriezeitalter und die dadurch bedingten engen Wohnverhältnisse entstand die Kleinfamilie. Mittlerweile gibt es immer mehr alternative Lebensgestaltungen und Einrichtungen, die wir nützen können.

Wenn ein Elternteil verschwindet

Jeder von uns agiert, so gut er kann. Manchmal sind wir derart verzweifelt, dass die einzige Möglichkeit, die wir sehen, der komplette Rückzug, die langfristige Trennung von den Kindern zu sein scheint. Die Situation wurde »zu kompliziert«, und in unserem Kommunikations-Handwerkskasten gibt es außer der Schere nichts, was uns weiterbringen könnte. Und die benutzen wir, um das Band zu kappen.

Egal ob es die Schwierigkeiten mit dem anderen Elternteil sind, finanzielle Engpässe, die Ablehnung seitens des Rests der Familie oder die gerade akute beginnende Entfremdung von den Kindern – wir fühlen uns auf verlorenem Posten und versuchen, den Schmerz zu lindern, indem wir uns einreden, dass es für alle das »Beste« wäre, wenn wir »verschwänden«. Gesund wäre aber eigentlich nur das Verschwinden eines übergriffigen oder gewalttätigen Partners beziehungsweise Elternteils.

Als die Ehe auseinanderging, dauerte es nur drei Wochen, bis er sich aus dem Staub machte. Er zog zu seiner Schwester nach Österreich und fragte immer weniger nach den Kindern (zwei und drei Jahre alt). Er hat sie mittlerweile seit zehn Jahren nicht mehr gesehen. Seit neun Jahren hat sie nichts mehr von ihm gehört. Seit acht Jahren zahlt er keinen Unterhalt mehr. Sie beschloss, nichts von ihm zu verlangen. Sie kam auch ohne seine Unterstützung zurecht.

Sie schickte ihm an die Adresse der Schwester jedes Jahr zu Weihnachten Fotos der Kinder mit einer kurzen Zusammenfassung dessen, was in dem Jahr in deren Leben passiert war. Sie machte Kopien davon, denn sie befürchtete in der ersten Zeit, dass die Kinder, wenn sie groß wären, ihr vielleicht vorwerfen könnten, ihnen den Vater vorenthalten zu haben. Sie wollte ihre Bitterkeit über das Verschwinden des Vaters nicht an den Kindern auslassen. Sie hatte die Hoffnung nicht aufgegeben, dass ihm vielleicht eines Tages doch noch klar würde, was ihm da entgeht. Dem wollte sie nicht im Weg stehen.

Beide Kinder wissen, dass es einen Papa gibt – ein Foto von allen vieren steht auch weiterhin im Wohnzimmer –, und doch haben beide bisher mit keinem Wort erwähnt, dass sie ihn sehen oder treffen wollen. Die Mutter erwähnt es gelegentlich, aber die Kinder reagieren nicht darauf. Und so überlässt sie es den Kindern zu entscheiden, wann sie den Kontakt zu ihrem leiblichen Vater suchen wollen.

Warum der Vater verschwunden war, wurde der Mutter nie klar. Obwohl sie gemeinsam viele Jahre verbracht hatten und sie zwar wusste, dass er sich in Krisenzeiten innerlich zurückzog, hatte sie mit diesem kompletten Abzug nicht gerechnet. Es beschäftigte sie für eine lange Zeit, doch da der Vater ihr keine Möglichkeit zum Austausch gab, legte sie sein Verhalten dann doch als sein Problem ab. Sie begann sich wieder auf ihr eigenes Leben zu konzentrieren.

Die Schwangerschaft war nicht geplant. Die Beziehung ging kurz nach der Geburt auseinander, denn er wollte sein Junggesellenleben nicht aufgeben. Seinen Sohn sah er als Säugling nur ein paarmal im Jahr. Zeit allein hatte er nie mit ihm verbracht. Als der Junge größer wurde, hörte er Versprechungen: »Ich komme am Sonntag und bringe dir ein Fahrrad mit. Du hast ja bald Geburtstag, und dann bringe ich dir das Fahrradfahren bei.«

Der kleine Junge saß wie angegossen auf den Treppenstufen am Eingang, den Blick auf den Parkplatz gerichtet, und wartete den ganzen Tag auf seinen Vater. Der nicht kam und nicht anrief. Das wiederholte sich häufig. Irgendwann einmal wartete der Junge nicht mehr, und irgendwann einmal wollte er nicht mehr mit ihm am Telefon sprechen. Als sein Vater schließlich an einem Herzanfall starb, war er schon fast erwachsen und sagte nur: »Jetzt ist er endlich wirklich weg.«

Die Zurückweisung durch den Vater, die Ablehnung der kindlichen Zuneigung hinterlässt Spuren. Für die nicht eingelösten Versprechungen und die Abwesenheit des Elternteils gibt es zwar sicher einen Grund. Den herauszufinden ist aber Aufgabe der Person, die dieses Verhalten an den Tag legt. Und doch schwebt das Ganze wie ein ungeklärtes Rätsel im Leben des betroffenen Kindes.

Wenn wir von Seelenhausaufgaben ausgehen, dann bedeutet das für den Jungen in diesem Fall, sich der Erfahrung zu nähern, wenn er erwachsen ist. Er erlebte den ersten Mann in seinem Leben als unzuverlässig, die Liebe zu seinem Vater als bitter. Wozu ist das auf Seelenebene passiert? Statt die Erlebnisse in der Vergangenheit unter »schmerzlich« einzukapseln, müssen sie ans Licht gerückt und betrachtet werden. Und zwar tiefgehend genug, damit der nun erwachsene junge Mann erforscht, woher bestimmte seiner Verhaltensweisen rühren. Bei ihm war es nämlich ein unerklärlicher Zorn gegenüber Homosexuellen. Zum Freundeskreis seiner Mutter gehörten schon seit jeher gleichgeschlechtliche Paare, und eine Ablehnung dieser Lebensform ist ihm nicht vorgelebt worden. Im Gegenteil.

Was wäre, wenn seine so vehemente Aversion daran läge, dass er Liebe zwischen Männern – Vater und Sohn – nicht erlebt hat? Eine Liebe zwischen Männern gibt es bekanntlich nicht nur in der Vater-Sohn-Beziehung, sondern eben auch als gleichgeschlechtliche Liebe. Irgendwann einmal wird er vielleicht selbst Vater werden – eventuell eben auch einen Sohn haben –, und dann öffnet sich das Fenster zur Heilung noch weiter.

Für diejenigen, die zurückbleiben, steht die Frage nach dem »Warum?« im Raum. Der andere sagt uns nicht, welche Gründe ihn veranlasst haben, aus unserem Blickfeld zu verschwinden. Dann beginnt das Grübeln, das Erforschen. Gerade Kinder haben das

Gefühl, sie seien nicht wichtig, nicht gut genug oder nicht wert, geliebt zu werden. Sie suchen vielleicht die Schuld bei sich. Es erfordert eine enorme Reife zu erkennen, dass es die Entscheidung des Elternteils war, sich unverantwortlich zu verhalten, nicht des Kindes. Manchmal finden die betroffenen Kinder das erst im späten Erwachsenenalter heraus, wenn der betreffende Elternteil bereits verstorben ist.

Wer wir sind, zeigt unser Tun

Schauen wir uns das Verhalten des Elternteils an, der sich uns entzogen hat, dann sehen wir, dass er uns durch sein Verhalten Folgendes mitteilt. »Ich bin unzuverlässig. Ich weiß das, und ich weiß auch, dass ich andere damit verletze. Deshalb entschuldige ich mich zwar, aber es ist mein Unvermögen, mich auf etwas einzulassen. Ich ergreife lieber die Flucht. Ich habe Angst vor zu viel Nähe und vor Verantwortung. Ich schaffe es immer nur kurzfristig, mich anders zu verhalten. Das passiert mir nicht nur bei dir, sondern bei allen anderen Menschen auch. Es liegt an mir. Es ist mein Problem.«

Nach der Scheidung kämpfte er wie ein Löwe um sein Kind. Er wollte das alleinige Sorgerecht, aber nicht, um sich um seine Tochter zu kümmern, sondern um seine Frau für die Trennung zu bestrafen. Er hatte noch den Schlüssel zur gemeinsamen Wohnung und räumte an einem Freitag fast alles – bis auf den Kleiderschrank und das Kinderbett – aus der gemeinsamen Wohnung. Kurz vorher hatte er sich noch beim Jugendamt beschwert, dass seine sechsjährige Tochter unter unwürdigen Bedingungen bei der Mutter lebe. Das Jugendamt hatte einen Besuch für den kommenden Montag angekündigt. Als die Mutter mit ihrer Tochter nach Hause kam, konnte sie es nicht fassen. Knapp bei Kasse hatte sie keine Ahnung, wie sie die Wohnung irgendwie wieder bewohnbar herrichten sollte. Sie nahm zwei Stühle vom Balkon, eine Obstkiste und eine Tischdecke und versuchte, ein »Wohnzimmer« herzurichten.

Weinend erzählte sie das am Abend ihrer Schwester am Telefon. Die hatte noch Erspartes, und so fuhren beide gemeinsam am nächsten Tag in ein günstiges Möbelhaus. Das Budget war klein, aber trotzdem ausreichend. Den ganzen Sonntag waren sie damit beschäftigt, alles zusammenzubauen, und am Abend sah die leere Wohnung wieder wie ein Zuhause aus. Das Jugendamt fragte später den Vater, was er denn da bitte meinte. Die Wohnung sei doch »entzückend«.

Das war der Anfang von vielen schmerzlichen Erlebnissen. Die Tochter (jetzt zwölf) wusste erst, dass er seine neue Freundin geheiratet hatte, als an dem Türschild plötzlich nur noch ein Name stand statt vorher zweien und sie ein Hochzeitsfoto im Wohnzimmer fand.

Er versprach ihr Geld für die Ausbildung, verschwand aber kurz danach ganz aus ihrem Leben.

Jahre später tauchte er wieder auf und erfuhr, dass er Großvater geworden war. Er wollte seinen Enkel sehen, was seine Tochter aber erst nach einem klärenden Gespräch gestattete, vor allem auch weil der Enkel noch zu jung war, um sich an den Opa erinnern zu können, weil dieser ja möglicherweise wieder verschwinden könnte. Dessen Verhalten war denn auch mittlerweile Gewohnheit geworden: das Versprechen, es ab jetzt besser zu machen, und das erneute Verschwinden kurz danach.

Jahre später tauchte er ein weiteres Mal unvermittelt auf. Inzwischen war noch eine Enkeltochter hinzugekommen, aber jetzt reichte es seiner Tochter. Ihren Kindern wollte sie das Hin und Her mit dem Opa ersparen. Auch danach verschwand er und ist nicht wiederaufgetaucht.

Die Tochter hatte schon früh verstanden, dass das Verhalten ihres Vaters nicht ihre Schuld ist und sie sich nicht mit Selbstvorwürfen zu belasten braucht. Sie hatte die Möglichkeit, sich bei ihrer Mutter sicher und beschützt zu fühlen. Sie erkannte, dass es an ihrem Vater lag, wenn es ihm – aus welchen Gründen auch immer – nicht gelang, seine Versprechen zu halten, und dass es seine Aufgabe war, dieses sein Verhalten aufzuarbeiten.

Wenn wir als Eltern unsere Vergangenheit bedauern

Jeder von uns gestaltet sein Leben so gut, wie es ihm zum jeweiligen Zeitpunkt möglich ist. Und gerade als Eltern blicken manche von uns mit unserem jetzigen Wissen zurück und bedauern, was geschehen ist. Wenn wir merken: Dafür möchte ich mich entschuldigen, dann ist allerdings ein bisschen mehr erforderlich, als nur mit den Schultern zu zucken und zu sagen: »Na ja, so war das halt mal.« Der Einsicht müssen seitens des Elternteils ein Bezeugen von Reue, eine Entschuldigung und die Bereitschaft für offene Gespräche folgen, in denen nichts beschönigt wird. Und zwar gegenüber allen Beteiligten.

Sätze wie »Jetzt habe ich mich doch schon entschuldigt, nun muss es auch mal gut sein« haben keine heilende Kraft. Wann es »gut« ist, ist die Entscheidung der Kinder und des eventuellen anderen Elternteils, falls der Betreffende sich dem gegenüber ebenfalls so unrühmlich verhalten hat. Was auch immer sie entscheiden, entscheiden sie. Es kann ebenso gut sein, dass sie die Entschuldigung nicht annehmen. Wenn sich der reuige Elternteil dann sofort wieder zurückzieht, weil er sich gleich abgelehnt fühlt, dann fehlt es ihm wohl doch noch an Einsicht. Die Einsicht, dass jetzt Stabilität und wirkliches Interesse gefragt sind.

Die Kinder und der sich kümmernde Elternteil haben sich über Jahre hinweg abgelehnt gefühlt. Jetzt kann man das schon mal ein paar Monate – oder eben auch Jahre – aushalten. Es gilt, die eigene Zuverlässigkeit zu beweisen. Wann es denn noch eine Chance beziehungsweise ob es noch eine gibt, wird die Zeit zeigen. Zuweilen brauchen die Kinder erst einmal die Möglichkeit, das zu verdauen. Manchmal ist auch eine finanzielle Wiedergutmachung für den sich kümmernden Elternteil mehr als fair, selbst wenn die Unterhaltsansprüche verjährt sein sollten.

Manchmal wollen die erwachsenen Kinder erst einmal genau beobachten: »Bleibt er jetzt, oder geht er gleich wieder?«, »Was ist, wenn ich mich wieder auf sie einlasse, und dann verschwindet sie doch?«, »Ist sie jetzt nur da, weil sie älter wird und sich einsam fühlt, oder meint sie das ernst?«, »Will er einfach nur Friede, Freude, Eierkuchen für sein Wohlbefinden?« – und so fort.

Heilung ist ein Prozess.
Auch sie dauert, solange sie dauert

Manchmal ist es eine neue Partnerin, die den Impuls zur Heilung gibt. Für manche neue Partnerin mag es kaum vorstellbar sein, dass ihr jetziger Mann nicht für seine Kinder da war, und sie versucht sehr aktiv, das irgendwie wieder geradezurücken. Und das lieber heute als morgen:

»Lieber Tom, lieber Markus, eurem Vater geht es wirklich nicht besonders gut, und er braucht euch. Ja, ich weiß, er hat sich früher nicht besonders toll verhalten, aber jetzt ist er ein anderer Mann. Er ist auf euch zugegangen. Er hat sich entschuldigt. Was soll er denn noch tun? Könnt ihr ihm denn nicht verzeihen? Wenn ihr wüsstet, wie er leidet, dann würdet

ihr euch um ihn kümmern. Er feiert nächstes Wochenende seinen Siebzigsten und hat viele Gäste. Es wäre ihm sehr wichtig, wenn ihr beide mit euren Frauen und mit den Kindern kämt. Enttäuscht ihn bitte nicht. Ich zähle auf Euch. Liebe Grüße, Maria.«

Der Antwortbrief lautete wie folgt:

»Liebe Maria, wir verstehen, dass du dir um unseren Vater Sorgen machst. Wir sind aber nicht so schnell wie ihr. Wir möchten uns nicht unter Druck gesetzt fühlen. Außerdem macht es auf uns den Eindruck, als ob er uns als Familie da haben will, weil das an seinem Geburtstag besser aussieht.

Er ist erst vor ein paar Monaten aus der Versenkung aufgetaucht. Und dass er das getan hat, das wissen wir, ist dir zu verdanken. Wir allerdings brauchen mehr Zeit. Weißt du, wir hätten ihn auch gebraucht, besonders unsere Mutter hätte ihn gebraucht, und da sind wir jetzt leider auf diesem Ohr ziemlich schwerhörig. Wenn er uns näher kennenlernen will, dann können wir gern mal wieder ein Treffen organisieren. Aber so holterdipolter geht das nicht.

Euch ein schönes Fest, Markus und Thomas.«

Das war ein Beispiel klaren Mitteilens. Wenn wir uns indifferent ausdrücken, dann stehen wir bei der nächsten Einladung vor dem gleichen Problem: Wir brauchen eine Ausrede. Das ist aber nicht notwendig, wenn wir uns erlauben, ehrlich zu sein.

Nur so kann es dann gelingen, einen Weg zu finden, um auf gesunde Weise mit der Vergangenheit umzugehen und irgendwann vielleicht auch das neue Miteinander aufrichtig zu gestalten.

Klare Aussprachen sind also fast immer hilfreich. Auch wenn es darum geht, in Anwesenheit der Kinder nicht schlecht über den anderen Elternteil zu sprechen. Am besten ohne Vorwürfe, sondern eher mit einem gemeinsamen Ziel: »Ich sehe bei anderen geschiedenen Paaren, dass die Kinder hin und her gerissen werden. Was hältst du davon, wenn wir beide versuchen, gut übereinander zu sprechen?« Darauf mag er zwar vielleicht eine schnippische Antwort geben – »Du kannst doch eh kein gutes Haar an mir lassen!« –, aber auf diesen gewohnheitsmäßigen Austausch von Vorwürfen gehen wir bewusst nicht mehr ein (obwohl wir wahrscheinlich noch davon gereizt werden – einatmen, ausatmen, einatmen, ausatmen) –, sondern wir antworten: »Ich werde mich bemühen, das nicht mehr zu tun.« Wir erinnern uns: kein automatisches Verteidigen (statt des früher so üblichen »Also, das mache ich doch nicht! Wie kommst du nur darauf? *Du* kannst doch kein gutes Haar an *mir* lassen!«).

Mit den neuen technischen Mitteln zur Kommunikation entstehen häufig zusätzliche Missverständnisse. Besonders leicht eben auch durch flott dahingeschriebene Textnachrichten. Ich habe mir angewöhnt, Wichtiges direkt beziehungsweise telefonisch zu besprechen. Manches wird schnell und mit Kürzeln formuliert und hört sich knapper beziehungsweise unhöflicher oder kühler an, als es gemeint war. Mit gegenseitigen Textnachrichten kann eine Situation sich leicht hochschaukeln. Die Interpretationsmöglichkeiten sind vielfältig.

Es gibt aber auch Menschen, die aus purer Lust am Machtspiel gern schlecht über uns reden. Das wird bleiben. Da sind die Chancen nicht wirklich groß, dass sich das ändert. Es hilft, sich damit abzufinden. Er/sie ist so. Es ist vielleicht ja auch einer der Gründe, warum wir uns getrennt haben. Wir sollten davon nicht wirklich überrascht sein. Wir können uns aber gedanklich noch die nächsten hundert Jahre damit beschäftigen. Oder eben nicht. Das liegt in unserer Entscheidung … und an der eigenen Möglichkeit zur Gelassenheit.

Den anderen nicht zum Feind oder zum Idioten machen

Wenn wir emotional im Schmerz hängen, nicht verstanden und nicht verziehen haben, dann hat jeder noch so kleine Nebensatz das Potenzial zum Drama. Achtung: Es ist wichtig, dass wir nicht jeden Kommentar stundenlang mit unseren Freundinnen durchkauen. Das macht es nicht besser. Im Gegenteil: Es schaukelt uns hoch. Eine wache Freundin würde uns lächelnd fragen: »Du erzählst mir das, weil …?«

Ja, warum erzähle ich das? Möchte ich Zustimmung: »Du bist die Beste!«, »Dir würde so was nicht passieren!«, »Was für ein Idiot!«? Oder bin ich mir unsicher, wie ich mich verhalten soll? Dann kann ich das mit einer klugen und entspannten Beraterin besprechen. Wenn wir Dramen herunterfahren wollen, dann braucht es die Akzeptanz des anderen: Er *ist* so (bis er es nicht mehr ist). Aber im Moment verhält er sich so, und es liegt nicht in unserem Gestaltungsbereich, das zu verändern. Und dabei hilft … Humor. Ja, das ist viel verlangt, aber erleichtert die Situation enorm. Mein Lieblingswort »interessant« hilft da auch.

Wie schon gesagt: Das Benehmen des Ex ist nichts Neues für uns. Es wäre überraschend, wenn es sich geändert hätte. Wichtig ist auch zu wissen, dass der andere auf einer emotionalen Ebene unsere konstante Abwehr spürt. Selbst wenn wir so tun, als ob es nicht so sei. Wenn wir jemanden zum Feind machen, dann verhält er sich vielleicht auch wie ein Feind. Klare Aussprachen sind da nützlich. Zuerst die Tatsache formulieren und dann die Frage nach dem Warum stellen. Wird sie nicht beantwortet, das Ganze ein paar Mal wiederholen:

»Wir hatten ausgemacht, dass ich die Kinder eine Woche mit in die Ferien nehme. Warum willst du das ändern?«

»Jetzt stell dich nicht so an. Das passt eben gerade nicht.«

»Wir hatten ausgemacht, dass ich die Kinder eine Woche mit in die Ferien nehme. Warum willst du das ändern?«

»Das ist eben gerade unpraktisch. Das kann doch nicht so schwer sein, dass du deinen Urlaub umplanst.«

»Ich habe es immer noch nicht verstanden: Wir haben ausgemacht, dass ich die Kinder für eine Woche mit in die Ferien nehme. Warum wird das geändert?«

»Ich habe eine Einladung zu einer Hochzeit, da möchte ich sie gern mitnehmen, und das ist halt gerade deine Woche.«

Wenn wir nicht genervt werden, keine Vorwürfe machen, keine Augen rollen, auf keinen potenziellen oder provozierten Streit eingehen, hören wir, was der wirkliche Grund ist. Ja, es braucht von uns eine enorme Klarheit, und das ist es ja, was wir unter anderem auch auf Seelenebene lernen wollen.

Laut ihrem Ex und ihrem Sohn war sie »schuld« daran, dass die Ehe zerbrach. Schließlich hatte sie die Scheidung eingereicht. Er war damals vierzehn Jahre alt und blieb beim Vater. Der überhäufte seinen Sohn mit Geschenken und Kommentaren über die Mutter, die beide »verlassen hatte und deren Egoismus und Drang nach ›Selbstverwirklichung‹« der Grund für das Ende der Ehe war.

Sie nahm die Schuld auf sich und wusste nicht, wohin mit ihrem schlechten Gewissen. Sie tat alles für ihren Sohn, fuhr ihn überallhin und holte ihn ab, nur um weiterhin von ihm mit Geringschätzung bestraft zu werden. Dann leaste sie ein Auto und überließ es ihm. Er behandelte es wie einen Mülleimer. Nach langem innerem Hin und Her bat sie ihn eines Tages, etwas sorgsamer mit dem Auto umzugehen, doch er schnauzte sie an: »Ich wäre auch froh gewesen, wenn du mit mir etwas sorgsamer umgegangen wärest.« Sie hatte panische Angst, ihren Sohn zu verlieren, und beschloss zu schweigen.

Hier zeigten ihre eigenen Gefühle ihr immer wieder den momentanen Zustand ihrer Beziehung mit ihrem Sohn: Sie fühlte sich schuldig, und durch ihr Verhalten bestätigte sie die Schuld in den Augen ihres Sohnes.

Zusätzlich kommt die Beeinflussung des Vaters hinzu, und das hat die Situation verschärft. Sie hat sich nicht getraut, in ihre Stärke zu gehen, und zwar aus Angst, auch noch ihren Sohn zu verlieren. Der Grund, warum sie die Ehe seinerzeit verlassen hatte, war, dass sie sich auch dort stets unterordnete und diese Situation nur durch den radikalen Schritt der Trennung beenden zu können glaubte. Ab und zu suchte sie das Gespräch mit ihrem Sohn. Hoffte auf eine Aussprache, in der sie sich beide würden mitteilen können. Die Dynamiken in ihren Gesprächen waren jedoch eingespielt: Sie fühlte sich angegriffen und verletzt und verlor irgendwann einmal die Nerven und wurde laut. Er fühlte sich abgelehnt und wurde stumm.

Ihre Hoffnung war, dass er irgendwann einmal erwachsen wird und »einsieht«, dass sie nicht die einzig Schuldige in der Ehe war, sondern sich ihr damaliger Mann zu dominant und manipulierend aufführte. Irgendwann einmal würde ihr Sohn das auch verstehen, sich bei ihr entschuldigen, und ab dann würden beide glücklich und zufrieden sein …

*Wenn wir uns kleiner machen,
kann es zu keinem ausbalancierten
Austausch kommen*

Bei beiden, ihrem früheren Mann und ihrem Sohn, reagiert sie aus einer Position der Unterordnung heraus. Die gilt es erst einmal zu verlassen. Wie verlassen wir sie? Indem wir uns selbst entwickeln, dadurch unser Selbstbewusstsein stärken und lernen, uns anders als durch frustriertes Schreien auszudrücken. Je stabiler wir auftreten, desto klarer wird unser energetisches Feld. Fehlt dort die Unterwürfigkeit, beginnt ein anderer Austausch.

Es ist die Angst vor Verlust, die uns zurückhält. Ja, es kann sein, dass unsere erwachsenen oder relativ erwachsenen Kinder für eine Weile nichts mehr mit uns zu tun haben wollen. Das ist schwer. Allerdings ist mit dem jetzigen Verhalten die Chance sehr klein, dass es eine gesunde Beziehung zwischen uns geben kann. Auch eine meiner größten Ängste war es früher, die Liebe meiner Tochter zu verlieren. Immer wieder musste ich Entscheidungen treffen, die bei ihr nicht besonders populär waren. Wir hatten einiges an Krisen. Ich hörte zu, teilte mich mit und sprach Unangenehmes an. Wenig hat mich so durchgeschüttelt wie die Teenagerzeit meiner Tochter. Im Nachhinein hat sich das als ein Segen herausgestellt. Währenddessen war es eine ziemliche Herausforderung.

Jede Lehre ist immer für zwei. Jemand, der übergriffig ist, möchte lernen, das nicht mehr zu sein. Jemand, der keine Grenzen setzt, möchte lernen, das ab jetzt zu tun. Auf Seelenebene sind sie … perfekt. Denn nur so lernen beide etwas davon.

Das ist leichter gesagt als getan.

Wenn die erwachsenen Kinder die Trennung wollen

Es gibt Kinder, die den Kontakt zu beiden Eltern oder zu einem Elternteil abbrechen. Wenn uns unsere Kinder zur Zeit nicht mehr sehen möchten, dann ist das ihre Entscheidung, über die wir sprechen können, die wir aber respektieren sollten. Trotzdem können wir in Kontakt mit ihnen bleiben. Es mag ein Brief sein, den wir ihnen schreiben, eine E-Mail mit ein paar Fotos. Ein Geschenk, das wir ihnen an ihrem Geburtstag zukommen lassen. Aber immer unaufdringlich. Keine Vorwürfe. Einfach nur ein Zeichen, dass wir an sie denken. Und natürlich – ganz wichtig – erhalten wir immer unsere Vorstellung aufrecht, dass wir wieder gemeinsam achtsam, respektvoll und liebevoll miteinander umgehen werden. Wir erinnern uns: Wir stellen uns vor, was wir wollen, und nicht, was wir nicht wollen.

Wenn die erwachsenen Kinder sich zurückziehen, ist das eine passende Zeit für eine genaue Betrachtung. Was ist geschehen? Und … was ist schon vor langer Zeit passiert? Um nur einige Beispiele zu nennen:

- Waren wir eventuell übergriffig, vielleicht auch, ohne es zu wollen?
- Haben wir uns ihnen untergeordnet?
- Haben wir überhört, was uns unsere Kinder sagen wollten?
- Waren wir emotional nicht verfügbar?
- War es uns unmöglich, klare Regeln und Grenzen aufzustellen?
- Haben wir uns zu viele Sorgen gemacht und sie damit »genervt«?
- Mischen wir uns zu sehr in ihr erwachsenes Leben ein?

- Handelt es sich da um eine Persönlichkeitsstörung?
- Meine oder ihre?
- Haben wir sie zu sehr verwöhnt?

Alle Eltern machen »Fehler«. Wir schauen zurück und denken uns: Da hätte ich mich auch besser verhalten können. Manche unserer Entscheidungen haben unsere Kinder im Herzen verwundet, auch ohne dass wir dies wollten.

Eine wichtige Unterstützung ist uns unsere Intuition. Da mag es einen Morgen geben, an dem wir das Gefühl haben, jetzt sollten wir unseren Sohn oder unsere Tochter anrufen. Diesen Impuls schickt uns unsere Intuition, und wir tun gut daran, das auch in die Tat umzusetzen und es uns nicht von unserem Verstand ausreden zu lassen. Viele von uns versuchen, ein Problem nur rational zu lösen. Das ist in etwa so, als würden wir ein Haus mit einem Hammer als einzigem Werkzeug bauen wollen. Gerade in Situationen, für die unser Verstand keine Lösung hat – wie vielleicht die Ablehnung durch unsere Kinder –, ist es eine enorme Unterstützung, wenn wir auf unsere Eingebung achten.

Unsere Intuition gibt uns auf drei verschiedenen Ebenen Informationen: durch den Körper, durch unsere Gefühle, aber *auch* durch den Verstand. Bekanntlich spüren wir, wenn etwas »richtig« ist, dass sich unser Körper gut anfühlt: Da ist ein friedliches Wohlgefühl, das sich in uns ausbreitet. Unsere lebhaften Gefühle (Anstrengung, Mühe, Sorge und so weiter) weichen einer Gelassenheit. Wir »wissen« jetzt, dass ein bestimmter Weg der richtige ist, selbst wenn unser Verstand dafür keine logischen Argumente hat. Die Intuition gibt uns tiefere Seeleninformationen. In meinem Leben habe ich diese klärende Unterstützung immer wieder erlebt. Ich habe mich häufig selbst in der Stille befragt und werde dies auch weiterhin in vielen Situationen tun, um zu erfahren, wie ich mit ihnen umgehen soll.

Es gibt zwei Arten von Meditation. Die eine ist die der Stille. Wir sind in der Lage, durch das Beobachten des Atems oder das Einspüren in den Körper unseren Verstand zu beruhigen und die Stille zu genießen.

Eine weitere Art der Meditation ist der innere Dialog. Entweder mit uns als Seele oder mit Gott, Engeln, Meistern – je nach Interesse und Wahl. Wenn ich Fragen habe, dann wähle ich diese zweite Art der Meditation.

Meditation: Der innere Dialog

Ich gehe in die Stille, bis ich und mein Körper in einem entspannten Zustand sind. Dann spreche ich ein Gebet, eine Art Einladung: »Mutter – Vater – Gott, alles, was ist, alle Engel und Meister, ich bitte um Unterstützung für diese Zeit und den Austausch auf Seelenebene.« Dann stelle ich mir vor meinem inneren Auge vor, dass ich vor einem offenen Feuer sitze. Der Platz gegenüber ist frei. Nun bitte ich die Person (oder das erwachsene Kind), mit der ich mich auf Seelenebene austauschen möchte, dass sie sich zu mir setzt. Ich beobachte, wie sie hinzukommt: springend, schlurfend, lebendig, müde oder wie auch immer. Dann beginne ich ein Gespräch mit ihr, wie ich es auch machen würde, wenn wir uns tatsächlich gegenübersäßen. Ich frage, wie es ihr geht. Was sie von mir braucht. Was ihr auf dem Herzen liegt.

Mein Interesse liegt im Verständnis dieser Herausforderung. Ich will wissen, warum sie sich so ergeben hat und wozu der/die andere so reagiert. Ich mache das nicht, um mich mitzuteilen. Ich weiß, warum ich so reagiere, wie ich reagiere. Ich will wissen, was mir die Reaktion des Gegenübers an einem Zuwachs von Wachheit bringen kann.

Wenn ich etwas in diesem Austausch nicht verstanden habe, dann frage ich nach. Gegen Ende gibt es vielleicht eine Aufgabe für mich. Etwas,

was ich tun kann oder soll. Etwas, was mir meine Intuition sagt oder was sich hier im »Gespräch« als richtig herausstellt.
Das mache ich dann.
Immer.

Diese Meditation kann auch eingesetzt werden, wenn wir auf Seelenebene zum Beispiel mit einem abwesenden Elternteil sprechen wollen: dem Vater, der uns verlassen hat, der Mutter, die den Kontakt mit uns verweigert.

Manchmal trennen sich die Eltern erst, wenn wir schon erwachsen sind.

Ihre Mutter war die geschiedene dritte Frau ihres Vaters, und er hatte schon andere Kinder. Von ihren Halbgeschwistern erfuhr sie aber erst, als sie Anfang vierzig war und Recherchen über ihren früh verstorbenen Vater anstellte. Ihre Mutter war wieder verheiratet und weigerte sich, über ihren ehemaligen Mann zu sprechen. Die damalige Ehe war unglücklich verlaufen. Die Tochter wollte ihre Halbgeschwister kennenlernen. Die Mutter reagierte abwehrend. Als sie ihrer Mutter ein paar Monate später von den ersten Besuchen bei den Halbgeschwistern erzählen wollte, legte diese einfach den Hörer auf und weigert sich seither, mit ihrer Tochter zu sprechen. Das ist jetzt schon zehn Jahre her.

Die Tochter hat alles versucht. Nicht nur über andere Familienmitglieder (Tanten und Onkel), sondern auch durch die Vermittlung des neuen Ehemanns. Immer wieder Anrufe. Einmal stand sie vor der Tür, und ihr Stiefvater entschuldigte sich – es war ihm sichtlich peinlich –, aber ihre Mutter wollte nicht, dass sie eintritt. Es dauerte lange, bis die Tochter die Reaktion ihrer Mutter akzeptieren konnte. Sie spürte immer, dass sie das Recht hatte, ihre Halbgeschwister kennenzulernen. Warum ihre Mutter so abwehrend war und den Kontakt vollständig abbrach, war ihr nicht klar. Dass ihre Mutter »schwierig« war, das wusste sie schon lange.

Aber warum war sie so schwierig?

Die Tochter vertiefte sich in ihre Kindheit. Sie erinnerte sich daran, dass man ihr als Kind immer wieder gesagt hatte, sie sei »aus Versehen« auf die Welt gekommen. Nur weil die Mutter schwanger wurde, hatte sie geheiratet. Ihr Mann unterhielt viele Affären. Die Tochter hatte nie den Eindruck, dass ihre Mutter sich in der Mutterrolle wohlfühlte. Sie hatte oft das Gefühl zu stören.

In ihrer Meditation nahm sie Kontakt mit ihrer Mutter auf, und sie erspürte an ihrem Körper eine enorme Enge. Und dann war alles plötzlich ganz klar: Ihre Mutter wollte nie ein Kind. Sie wollte niemanden versorgen. Jetzt würde die eigene Tochter vielleicht auch noch Halbgeschwister in ihr Leben bringen, und das hätte noch mehr Kinder bedeutet. Deswegen bestand diese enorme Abwehr. Die Mutter wollte selbst versorgt sein. Klar ersichtlich an der Wahl ihres zweiten Mannes: Er umsorgte sie mit großer Liebe und Hingabe.

Der Mutter liegt nichts an einem klärenden Gespräch. Sie will nichts klären. Für sie – als Persönlichkeit – ist es geklärt. Sie hat die Versorgerrolle verlassen und kein Interesse, sie wiederaufzunehmen.

Die Tochter hat eine Mutter verloren, die nie eine sein wollte. Sie verstand das jetzt. Sie hätte jedes Kind abgelehnt. Die Erkenntnis war eine Erleichterung, denn die Nähe zur Mutter war ohnehin nicht so, wie sie es sich als Tochter gewünscht hätte. Sie hatte eine Tante, die ihr die Wärme gab, welche sie bei ihrer Mutter vermisste, und diese besuchte sie auch weiterhin.

Die Seelenhausaufgabe der Mutter ist hier wahrscheinlich, sich wirklich mitzuteilen. Daran hat sie (noch) kein Interesse. Sie beschloss die Abgrenzung. Wach wäre, wenn sie sich ihrer Tochter mitteilen könnte: »Ich bin als Mutter nicht geeignet. Ich wollte das nie. Das ist enorm anstrengend für mich. Ich denke dauernd, ich muss was machen.« Die Tochter hätte das wahrscheinlich sogar verstanden, denn sie selbst hat sich für ein kinder- und eheloses Leben entschlossen, weil in solch einem Dasein sie die persönliche Freiheit genießen möchte.

Manchmal bevorzugen wir es, eine Situation zu ignorieren, weil wir befürchten, alte Wunden aufzureißen. Doch:

Alte Wunden – wirklich verheilt –
kann man nicht mehr aufreißen

Was man allerdings aufreißen kann, ist der Schorf – die oberflächliche »Heilung«. Erst wenn der Schorf von der Haut abgefallen ist, dann ist die Wunde tatsächlich verheilt.

Sie war mittlerweile Mitte dreißig, und ihre Mutter bat sie um ein Gespräch. Zuerst zögerte sie, denn das Verhältnis zu ihr war immer schon seltsam distanziert gewesen. Als sie zwei Jahre alt war, hatte sich die Mutter vom Vater getrennt, sie bei ihm zurückgelassen und war für zwei Monate zu einer Freundin ins Ausland gegangen. Der Vater war in der Situation völlig hilflos und brachte seine Tochter am nächsten Morgen in einen Ganztagskindergarten. An Erklärungen oder eine liebevolle Betreuung vonseiten des Vaters kann sie sich nicht erinnern. Erinnern kann sie sich aber an ein Gefühl, völlig verlassen worden zu sein. Noch bis heute spürt sie auch bei leichteren Überforderungen Panikattacken, gepaart mit einem unkontrollierbaren Wutgefühl.

Nach der Rückkehr der Mutter lebte sie während der Kindheit abwechselnd bei beiden Eltern. Doch immer wieder fühlte sie sich als emotionale Unterstützung benutzt – was sie überforderte. Die Eltern schienen sich bei ihr anzulehnen und waren nicht in der Lage, ihr Gefühlsleben selbstständig zu stabilisieren.

Als sie gemeinsam beim Essen saßen, begann die Mutter mit ihr über ihre Kindheit zu sprechen. Sie war sich natürlich bewusst, dass sie es war, die die Familie für eine gewisse Zeit verlassen hatte, fragte aber dennoch, wie aus Sicht der Tochter jene allzeit spürbare Distanz zwischen ihnen entstanden sei.

Eigentlich wollte die Tochter nicht mehr über ihre Kindheit sprechen, auch weil sie es ein paar Wochen vorher bei ihrem Vater probiert hatte und die Situation eskaliert war: »Jetzt bin ich wieder an allem schuld!«, lamentierte dieser. »Das war damals überhaupt nicht leicht für mich!« Er fing an zu zittern, und die Tochter fühlte sich genötigt ihn zu beruhigen.

Wie immer.

Als ihre Mutter sie nun fragte und die Tochter ihren interessierten Blick wahrnahm, beschloss sie, ihr zu sagen, wie sie das Ganze sah. Und nachdem sie zuerst ein wenig gezögert hatte, sprudelte es nur so aus ihr heraus. Ihre Mutter hörte ihr zu. Entschuldigte sich. Blieb aufmerksam.

Was die Tochter am meisten beruhigte, war, dass ihre Mutter ihre Wahrnehmung aushielt. Sie verteidigte sich nicht. War nicht beleidigt. Zog sich nicht emotional zurück. Die Mutter bemühte sich offenbar, sie zu verstehen. Und obwohl es Momente gab, während denen beide weinten, so hatte sie doch nicht das Gefühl, sie müsste ihre Mutter trösten.

Im Gegenteil: Sie fühlte sich zum ersten Mal wirklich verstanden.

Es braucht das Verheilen, und dazu braucht es ein Nach-innen-Gehen. Wenn es zu einem Austausch, Gesprächen und einer ernst gemeinten Entschuldigung kommt, ist das natürlich umso besser. Da kommen Gefühle hoch. Das ist nicht leicht auszuhalten. Da ist die Bereitschaft erforderlich, wirklich zuzuhören und nicht abzublocken. Ein Kommentar à la »Aber das war doch gar nicht so!« kann einen solchen Prozess zum Stocken bringen. Für die leidtragende Person hat es sich so dargestellt. Nachdem man aufmerksam und ohne Abwertung zugehört hat, kann man etwas hinzufügen. Die Sache aus der eigenen Perspektive erzählen.

Es wird auch nicht mit einem Gespräch getan sein, obwohl viele sich so etwas wünschen: einmal schnell sauber gemacht – »Schwamm drüber«.

Heilung braucht Zeit.

Wenn sich jemand auf Dauer verweigert und in seinem Selbstmitleid festsitzen will, dann steht das einer reifen Heilung des Verhältnisses zwischen Eltern und erwachsenen Kindern im Weg. Wir reden davon, das sich jemand *auf Dauer* verweigert. Gerade am Anfang der Aufarbeitung mag eine solche Abwehrhaltung stattfinden, das kann sich aber noch ändern. Eine Lektion ist immer für beide Beteiligten: für die eine, die lernen will, sich zu entschuldigen, und für die andere, die lernen will zu verzeihen.

Beide riefen sie gemeinsam die Mutter der Ehefrau an und sagten ihr, dass sie sich scheiden lassen würden. Beide bemühten sich, ihr das Gefühl zu geben, dass alles auch weiterhin gut gemeinsam geregelt würde. Beide hatten das Gefühl, sie müssten die Mutter trösten.

Am nächsten Morgen rief die Frau ihre Mutter an, um zu schauen, wie sie die Nachricht verdaut hatte. Nicht gut, wie sie hörte. Sie tröstete ihre Mutter ein weiteres Mal und dachte sich da: »Moment mal, das ist meine Scheidung. Sollten wir nicht Trost von ihr bekommen?«

»Wie geht es den Kindern?«, fragte die Großmutter.

»Ruf sie an. Sprich mit ihnen«, schlug die Tochter vor. »Sie freuen sich, wenn sie von dir hören.«

Das passierte nicht. Eine Woche später rief sie ihre Mutter wieder an. Diese hatte sich bis dahin weder bei den Kindern noch bei ihr gemeldet. Erneut hatte sie das Gefühl, als müsse sie ihre Mutter trösten – aber das war genau das, was sie sich abgewöhnen wollte: immer für die emotionale Unsicherheit anderer zuständig zu sein.

»Warum hast du denn die Kinder nicht angerufen?«, fragte sie die Mutter.

»Ich wollte nicht stören.«

»Du störst nicht, du bist die Oma! Die können dich jetzt gut gebrauchen.«

»Ja, ja, ich merke schon, ich mache mal wieder alles falsch.«

Das war der Satz, den sie oft sagte. Immer mit dieser weinerlichen Stimme.

»Mama, fällt dir eigentlich auf, wie oft du das sagst? Was soll ich darauf sagen? Ich teile mich mit, und du bist beleidigt. Ich hätte gern deine Unterstützung. Du weißt schon, dass du meine Mutter bist? Das ist meine Scheidung. Das ist anstrengend für uns alle. Ich komme mir vor, als müsste ich dich trösten. Warum tröstest du uns eigentlich nicht?«

Stille am anderen Ende der Leitung. Die Tochter spürte, dass da gerade etwas in Gang gesetzt wurde, und hielt sich mit der Hand den Mund zu, damit sie den Gedankengang der Mutter ja nicht wieder unterbrach.

Sie hörte jedoch nur ein weiteres Seufzen: »Ich weiß schon, ich mache immer alles falsch.« Die Frau widerstand dem Wunsch, das Gespräch abzubrechen.

»Mama, schon wieder! Warum wiederholst du das? Was möchtest du von mir hören?«

Stille am anderen Ende. »Meine Mutter hat auch schon immer gesagt, dass ich alles falsch mache. Wahrscheinlich will ich von dir hören, dass das nicht stimmt …«

»Das stimmt nicht, Mama. Du machst nicht immer alles falsch! Du machst auch vieles richtig. Wir machen manches besser und manches nicht so gut. Aber ich habe zur Zeit keine Kapazitäten frei, auch noch dich zu trösten. Du bist meine Mutter! Jetzt brauche ich gerade deine Unterstützung, und die fehlt eben auch den Kindern.«

Wieder trat eine Pause ein, und wieder wartete die Tochter.

»Ja, das stimmt. Ich bin die Mutter. Tut mir leid, mein Schatz. Was kann ich für euch tun?«

Die Wahrnehmung des anderen aushalten können – das ist ein Herzensgeschenk

Das gelingt uns aber nur, wenn wir nicht ins »Zimmer des Selbstmitleids« abgleiten, sondern erkennen, wie viel Mut dazu erforderlich ist, wenn uns jemand etwas mitteilen möchte.

Wie ich schon beschrieben habe, kommt jede von uns mit Seelenhausaufgaben auf die Welt. Auch unsere Kinder sind damit inkarniert, und auch bei ihnen wird einmal gelten, was für uns gilt: Als Erwachsene können wir uns unsere Kindheit anschauen, und dann sind wir in der Lage, erst einmal die unterschiedlichen Aspekte darin zu verstehen. Dann kommt das Vergeben hinzu.

Unser Leben ist kein Fehler. Alles, was passiert, hat seinen Sinn und seine Richtigkeit. Je klarer wir uns selbst erkennen, desto klarer werden unsere zukünftigen Entscheidungen sein.

Ein weiteres Mal: Know yourself to free yourself

Gerade wenn die erwachsenen Kinder in ungesundes Terrain abstrudeln (Drogen, Alkohol, destruktive Gruppierungen und so weiter) und mit uns nichts mehr zu tun haben möchten, wollen wir sie da wieder herausholen. Das heißt nicht, dass wir es nicht probieren sollten – wenn wir es nicht versuchen, würden wir uns das wahrscheinlich nicht verzeihen –, es bedeutet nur, es muss uns klar sein, dass es ohne den Willen des anderen, auch wirklich herauszukommen, nicht erfolgreich sein kann. Denn wenn wir wieder loslassen, schlittert die andere wieder zurück. Oft braucht es professionelle Hilfe, damit wir verstehen, was wir in solchen Fällen tun können … und was nicht.

Vieles passiert eben auch in dieser Wachstumsphase eines Teenagers. Es ist eben eine Phase des Ausprobierens.

Sie hatte eine herrliche behütete Kindheit. Und doch hatte sie jede Menge Drogen ausprobiert und sich immer mal wieder in wirklich gefährliche Situationen gebracht. Sie war neugierig, wie das dann so ist in diesen Grenzsituationen. Sie kannte sie ja nicht. Sie wusste, sie kann immer ihre Eltern anrufen, und die würden sie aus allem rausholen. Aber sie wusste auch, dass diese Zeit ihre Eltern ganz schön mitgenommen hat. Als sie endlich erwachsen wurde, hat sie sich bei beiden entschuldigt. Und jetzt selbst schwanger denkt sie sich: »Meine Güte, hoffentlich machen das meine Kinder mal nicht.«

Vor einiger Zeit war ich auf einer Beerdigung, bei welcher der mittlerweile siebzigjährige Sohn seine gerade verstorbene Mutter beim anschließenden Essen für alles verantwortlich machte, was in seinem Leben schiefgelaufen war.

Dadurch entsteht auch das Gefühl, keine Kontrolle über das eigene Leben zu haben, aber das ist in dieser Erkenntnisstufe auch nicht wirklich gewollt, denn:

Wir suchen eine Lösung,
keine Schuldigen

Das ist einfacher, als selbst die Verantwortung zu übernehmen. Manche weigern sich, erwachsen zu werden, und das geht eben nur, wenn jemand anders an allem schuld ist.

Natürlich beeinflusst unsere Kindheit unser erwachsenes Sein. Aber es ist unsere Seelenhausaufgabe, uns selbst um unsere Gesundung zu kümmern. Die Kindheit liegt bei manchen schon vierzig Jahre oder länger zurück, doch in Gedanken erleben sie sie immer wieder und reagieren heute noch auf alte Schmerzen. Sie weigern sich, die Erfahrungen zu verstehen, zu heilen und als stabile Bausteine für ein neues Sein zu verwenden.

Seinen Vater hatte er als kleiner Bub ein paar Mal gesehen. Dann verschwand dieser. Er war acht Jahre alt, als er einen Stiefvater bekam, der als alleinerziehender Witwer seine Mutter heiratete. Er hatte kein wirkliches Verhältnis zu ihm. Drei Jahre später verschwand auch der neue Mann, denn er erlitt überraschend einen Herzanfall.

Als er erwachsen wurde, verliebte er sich in eine Frau, die schon Mutter war und einen Jungen mit in die Beziehung brachte. Er wurde jetzt selbst zum Stiefvater und kümmerte sich rührend um den Sohn. Sein Vaterbild gestaltete er sich selbst. Auch als ihm noch zwei Mädchen geschenkt wurden. Er liebte und versorgte alle Kinder gleichermaßen. Immer wieder zweifelte er jedoch daran, ob er auch gut genug in der Rolle war, denn er hatte kein Vorbild, an dem er sich orientieren konnte. Die Beziehung zu seinen Kindern ist liebevoll und nah. Sie kommen zu ihm, wenn sie nach Hause kommen wollen.

Sein eigenes Vaterbild heilte er durch sein aufmerksames Vatersein. Das ist das schönste Geschenk, das wir uns selbst machen: Wir können unsere Verletzungen selbst heilen.

Eine Kindheit ist dann geheilt, wenn die Lektionen von damals ein »Update« bekommen haben und die Erlebnisse unser jetziges Leben nicht mehr ungünstig beeinflussen.

Kein Bedauern – kein Schmerz

Je mehr wir bedauern, desto größer ist der Schmerz. Es ist interessant zu erforschen, was genau wir bedauern. Ist es uns möglich zu akzeptieren, dass es jedem von uns freisteht, sich für oder eben auch gegen eine Beziehung zu entscheiden? Das ist keine Ablehnung von uns als Wesen, sondern nur eine Entscheidung gegen ein gemeinsames Leben.

Oft ist dieser Schmerz auch ein Zeichen, dass wir die eigene Wahrheit verlassen haben bzw. sie vielleicht noch nie wirklich gelebt haben. Jetzt ist Zeit dafür. In und außerhalb einer Beziehung ist es am heilsamsten, wenn wir uns so zeigen und so leben, wie wir uns das im Tiefsten unseres Herzens wünschen.

Ein Herz kann statt härter eben auch weicher werden, wenn es ein paar Mal gebrochen wurde. Denn was ist ein gebrochenes Herz? Wir trauern. Wir bedauern. Uns hat etwas emotional wehgetan. Wir sind verletzt worden. Doch wer wurde verletzt? Wer bedauert? Ich? Wer ist ich? Meine Persönlichkeit? Meine Seele?

Nach meinem Verständnis kann eine Seele nicht verletzt werden. Die Seele ist unendlich. Also ist es meine Persönlichkeit, die verletzt wurde. Emotionaler Schmerz zeigt mir eben auch, dass ich mich mit der Realität anlege: kein Bedauern, kein Schmerz.

Was ist ein weiches Herz? Das ist ein Herz mit Mitgefühl. Eines, das beweglich bleibt. Aufnahmefähig. Es ist nicht hart geworden, nicht abweisend. Dass unser Herz weich wird, passiert natürlich nicht nur, wenn wir uns ein Dutzend Mal getrennt haben (fünfmal geschieden bringt kein fünfmal weicheres Herz). Ein weiches Herz ist ein offenes Herz. Wir haben Mitgefühl. Verständnis. Aber ohne gleich ins Drama zu gehen. Das gibt es unter Menschen, die sich gegen Paarbeziehungen entscheiden, genauso wie unter denjenigen, die in einer langfristigen Beziehung leben.

Indem wir durch unseren eigenen Schmerz gegangen sind, haben wir Verständnis entwickelt; genährt aus eigener Erfahrung. Je mehr wir von der Liebe verstehen, je mehr wir begreifen, warum wir Entscheidungen treffen und wen wir uns aussuchen, je selbstverständlicher wir akzeptieren, dass jemand zu einer Beziehung mit uns Ja und auch wieder Nein sagen kann, je tiefer unsere Prozesse darüber waren, desto wacher empfinden wir uns.

Wir wissen also, warum wir unseren früheren Partner ausgesucht haben, und zogen unsere Schlüsse daraus. Wenn wir uns nun neu verlieben, sind wir aufmerksamer. Wir erkennen jetzt die Warnzeichen. Wir betrachten die Beziehung als eine Wahl und nicht als einen Tsunami, der uns mitreißt und gegen den wir nichts unternehmen können. Wir können sehr wohl etwas tun: uns darauf einlassen oder eben nicht.

Lassen wir uns aus
Angst nicht auf eine neue Beziehung ein
oder aus Erfahrung?

Wenn uns die Angst leitet, weil wir nie wieder verletzt werden wollen und deshalb jedem interessierten potenziellen Partner aus dem Weg gehen, dann mag uns da eine wundervolle Möglichkeit der Zweisamkeit entgehen, und wir könnten es irgendwann einmal bedauern, es nicht probiert zu haben.

Ist es jedoch die Erfahrung, die uns bei einem bestimmten Kandidatentyp angeraten sein lässt, »Nein danke« zu sagen, dann fühlen wir uns anschließend gut. Wir können stolz auf uns sein, denn wir haben erkannt, warum wir dieses Mal nicht automatisch Ja sagten. Wir haben gewählt und uns dagegen entschlossen, denn wir hatten diese Erfahrung schon und wissen, was mit dem Betreffenden auf uns zukommen würde. Wir sind weiser geworden.

Zu dieser Weisheit gehört auch, im Tiefsten unseres Herzens zu akzeptieren, dass wir nicht wissen können, ob unser Weg, unsere Ansicht die einzig »richtige« ist. Welche Lehren jemand aus seinen Seelenhausaufgaben zieht, ist seine Sache. Wenn wir bereit sind, nicht mehr um jeden Preis recht haben zu wollen, vermeiden wir gleichzeitig viele Probleme und Streitereien. Jede von uns geht mit den Herausforderungen beziehungsweise Seelenhausaufgaben so um, wie sie eben damit umgehen will, wie sie es gelernt hat, wie sie es sich antrainiert hat … Und das gilt es beim jeweils anderen zu verstehen und zu akzeptieren.

Sich selbst und das eigene Leben lieben

Wenn wir uns mitten in einem Drama befinden oder es gerade hinter uns haben, mit uns selbst und der Welt im Unreinen, hin und her gerissen von unseren Emotionen, dann ist es schwer vorstellbar: Aber sich selbst und das eigene Leben zu lieben ist möglich. Selbstliebe ist keine Karotte, die unerreichbar wie beim sinnbildlichen Esel stets vor uns herbaumelt.

Um uns selbst lieben zu können, brauchen wir einiges an »Werkzeug«: Gefühle verstehen und »meistern« können. Eine aufmerksame Distanz zu Dramen schaffen. Die liebevolle Beobachterin heranziehen. Stille Zeiten zum Einspüren zulassen. Die Wahrnehmung des Körpers annehmen. Nicht mehr automatisch verteidigen. Grenzen setzen können. Klar und herzlich kommunizieren. Die Arroganz herunterfahren. Die Bewertungen erkennen und abstellen. Wissen, dass wir uns unser eigenes Leben erschaffen. Sich selbst und anderen Gutes tun. Und die Verantwortung für das übernehmen, was in unserer Verantwortung liegt. Und zwar nur für das.

Macht das mein Herz auf,
oder macht es mein Herz zu?

In allen Situationen ist dies ein bereicherndes Motto: Dieses Nachforschen und Nachspüren wird uns den richtigen Weg für uns weisen. Bei jeder Krise, jeder Frage, jeder Beziehung, vor jeder Entscheidung können wir uns immer wieder diese Frage stellen: »Macht das mein Herz auf oder zu?«

Die Antwort darauf zeigt uns sehr klar, ob wir das, was sich da vor uns präsentiert, wirklich wollen oder nicht. Und dann braucht es nur noch eines: dass wir darauf hören.

Alle Beziehungen, die wir eingehen oder eingegangen sind, hatten und haben Geschenke für uns. Zu allen fühlten wir uns aus einem bestimmten Grund hingezogen. Für alle können wir dankbar sein, denn sie haben uns etwas beigebracht.

Wir haben uns bei jeder Trennung selbst mehr erkannt. Wir haben etwas über uns verstanden – und auch über den anderen. Wir sind weiser geworden. Gut, da mag es noch Platz nach oben geben, aber wir sind auf jeden Fall weiter gekommen, als wir vorher waren. Je mehr wir über uns wissen, desto klarer können wir uns das passende Leben gestalten. Bis es wieder umgestaltet werden möchte.

Wenn wir im Außen nach Liebe suchen, dann bleiben wir Suchende

Wenn wir zutiefst verstanden haben, dass außer uns niemand sonst für unser Wohlbefinden verantwortlich ist, dann hört die Suche im Außen auf. Wir haben die Verantwortung für unser Leben vollständig übernommen und glauben nicht mehr, dass sich jemand anders um uns kümmern muss. Wir haben die emotionale Kindheitsphase und die Suche nach der perfekten Versorgung dort abgelegt, wo sie hingehört: in die Wünsche und Träume unserer Kindheit.

Und ja, es mag Momente geben, in denen wir zurückfallen und vom Prinzen träumen. Und doch wissen wir: Das ist ein Märchen.

Wenn wir Liebe in uns selbst gefunden haben, also wenn wir uns selbst lieben, wenn wir unser eigenes Leben mögen, dann *leben* wir Liebe. Und diese Liebe magnetisiert mehr Liebe in unserem Leben.

Liebe in unserem Leben zu erkennen ist manchmal gar nicht so einfach, denn wir glauben, sie müsse sich anders anfühlen, als es tatsächlich der Fall ist. Wir verwechseln das Verliebtheitsgefühl wieder einmal mit dem Liebesgefühl.

Wenn wir verliebt sind, schweben wir im siebten Himmel und können an nichts anderes mehr denken. Wir wollen die ganze Welt umarmen. Fühlen uns leicht und frei an. Nie war das Leben schöner. Nie aufregender.

Das sind die Hormone … Beziehungsweise die erste Zeit der Verliebtheit. Solch ein Gefühl wäre auf Dauer gar nicht aushaltbar. Wir kämen zu nichts mehr. Wir hätten nur noch den anderen im Sinn. Stell dir das mal vor. Das wäre wie ein ewiger Orgasmus. Da würden wir auch nach einer Weile sagen. »Jetzt ist es aber gut. Steck das Ding weg.« Wir brauchen Erholung.

Das Liebesgefühl hingegen ist ein entspanntes, beruhigendes Gefühl. Es ist angenehm statt anstrengend. Es ist gelassen. Es hat dieses dankbare, leichte Sein. Es ist nicht laut, sondern leise. Und ja, es ist nicht aufregend.

Das ist nicht die Aufgabe der Liebe.

Die Liebe beruhigt und entspannt.

In jeder Beziehung erfahren wir alles über unsere Selbstliebe. Und in jeder Beziehung haben wir die Gelegenheit, mehr über den Stand unserer Weisheit zu erfahren: Wir erleben, was wir schon verstanden haben.

Wir haben uns jetzt bei der Trennung wirklich kennengelernt. Wir haben erfahren, wer wir zur Zeit sind; was wir brauchen; wie wir leben wollen; was wir schon umsetzen können. Wir wissen dadurch sehr viel mehr über uns selbst.

Auch wenn wir keine »romantische« Beziehung haben, so haben wir doch immer eine mit uns selbst. Und dann gibt es den Augenblick, in dem wir es wirklich verstehen:

Liebe ist ein Zustand

Nachwort und Dank

Das Leben ist vergleichbar mit einem Gang durch einen Obstgarten. Da gibt es Bäume, die wir besonders interessant finden. Wege, die uns einladen, sie zu erforschen. Früchte, die uns neugierig machen und die wir probieren möchten. Im Lauf der Zeit haben wir gelernt, welche Wege wir mögen und welche nicht. Welche Früchte uns guttun und welche uns im Magen liegen. Welche Bäume wir besonders lieben und welche sich uns in den Weg stellen.

Am Ende unseres Lebens schauen wir zurück auf den durchschrittenen und durchlebten Garten und bedanken uns für die Erfahrungen und die Wesen, die uns begleitet haben.

Ich sterbe noch nicht, und doch schaue ich mir meinen Garten häufig aufmerksam an. Brauche ich in meinem Garten gerade mehr Stille oder mehr Gesellschaft? Wohin möchte ich mich bewegen? Was habe ich noch nicht erforscht, noch nicht erlebt? Wo braucht es noch mehr Aufmerksamkeit und waches Sein?

Ich habe einen für mich interessanten Garten. Mit wundervollen Menschen, die ich nicht missen möchte. Mein Liebster Stanko, unsere Kinder Julia, Melia und Merlin, meine Familie, langjährige Freunde, spirituelle Seelenschwestern und Seelenbrüder und weise Lehrer und Lehrerinnen, die sich nicht in Körperform befinden – ein ganz besonderer Dank gilt meinem Lehrer Solano und meiner weisen alten Frau.

Ich habe gelernt, eine gute und aufmerksame Gärtnerin zu sein (das allerdings nur in meinem Lebensgarten, in meinem Garten auf dem Land bin ich noch unbegabt). Ich erfreue mich an der Stille, dem Lachen und an wachsender Wachheit.

Know yourself to free yourself

Ich erfreue mich auch an der Möglichkeit, mich immer wieder von Herzen austauschen zu können. Auch bei diesem Buch gab es warmherzige Begleitung. Mein Lektor Ralf Lay, der wie immer sein Herz, sein Talent und seine Zeit in dieses Thema gelegt hat (seit über dreißig Jahren glücklich in einer Beziehung). Sabine Stechele, Caroline Colsman, Berit Hoffmann und Stephanie Taverna vom Goldmann Verlag, die nicht nur den Titel, sondern auch das Thema wichtig finden und von Herzen unterstützt haben. Natürlich auch die helfenden MitarbeiterInnen bei der Gestaltung, dem Druck und dem Vertrieb.

Unsere Möglichkeiten, unser Leben zu gestalten, sind individuell und vielfältig. Täglich sehen wir, was möglich ist. Idealerweise immer darauf schauend, ob dies auch wirklich zu unserem eigenen Leben passt oder ob wir uns anpassen und uns dabei selbst verlieren. Und doch hatten wir für jede Entscheidung einen guten Grund. Dabei ist es wichtig zu wissen: Wenn uns das Ergebnis nicht gefällt, dann haben wir die Wahl, uns neu zu orientieren.

Wir machen keine Fehler. Wir haben uns nur entschieden.

Viel Freude im eigenen Garten.
Von Herzen,

Sabrina

Anhang

Interview mit der Rechtsanwältin und Mediatorin Dr. Birgit Schoeller

Dr. Birgit Schoeller ist seit 1994 Rechtsanwältin in München.

Sabrina Fox: Was hörst du in deinen Scheidungsgesprächen als häufigsten Grund, warum die Ehe getrennt werden soll?

Dr. Birgit Schoeller: Das Thema ist häufig, nicht gesehen zu werden und aneinander vorbeizuleben, sich in der Ehe zu verlieren. Da denke ich mir oft: Schade, dass vorher keine Eheberatung oder Paartherapie stattgefunden hat.

Sabrina Fox: Gibt es Veränderungen in der Art, wie sich Paare trennen, von jetzt zu früher?

Dr. Birgit Schoeller: Wenn ich Paare habe, die sich trennen, und die sind über sechzig Jahre alt, dann stelle ich fest, dass die Männer ein größeres Verantwortungsbewusstsein haben für die Frauen und dass es für sie viel selbstverständlicher ist, auch nachher für die Frauen zu sorgen. Mit zunehmender Emanzipation nimmt das Gefühl ab, für den anderen noch sorgen zu wollen oder zu müssen. Einem älteren Mann, dem ich erzähle, welche Rechte er hat, der sagt mir häufig: Das ist mir egal. Ich will, dass meine Frau gut versorgt ist. Das habe ich bei einem jüngeren Mann um die vierzig oder fünfzig selten.

Sabrina Fox: Liegt es daran, dass dies hauptsächlich Hausfrauen waren?

Dr. Birgit Schoeller: Ja, das sind überwiegend Hausfrauen. Die Paare haben noch ein völlig anderes Rollenmodell gelebt, und da ist noch ein anderes Rollenverständnis da. Wenn die Frauen ihre Rechte wahrnehmen und selber aktiv sind und sich im Beruf einbringen, entsteht ein anderes Verhältnis.

Sabrina Fox: Wie empfindest du das?

Dr. Birgit Schoeller: Ich finde es logisch und auch ein bisschen schade.

Sabrina Fox: Warum?

Dr. Birgit Schoeller: Weil eine liebevolle Fürsorge, die bei den älteren Paaren trotz der Trennung zu spüren ist, bei den jüngeren häufig nicht mehr da ist.

Sabrina Fox: Besteht da ein Unterschied, wenn es gemeinsame Kinder gibt?

Dr. Birgit Schoeller: Das sieht nicht so aus. Es scheint heute eine stärkere Selbstverantwortung der Frauen schon in der Ehe zu geben. Die Männer kümmern sich mehr um die Kinder als ihre Väter, und die Frauen arbeiten, allerdings meistens in Teilzeit. Dadurch entsteht ein Ungleichgewicht, denn die Frauen haben es nach der Ehe schwerer, Geld zu verdienen, als die Männer.

Sabrina Fox: Weil sie nicht voll berufstätig waren?

Dr. Birgit Schoeller: Das ist ein großes Thema, denn die Frauen gehen häufig gut ausgebildet in die Ehe. Wenn Kinder kommen, geschieht oft etwas Ähnliches wie bei ihren Müttern: Sie nehmen sich Mutterschaftsurlaub, dann kommt noch ein Kind. Dann sagt der Mann: »Arbeite doch bei mir mit, du kriegst einen 450-Euro-Job, dann machen wir alles zusammen.« Oder sie arbeiten in Teilzeit und bauen nur eine unzureichende Altersversorgung auf, verlieren die Perspektive im Beruf. Und selbst wenn das Gesetz zu ihren Gunsten eingreift – durch Versorgungsausgleich und Unterhalt –, holen sie nicht mehr auf, was sie verloren haben. Und das fällt ihnen dann erst auf, wenn die Trennung vollzogen ist.

Sabrina Fox: Woran liegt es, dass es den Frauen nicht vorher auffällt?

Dr. Birgit Schoeller: Ich glaube, viele schauen ganz bewusst nicht hin, weil sie den Frieden nicht gefährden wollen und weil sie ahnen, dass das schwierige Gespräche werden. Sie hoffen, dass es gutgeht, und weichen der unangenehmen Fragestellung aus.

Sabrina Fox: Was würdest du raten?

Dr. Birgit Schoeller: Ich rate allen Frauen, aktiv über ihre Altersversorgung nachzudenken, damit ihnen klar wird, was es für sie heißt, wenn sie beruflich zurückstecken. Wenn sie dabei feststellen, dass sie draufzahlen werden, dann sollten sie mit ihrem Mann eine Vereinbarung treffen, wonach in Form einer Unterhaltszahlung oder einer anderen fairen Art und Weise ein Ausgleich geschaffen wird.

Sabrina Fox: Glaubst du, dass die Frauen nicht darüber reden, weil es kein einfaches Gespräch wird oder weil sie hauptsächlich hoffen, dass die Ehe ein Leben lang hält?

Dr. Birgit Schoeller: Das ist schwer zu sagen. Ich glaube, dass Frauen immer noch Probleme haben, in finanzieller Hinsicht für sich einzustehen. Das sieht man auch darin, dass Frauen immer noch bei gleicher Qualifikation weniger Gehalt verlangen. Frauen sind da zurückhaltender und vertreten ihre Position nicht ausreichend. Das stürzt dann im Nachhinein über ihnen zusammen.

Sabrina Fox: Sehen sie das, wenn sie zu dir kommen, oder ist es ihnen schon vorher klar?

Dr. Birgit Schoeller: Vielen werden die Folgen erst klar, wenn sie zu mir kommen. Sie haben oft falsche oder gar keine Vorstellungen davon, was ihnen zusteht. Sie haben die Hoffnung »Es wird schon irgendwie gutgehen«, und einige sind dann auch erschüttert, wenn sie verstehen, wie es für sie nach der Trennung weitergeht. Nach der Unterhaltsreform stand immer wieder in der Presse, dass Frauen keinen Unterhalt mehr bekämen. Das ist falsch, und viele Frauen haben das Gefühl, sie kriegten gar nichts mehr, sie sind beunruhigt. Sie haben aber das Thema nicht angesprochen und haben auch nichts getan.

Sabrina Fox: Sie haben sich nicht informiert.

Dr. Birgit Schoeller: Ja. Sie haben Ängste, aber sie reagieren nicht konstruktiv darauf.

Sabrina Fox: Glaubst du, sie entscheiden sich dann aus finanziellen Gründen, doch in der Ehe zu bleiben, statt sich zu trennen?

Dr. Birgit Schoeller: Wenn sie zu mir kommen, dann ist die Ehe in der Regel vorbei. Manche kommen und erkundigen sich, was denn genau passiert, wenn sie sich trennen, und entscheiden sich dann, verheiratet zu bleiben, wenn sie sehen, wie die Alternative aussieht.

Sabrina Fox: Sie sind in einem Gefühl von Hoffnungslosigkeit?

Dr. Birgit Schoeller: In Angst und Sorge um ihren Lebensstandard und den ihrer Kinder.

Sabrina Fox: Wie viel Prozent dieser Mandanten sind sich darüber im Klaren, was passiert, und sind nicht überrascht?

Dr. Birgit Schoeller: Ich würde sagen, Männer – die Hälfte meiner Mandanten sind männlich – sind grundsätzlich weniger überrascht als Frauen. Dass Menschen die finanziellen Konsequenzen der Trennung genau vor Augen haben, ist eher selten. Weil es auch wirklich kompliziert ist und weil sehr viel Irrglaube existiert.

Sabrina Fox: Was ist ein häufiger Irrglaube?

Dr. Birgit Schoeller: Was häufig vorkommt, ist die irrige Annahme, dass man für die Schulden des Ehepartners haften müsste. Das denken viele. Ein Irrglaube ist, dass man einen Vermögenszuwachs eines Erbes im Zugewinnausgleich nicht »teilen« müsste. Ein Irrtum ist, dass bei der Trennung beziehungsweise Scheidung eine Abrechnung stattfände für Ausgaben, die man während der Ehe gehabt hat.

Sabrina Fox: Was bedeutet das?

Dr. Birgit Schoeller: Zum Beispiel sagt jemand, der keinen Zugewinnausgleich bekommt: »Das ist doch ungerecht, denn ich habe während der Ehe über so viele Jahre hinweg immer die Miete und die Urlaube bezahlt. Das muss doch auch irgendwo berücksichtigt werden.« Es gibt hier aber grundsätzlich keine Aufrechnung für Ausgaben während der Ehe. Davon haben manche eine ganz andere Vorstellung.

Sabrina Fox: Was fair wäre?

Dr. Birgit Schoeller: Und was recht wäre. Es gibt zum Beispiel Leute, die sind nicht verheiratet und denken, dass sie dann trotzdem irgendwelche Rechte hätten, dass es eine Gleichstellung mit der Ehe geben müsste. Die gibt es aber nicht. Das ist in manchen Ländern anders als in Deutschland. Manchmal kommen Frauen, die leben 25 Jahre in einer nicht ehelichen Lebensgemeinschaft und glauben, sie hätten das Recht, an der Altersversorgung des Lebensgefährten teilzuhaben, oder sie hätten Unterhaltsansprüche, weil sie so lange zusammen sind. Denen muss ich dann sagen: »Nein, solche Ansprüche existieren nicht.«

Sabrina Fox: Wenn sie also nicht verheiratet sind, dann hätten sie einen Vertrag aufsetzen sollen?

Dr. Birgit Schoeller: Ja. Wer diesen Rechtsschutz möchte, kann ihn sich holen.

Sabrina Fox: Wenn ich mich informieren will, was würde mich so etwas kosten?

Dr. Birgit Schoeller: Also, das könnte eine Erstberatung beim Rechtsanwalt sein. Dafür muss man zur Zeit mindestens 190 Euro netto bezahlen. Man kann aber auch zu Beratungsstellen gehen (katholisch, evangelisch, Familiennotruf), da kostet es weniger.

Sabrina Fox: Wie viel Prozent von Scheidenden erlebst du, die sich unangenehm bei der Trennung verhalten?

Dr. Birgit Schoeller: In circa dreißig Prozent der Fälle denke ich: »Das ist jetzt aber wirklich unfair.«

Sabrina Fox: Bei welchen Gelegenheiten zuckst du zusammen und denkst: »Also wirklich, so geht das nicht«?

Dr. Birgit Schoeller: In dem Moment, in dem jemand den anderen bewusst hintergeht, ihn betrügt, oder wenn ein Ehepartner versucht, den anderen fertigzumachen, das ist ein No-Go. Und wenn die Kinder instrumentalisiert werden. Das finde ich ganz furchtbar.

Sabrina Fox: Wenn du sagst, die Kinder würden instrumentalisiert, was fällt dir da am meisten auf?

Dr. Birgit Schoeller: Wenn die Kinder benutzt werden, um Einfluss zu nehmen auf die Verhandlung. Zum Beispiel wenn den Kindern die Schriftsätze vorgelegt werden, wenn sehr schlecht über den anderen gesprochen wird. Wenn angedroht wird: »Du wirst die Kinder verlieren, falls du das und das nicht tust.« Solche Szenarien sind für die Kinder enorm belastend.

Sabrina Fox: Passiert das häufig?

Dr. Birgit Schoeller: Das passiert immer wieder.

Sabrina Fox: Kommt das eher von der weiblichen oder von der männlichen Seite?

Dr. Birgit Schoeller: In dem Machtgefüge von traditionellen Ehen haben die Männer häufig das Geld und die Frauen die engere

Beziehung zu den Kindern. Läuft es schlecht, setzt jeder seine Machtmittel in irgendeiner Weise ein. Insofern sind die Frauen eher diejenigen, die über die Kinder Druck ausüben. Wobei es auch Männer gibt, die die Kinder als Machtmittel einsetzen.

Sabrina Fox: Wenn das passiert, was hast du als Rechtsanwältin und Mediatorin für Möglichkeiten, das zu entschärfen?

Dr. Birgit Schoeller: Ich kann nur darauf hinweisen, welche Konsequenzen es für die Kinder hat, und empfehlen, Beratungen, zum Beispiel von Psychologen, in Anspruch zu nehmen.

Sabrina Fox: Wird das gehört?

Dr. Birgit Schoeller: Ja, das wird schon gehört. Nicht immer, aber ja.

Sabrina Fox: Glaubst du, das liegt daran, dass du die Konsequenz aufzeigst? Also was passiert, wenn man diesen Weg einschlägt und diesen Schritt geht?

Dr. Birgit Schoeller: Manchmal schon. Weil ja Kinder, die instrumentalisiert wurden, das irgendwann verstehen und sich dann von dem Elternteil abwenden, der sie instrumentalisiert hat. Da gibt es auch Literatur dazu. Solche Themen kann ich schon ansprechen.

Sabrina Fox: Du siehst den Menschen ja im Prozess der Trennung. Siehst du auch das Ergebnis, dass sich die Situation beruhigt hat durch deine Beratung und es den Kindern auch wieder gutgeht?

Dr. Birgit Schoeller: Nur durch Zufall. Wenn sie sich auch von den neuen Partnern trennen. Manche rufen auch an und erzählen mir: »Ich wollte nur, dass Sie wissen, ich bin wieder glücklich!« Das ist aber die Ausnahme. Die meisten sind froh, wenn sie diesen Lebensabschnitt hinter sich lassen können.

Sabrina Fox: Neben dem Instrumentalisieren der Kinder sprachst du auch von Betrug. Was meinst du damit?

Dr. Birgit Schoeller: Es werden Werte oder Vermögen verheimlicht. Davon zu unterscheiden ist die Möglichkeit, seine Position auf legale Art zu verbessern. Man sorgt zum Beispiel durch hohe Investitionen im Unternehmen für ein geringeres Einkommen. Es gibt viele »Tricks«.

Sabrina Fox: Wenn das herauskommt, sind diejenigen, die betrogen wurden, dann wirklich überrascht? Man kennt ja in der Regel die Person, mit der man verheiratet ist.

Dr. Birgit Schoeller: Die meisten sind nicht überrascht. Und wie gesagt: Es gibt einen Unterschied zwischen der Ausnutzung von Spielräumen, die das Gesetz bietet, und dem Betrug.

Sabrina Fox: Wie oft passiert es dir, dass du denkst: »Ja, das mag dir ja zustehen, aber eigentlich ist es unehrenhaft«?

Dr. Birgit Schoeller: Ich versuche, meine eigenen Wertungen herauszunehmen. Trotzdem kommt es vor, dass ich einen Standpunkt nicht nachvollziehen kann. »Richtig unehrenhaft« passiert nicht so häufig, vielleicht in fünf Prozent der Fälle kommt mir ein solcher Gedanke.

Sabrina Fox: Was würdest du Leuten raten, die sich trennen wollen?

Dr. Birgit Schoeller: Sich frühzeitig zusammenzusetzen und zu versuchen, gemeinsam erst einmal die Grundlagen zu sortieren und dann im Rahmen einer Mediation oder mithilfe konstruktiver Anwälte auf eine gute Art und Weise zu klären, wie es weitergehen kann. Dafür sollte man vermeiden, schon Eskalationspunkte zu setzen.

Sabrina Fox: Was sind die häufigsten Eskalationspunkte?

Dr. Birgit Schoeller: Ein Ehepartner hört unangekündigt auf, Unterhalt zu zahlen. Einer räumt ein gemeinsames Konto ab. Ein Ehepartner konfrontiert die Kinder sofort mit einem neuen Partner.

Sabrina Fox: Wie wir beraten werden, kann ja einen enormen Einfluss auf Entscheidungen haben. Wie viele Kolleginnen und Kollegen, würdest du sagen, sind nicht an einem fairen Ergebnis interessiert?

Dr. Birgit Schoeller: Es gibt leider einige. Wenn diese Anwälte die andere Seite vertreten, weiß man, dass man jede Verhandlung vergessen kann. Sie sind nicht lösungsorientiert.

Sabrina Fox: Es geht nur ums Gewinnen?

Dr. Birgit Schoeller: Ja, das vermute ich. Es geht jedenfalls nicht um eine langfristig gute Lösung. Ich hatte vor Kurzem einen Anwalt auf der Gegenseite, der hat mich erschüttert. Ich hatte ihm ein Vierergespräch vorgeschlagen, und er hat gesagt: »Das mache ich grundsätzlich nicht.« Und dann rief er mich irgendwann an und sagte überrascht: »Mein Mandant will jetzt ein Vierergespräch.« Dann sagte ich: »Das ist ja gut.« Darauf er: »Das ist mir noch nie passiert!«

Sabrina Fox: Wie oft hast du das Gefühl, dass ein Rechtsanwalt die Sache verschärft, statt sie zu verbessern?

Dr. Birgit Schoeller: Immer wieder.

Sabrina Fox: Aufgrund der Art und Weise der Formulierung oder der Persönlichkeit des Rechtsanwalts?

Dr. Birgit Schoeller: Die Persönlichkeit führt zu einer bestimmten Formulierung und zu einer streittreibenden Strategie.

Sabrina Fox: Du machst ja auch Eheverträge. Was fällt dir da auf?

Dr. Birgit Schoeller: Eheverträge sind schwierig, weil zwei Personen in einer Phase, in der sie sich auf ein gemeinsames Leben freuen, die Scheidung vorwegnehmen. Das ist eine hochkomplizierte Situation. Viele schieben die Verhandlung über den Ehevertrag bis zur letzten Sekunde auf und kommen dann irrsinnig unter Druck. Das sollte man vermeiden. Manche nutzen den Druck jedoch auch bewusst, um den anderen dazu zu bringen, einen Vertrag zu ihren Gunsten zu unterschreiben. Aber das führt, selbst wenn unterschrieben wird, zu bösem Blut, das ist eine sehr ungute Startbasis für eine Ehe. Trotzdem passiert es immer wieder.

Sabrina Fox: So nach dem Motto »Wenn du nicht unterschreibst, dann heiraten wir eben nicht«?

Dr. Birgit Schoeller: Ja. Es gibt allerdings eine Rechtsprechung, die das zu einer gefährlichen Sache macht. Wenn man nämlich klar ersichtlich Druck aufbaut und der andere in dieser Drucksituation agiert, dann kann der Vertrag unwirksam sein. Es ist wichtig, dass jeder genug Zeit hat, sich mit dem Ehevertrag auseinanderzusetzen, bevor er abgeschlossen wird. Beide Eheleute sollten auch anwaltlich beraten sein. So vermeidet man eine Anfechtbarkeit des Vertrags.

Sabrina Fox: Gibt es Leute, die was unterschreiben wollen, wo du sagst: »Machen Sie das nicht!«?

Dr. Birgit Schoeller: Ja, das kommt vor. Da rate ich davon ab, den Vertrag zu unterschreiben, und sage: »Überlegen Sie, welche Konsequenzen das für Ihr Leben haben wird.«

Sabrina Fox: Wie wichtig sind deiner Meinung nach Eheverträge?

Dr. Birgit Schoeller: In manchen Fällen sind sie besonders wichtig. Wenn zum Beispiel Vermögen da ist, eine Firma vorhanden ist. Und wenn einer zu Hause bleibt und für die Kinder sorgt, ist ein Ehevertrag oft sinnvoll. Das finde ich fast zwingend. – Auch wenn man miteinander Immobilien anschafft, sollte man sich gut überlegen: »Was passiert im Fall einer Trennung? Wie machen wir das mit den Schulden? Gibt es Vorkaufsrechte? Verkaufen wir die Immobilie gemeinsam, oder bleibt einer dort wohnen? Wer und für wie lange? Für welchen Preis?« Es gibt unbeschreiblich harte Kämpfe wegen einer gemeinsamen Immobilie im Fall der Trennung. – Altersvorsorge ist ein Thema, über das man sprechen sollte. Von der geteilten Vorsorge von einem von beiden in einer »Alleinverdienerehe« können beide eigentlich nicht leben. In einer sogenannten Alleinverdienerehe sollte man dieses Thema schon bei Beginn mit einem Berater anschauen.

Sabrina Fox: Du bist seit 1994 Scheidungsanwältin. Macht das was mit deinem privaten Leben, dich täglich mit getrennten Paaren zu beschäftigen?

Dr. Birgit Schoeller: Ich glaube nicht. Ich habe auch vorher schon gewusst, dass viele Ehen scheitern. Die Ehe ist eine schwierige Angelegenheit, davon war ich immer schon überzeugt. [Lacht.] Es kann eine gute Entscheidung sein, wenn man sich trennt, weil es dann besser weitergehen kann, für beide, wenn man es gut macht.

Sabrina Fox: Hast du das Gefühl, dass es mehr bräuchte als einen Gerichtstermin? Ein Ritual, das zum Beispiel die Ehe auf einer anderen Ebene beendet?

Dr. Birgit Schoeller: Viele Mandanten gehen miteinander nach der Scheidung essen oder einen Kaffee trinken. Sie sind oft erschüttert, wie schnell der Scheidungstermin vorbeiging. Ich glaube, es wäre schön, wenn es ein Ritual gäbe. Irgendetwas, damit man nicht allein nach Hause geht.

Sabrina Fox: Du bist ja selbst geschieden. Wie war das bei euch?

Dr. Birgit Schoeller: Wir haben es friedlich hingekriegt, das ist gut gelaufen. Wir würden das im Nachhinein auch nicht anders machen.

Sabrina Fox: In traditionellen Ehen war es ja eher üblich, dass der Mann mehr Geld verdient als die Frau, denn damals war es für Frauen unüblich, berufstätig zu sein. Jetzt gibt es das ja auch andersherum.

Dr. Birgit Schoeller: Ja. Ich vertrete immer öfter erfolgreiche Frauen mit weniger erfolgreichen Männern, und ich stelle fest, dass das eine schwierige Konstellation ist. Die Frauen sind erfolgreich, und die Männer kümmern sich um die Kinder, wenn auch nicht immer so, wie sich das die Frauen vorstellen. Irgendwann kommen im Leben der Frauen Krisen, in denen sie sich wünschen, dass sie jemanden hätten, der sie unterstützt.

Das können die Männer aber gar nicht mehr. Die Frustration ist dann groß.

Sabrina Fox: Reden wir von emotionaler oder finanzieller Unterstützung?

Dr. Birgit Schoeller: Beides, auch eine finanzielle Unterstützung. Die Frauen sagen dann, sie wollen mal wieder Frau sein. Das finde ich sehr interessant.

Sabrina Fox: Das hat wahrscheinlich auch damit zu tun, dass das alte Rollenklischee noch wirkt und wir uns doch noch in gewissen Aspekten daran orientieren.

Dr. Birgit Schoeller: Die Rollen werden wohl getauscht, obwohl viele Frauen das langfristig nicht wirklich wollten.

Sabrina Fox: Verhalten sich die Frauen dann so ähnlich wie die erfolgreichen Männer?

Dr. Birgit Schoeller: Ja. Nur dass sie noch frustrierter sind, wenn sie für den Mann Unterhalt bezahlen müssen.

Sabrina Fox: Warum eigentlich? Es ist doch genau das, was sie andersherum auch selbst erwarten würden?

Dr. Birgit Schoeller: Ich vermute, weil sie das Gefühl haben, dass der Mann ihnen etwas schuldig geblieben ist und jetzt auch noch von dem profitiert, was die Frau zusätzlich geleistet hat. Manche fühlen sich um einen Teil ihres Lebens als Frau und Mutter betrogen. Das sind hochemotionale Themen. Es scheint, dass die Rollenbilder nicht kongruent sind.

Sabrina Fox: Ist es bei den Frauen noch nicht angekommen, dass sie, wenn sie die Rolle der finanziellen Versorgerin übernehmen, das mit allem übernehmen, was dazugehört?

Dr. Birgit Schoeller: Ich glaube, es liegt auch oft daran, dass sie in diese Ernährerrolle reinrutschen und das nicht bewusst gewählt haben.

Sabrina Fox: Wie oft hast du das Gefühl, dass Scheidungen anständig und gut gelöst wurden?

Dr. Birgit Schoeller: Meistens stehen am Ende tragbare Lösungen, aber das kann dauern. Es ist für viele Mandanten eine schmerzhafte Lebensphase, aber in den meisten Fällen kommt man zu einem Vergleich. Das geht manchmal über das Gericht, aber die meisten können danach in Frieden leben, und sie haben einen Abschluss.

Sabrina Fox: Siehst du manchmal Leute, die bedauern, dass sie sich haben scheiden lassen?

Dr. Birgit Schoeller: Selten. Es gibt Personen, Männer wie Frauen, die traurig sind und die Trennung nicht wollten. Aber selbst die sind dann häufig nach der Scheidung in einer Phase, in der sie schon wieder anders daraufschauen. Nach Ablauf des Trennungsjahrs gibt es viele, die dann etwas sagen wie: »Jetzt ist es okay für mich.« Oft hatten sie ursprünglich bedauert, dass die Ehe nicht funktionierte, doch erstaunlicherweise haben sich die meisten nach dem Prozess mit der Situation arrangiert. Ich glaube aber auch, dass viele Trennungen verhindert werden können, wenn rechtzeitig Gespräche geführt werden. Die Paartherapeuten sagen: »Wie schade, die Paare kommen leider oft zu spät, wenn alles eigentlich schon vorbei ist.«

Sabrina Fox: Liebe Birgit, vielen Dank.

Interview mit dem Beziehungscoach Wolfram Zurhorst

Der Beziehungscoach und Autor Wolfram Zurhorst ist seit 25 Jahren mit Eva-Maria Zurhorst verheiratet.

Sabrina Fox: Lieber Wolfram, wie viele eurer Klienten schaffen es, sich wieder anzunähern, und wie viele entscheiden sich für die Trennung?

Wolfram Zurhorst: Also, wenn du den Vorläufer der Trennung beziehungsweise der Annäherung dazunimmst – wir nennen das die »Trennung *in* der Beziehung« –, dann sind das so circa neunzig Prozent, die sich wieder annähern.

Sabrina Fox: »Trennung *in* der Beziehung« – was kann man sich darunter vorstellen?

Wolfram Zurhorst: Die »Trennung *in* der Beziehung« bedeutet, den Alltag voneinander loszulösen. Entweder in den gleichen vier Wänden, oder einer zieht vorübergehend aus, falls er die Disziplin nicht hat, bei sich zu bleiben. Das ist bei manchen Paaren sehr nützlich. Andere wiederum erachten das häufig am Anfang als nicht besonders sinnvoll und denken dann: »Das ist doch die Vorstufe zur Trennung. Wie sollen wir uns denn dann wieder nahekommen?«

Sabrina Fox: Es geht darum, sich wieder um sein eigenes Leben zu kümmern?

Wolfram Zurhorst: Ja – und sich anzuschauen: »Was habe ich aus meinem Leben gemacht? Was habe ich aufgegeben, um meiner Frau respektive meinem Mann oder den Kindern zu folgen oder zu gefallen oder um es allen recht zu machen?« Da geht es ganz stark darum, dass ich mich – als Mann oder Frau – ehrlich hinterfrage und fühle: »Wo habe ich meine Lebendigkeit aufgegeben, und worum geht es eigentlich? Was sind meine Bedürfnisse, die vielleicht schon lange nicht mehr erwähnt worden sind oder zu kurz gekommen sind, weil ich nicht an sie geglaubt oder sie nicht mehr empfunden habe?«

Sabrina Fox: Ist das gleichmäßig verteilt zwischen Frauen und Männern?

Wolfram Zurhorst: Ich würde sagen: Ja. Obwohl die Männer das häufig nicht erkennen wollen und auch nicht erkennen können. Aber ich beobachte in den Gesprächen immer wieder, dass bei den Männern ein Ruck durchs System geht, wenn sie merken: »Stimmt! Das mache ich nicht mehr«, »Das habe ich immer gern gemacht«, »Das habe ich dreimal versucht, aber da ist meine Frau nicht drauf angesprungen«, »Das habe ich dann auch aufgegeben« … Der Unterschied nach meiner Erfahrung ist – ohne das pauschalisieren zu wollen –, dass die Männer, wenn sie sich verloren haben, es weniger so empfinden. Weil sie ausweichen und das mit anderen Themen kompensieren. Wo sie dann glauben, sich treu zu sein und sich gefunden zu haben; also im Beruf, im Sport oder gesellschaftlich. Frauen spüren das deutlich früher: »Was ist das, was ich hier lebe?« Oder: »Das ist nicht, wie ich leben möchte.«

Sabrina Fox: Spielt da Pflichtbewusstsein eine Rolle?

Wolfram Zurhorst: Pflichtbewusstsein und Vorstellungen, aber vor allem auch alte Prägungen sind wichtige Themen, und da gibt es so eine riesige Erwartungshaltung, in der jeder versucht, ihr auf seine Art und Weise gerecht zu werden.

Sabrina Fox: Wann gelingt eine Annäherung wieder?

Wolfram Zurhorst: Wenn du wirklich erkennst und fühlst, wann du dich aus den Augen verloren hast, und wenn du bereit bist und willens, dich auch wieder für dich zu interessieren, dich um dich selbst zu kümmern. Erst dann ist häufig die Bereitschaft wirklich da und die Voraussetzung gegeben, dass du den anderen wieder siehst und dich ihm damit auch wieder annähern kannst.

Sabrina Fox: Schaust du dir gelegentlich Paare an und denkst: »Ihr Lieben, lasst euch los, und trennt euch«?

Wolfram Zurhorst: Es ist eher so, dass ich Paare sehe und denke: »Warum seid ihr nicht fünf Jahre früher gekommen? Warum habt ihr so lange in so einer Distanz oder Härte ausgehalten, ohne einen anderen Weg auszuprobieren?« Wenn ich erkenne, wie weit die voneinander entfernt sind, dann frage ich mich schon: »Meine Güte, wie haben die das so lange geschafft! Wie konnten die da drüber hinweggehen?« Ich habe früher – als ich die Arbeit noch nicht lange gemacht hatte – sehr viel schneller wegen irgendwelcher Äußerungen oder Eindrücke geurteilt. Aber das ist heute eher so, dass es mich neugierig macht: »Interessant, da bin ich ja gespannt, was diese Verbindung eigentlich ausmacht.«

Sabrina Fox: Heißt das, es gibt keine Paare, bei denen du denkst: »Es wäre gesünder, wenn ihr euch trennt«?

Wolfram Zurhorst: Viele Paare haben ja schon einiges selbst oder gemeinsam ausprobiert. Wenn ich sehe, dass sie einfach vollständig unterschiedlich unterwegs sind, dass sie anders beseelt sind, dass sie andere Dinge interessieren, dass sie komplett aneinander vorbeireden, wenn ich das erlebe und wahrnehme, dann drücke ich das auch aus. Da arbeite ich nicht verkrampft dran und will das auch nicht zusammenhalten. Da sage ich: »Warum tun Sie sich das an?«

Sabrina Fox: Ist es deiner Meinung nach ein Ziel, möglichst lange zusammenzubleiben?

Wolfram Zurhorst: Nein. Wenn man sich auf dieses Ziel fixiert, dann leidet darunter die Lebendigkeit und Nähe in der Beziehung. Allerdings freue ich mich tatsächlich über jeden weiteren Monat und jedes Jahr, das bei uns noch dazukommt. Weil wir durch die Intensität immer schneller und ehrlicher mit all den Herausforderungen umgehen können. – Ich hatte gerade die Tage ein Paar, das war dreißig Jahre zusammen, und da würde ich meinen: Die hätten sich einen Riesengefallen getan, wenn sie bereits zehn Jahre vorher mal ehrlich miteinander umgegangen wären oder sich damals schon Hilfe von außen geholt hätten. Das hätte dazu führen können, dass sie sagen: »Das geht hier nicht mehr, oder wir müssen nun wirklich etwas wagen.« – Ich sage nicht, jeder müsse mindestens zwanzig Jahre zusammen sein, damit er dieses oder jenes überhaupt erleben könne. In unserem Fall fühlt es sich für mich mittlerweile wie eine große Welle an, die uns immer wieder trägt und für die ich unvorstellbar dankbar bin. Die trägt uns auch dann, wenn wir auf etwas zusteuern, was sich nicht so besonders gut anfühlt oder auch richtig unbequem sein kann. Aber zu wissen, dass ich mit einer Unsicherheit oder mal mit kleinen oder großen Schritten auf meine Partnerin zugehen kann, weil sie da ist und an mir und meiner Entwicklung interessiert ist, betrachte ich einfach als ein unfassbares Geschenk!

Sabrina Fox: Ich habe in meinem Leben jede neue Beziehung auf einem anderen Niveau angefangen. Je mehr ich mich selbst erkannt habe, desto offener konnte ich in eine Beziehung eingehen und mich mitteilen. Natürlich braucht man trotzdem Zeit für Nähe, aber ich glaube, man kommt – wenn man die Hausaufgaben auch wirklich gemacht hat – dann schneller auf diese Welle.

Wolfram Zurhorst: Das kann sein. Das kannst du natürlich besser beurteilen. Menschen, die es so machen wie du, die kommen ja nicht zwangsläufig zu uns. [Lacht.] Ich sehe viele, die jetzt in ihrer zweiten oder dritten Beziehung sind und trotzdem bei uns landen, denen dann das Thema, das sie in der ersten Ehe nicht gelöst haben, in der nächsten wiederbegegnet. Die sind davon überrascht und versuchen, es dann entweder komplett auszuklammern, oder müssen sich mit dem gleichen Dilemma eben auseinandersetzen.

Sabrina Fox: Wenn du deine Seelenhausgabe nicht geklärt hast, dann kommt sie eben immer wieder.

Wolfram Zurhorst: Absolut.

Sabrina Fox: Welche Herausforderungen siehst du, die eine glückliche und innige Beziehung verhindern?

Wolfram Zurhorst: Wenn ich mich selbst verleugne. Wenn ich in alten Vorstellungen und Glaubenssätzen steckenbleibe. Wenn ich mich selbst nicht fühlen kann und meinem Ausdruck nicht traue.

Sabrina Fox: Was meinst du mit Ausdruck?

Wolfram Zurhorst: Den Mut, mich den anderen wirklich mit dem, was ich bin, zu zeigen. Und zwar mit dem, was ich in einem Moment wirklich fühle, und nicht mit dem, was ich sein will.

Sabrina Fox: Das ist ein wunderbarer Schlusssatz. Ich danke dir für deine Zeit und deine Erfahrung.

Interview mit Annette Habert vom »Flechtwerk 2+1«

Annette Habert ist die Initiatorin des bereits erwähnten Projekts »Mein Papa kommt«.[7]

Sabrina Fox: Liebe Frau Habert, die Initialzündung zu »Mein Papa kommt« war die Frage eines Jungen an Sie, ob Sie nicht etwas wüssten, wo sein Papa übernachten könne. Normalerweise schliefe er im Auto, wenn er zu Besuch käme, aber da es jetzt Winter sei, werde es im Auto zu kalt, und er könne seinen Papa dann erst wieder im Frühjahr sehen. Davon hatte ich keine Ahnung.

Annette Habert: Dass ein Vater oder eine Mutter irgendwo einen sehr provisorischen Schlafplatz sucht, das wissen wir inzwischen, das kommt immer wieder vor. Einmal hatten wir eine Mutter, die im Treppenhaus in einem Hochhaus auf der obersten Etage vor dem Speicher ihre Isomatte ausbreitete und dort schlief. Und zwar in dem Haus, in dem sie ihr Kind besucht hatte. Sie wusste, ihr Kind ging jetzt ins Bett, und wusste auch, dass es das gar nicht mitkriegt, wo ihre Mutter denn jetzt schläft. Das sind alles sehr herausfordernde Erfahrungen, bei denen man schon als Außenstehender denkt: »Mein Gott, warum muss das denn sein?«

Sabrina Fox: Wie viele Eltern, schätzen Sie, haben es versucht, bevor sie sagen: »Nein, das klappt nicht, dass der Ex in unserer Wohnung übernachtet«?

Annette Habert: Wir hören oft, dass sie es einvernehmlich hinkriegen wollten – also eine Übernachtung im Wohn- oder im Gästezimmer oder so –, dann aber merkten, dass es sie zu sehr belastete. Das kann in die Richtung gehen, dass es immer wieder eine Rückkehr an den Ort von Schmerz und Verletzung ist und einer von den Elternteilen dafür nicht die Kraft hat, sich diesen Schmerz anzuschauen. Bis hin zu der Überlegung: »Wie kann ich denn im Wohnzimmer schlafen, wenn ich weiß, dass hinter der Schlafzimmertür der neue Partner mit meiner früheren Frau zusammenliegt?« Diese Situationen sind für alle destabilisierend, auch für die Folgepartnerschaft. – Unsere Wahrnehmung ist darüber hinaus, dass die Kinder dann immer wieder in der Hoffnung genährt werden: »Ja, jetzt macht die Mama dem Papa wieder einen Kaffee am Morgen, und wahrscheinlich zieht der Papa dann bald wieder hier ein.« Das ist aus meiner Sicht nochmal was anderes, als wenn der Vater irgendwo in der Nähe wohnte und einfach mal auf eine Tasse Kaffee vorbeikäme. Dieses Übernachten und Wie-früher-im-Schlafanzug-über-den-Flur-Gehen und all so was, das weckt doch sehr viele Erinnerungen an ein wirkliches Zusammenleben, und ich stelle mir das für die Kinder sehr schwierig vor. Wenn es funktioniert, finden wir das wunderbar. Aber es hat sich auf Dauer nicht bewährt. – Nach unserer Beobachtung kommt es schon häufiger vor, dass der alleinerziehende Elternteil in die Nähe seiner Herkunftsfamilie zieht. Und das hat natürlich dann eine eigene Dynamik. Selbst wenn die Eltern zu dem anderen sagen: »Komm, wir probieren das; da kannst du einfach bei mir übernachten«, gibt es doch einen Rechtfertigungsdruck gegenüber der übrigen Verwandtschaft: »Wie kannst du *den* noch in dein Haus lassen?« – Wir haben nicht genau erfasst, wie viele das versucht haben. Ich staune nur immer wieder und verneige mich innerlich davor, wenn ich so mitbekomme, wie viele Eltern es trotz der Trennung versuchen und wirklich eine kooperative Elternschaft realisieren möchten. Ich sehe unser Angebot mit den Gastgeberfamilien außerhalb des Familiensystems ja auch als einen Beitrag zur kooperativen Elternschaft.

Sabrina Fox: Ja, es kommt viel darauf an, welchen Rat man erhält und wie viel Druck vom Rest der Verwandtschaft ausgeübt wird. Bei diesen Folgepartnerschaften, gibt es da manchmal auch neue Partner, die dann sagen: »Nein, ich will das nicht«?

Annette Habert: Wir erleben sehr wohl eine Destabilisierung, wenn eine neue Partnerschaft beginnt. Also eine Destabilisierung der mühsam gefundenen Umgangsregelungen. Vielleicht schwelt da auch eine Sorge im Hintergrund: »Wir wollen, dass diese Folgefamilie klappt«, und man erlebt den anreisenden Elternteil als herausfordernde Erinnerung daran, dass Beziehungen endlich sind. – Ich sage unseren Eltern immer: »Es ist wichtig, dass du dich nicht nur vom früheren Partner getrennt hast, sondern auch von dem Traum einer heiligen Familie. Und solange du den nicht verabschieden konntest, so lange wirst du dem Traum immer wieder nachhängen und einfach auch nicht ankommen in der Realität.«

Sabrina Fox: Manche versuchen, sich auch mit einer neuen Beziehung schnell eine neue Familie zu erschaffen.

Annette Habert: Ja genau. Ich habe bei den Eltern weniger erlebt, dass der neue Elternteil da Druck ausübt, also zumindest kommt das in unserer Arbeit nicht als solches an. Im Gegenteil, wir haben sogar Väter, die sagen: »Wenn der Papa-Tag gewesen ist und ich das Kind zur Mutter gebracht habe, dann setze ich mich immer noch in einer Pizzeria mit dem Stiefvater zusammen.« Dieser Abend mit den zwei Männern ist für das Kind natürlich eine Supererfahrung. Leider hören wir eher mal Geschichten, in denen es heißt: »Jetzt sag doch mal zu dem Holger ›Papa‹. Das ist jetzt dein neuer Papa.« Dass der leibliche Vater damit dann eine große Not hat, ist nachvollziehbar. Er fragt sich: »Soll ich mich jetzt etwas zurückziehen? Ist es für das Kind nicht sogar besser, wenn ich nicht mehr komme?« Das ist eine große Verunsicherung, bei der ich schon erlebe, dass alle Beteiligten wirklich mühsam nach einem Weg suchen; und Handlungsmuster fehlen auch. Wie gehen wir um mit Veränderungen in der Familie?

Sabrina Fox: Ich habe zwei Kinder dazubekommen und nenne sie »geschenkte Kinder«. »Stiefkinder« oder »Stiefmutter« klingt für mich etwas herb. Was schlagen Sie denn als Sprachregelung vor?

Annette Habert: Wir arbeiten vor allem mit den Begriffen »Herzenspapa« oder »Herzensmama«. Der leibliche Vater oder die leibliche Mutter ist der beziehungsweise die, der/die das Leben geschenkt hat. Das sind ja auch systemische Ansätze. Das vermitteln wir ebenfalls den Eltern: Das größte Geschenk, das du dem Kind gemacht hast, ist das: Du hast ihm das Leben gegeben. Du musst nicht noch in den Konkurrenzkampf mit dem Stiefvater oder der Stiefmutter gehen und zeigen, wie sehr du das Kind beschenken kannst.

Sabrina Fox: Haben Sie Wünsche an die Eltern?

Annette Habert: Wenn Sie mich als Pädagogin fragen, dann bitte ich die Väter und Mütter immer, die Kinder im Blick zu haben. Und mit aller Konsequenz an sich selber zu arbeiten. Also die Reflexion: Was haben sie selber mit ihren Eltern erlebt? Gesprächstechniken üben. Ich-Botschaften senden. Das holt einen einfach immer wieder ein. Wir fragen in der pädagogischen Elternbegleitung am Anfang: »Wie alt waren die Kinder, als du dich getrennt hast?« Und die zweite Frage: »Wie alt warst du, als du die erste Trennungserfahrung als Kind gemacht hast?« Einer sagte mal: »Meine Eltern haben sich leider nicht getrennt.« Trotzdem hatte er sehr wohl eine Trennungserfahrung erlebt. Das fällt ihnen oft wie Schuppen von den Augen. Und dann verstehen sie auch, dass sie da hinschauen müssen und sich fachliche Hilfe holen können. In dem Moment, in dem du deinen dreijährigen Sohn vor dir siehst, siehst du ja auch dein inneres Kind. Und womöglich erinnerst du dich, wenn du die traurigen Augen siehst: »So ging es mir auch.« Da braucht es die eigene Arbeit mit dem inneren Kind. Ob das jetzt Visionssuche ist oder die Arbeit an den Archetypen. Es ist wichtig, sich anzuschauen, was damals für einen selbst passiert ist.

Sabrina Fox: Wir heilen uns selbst und schaffen somit einen heilenden Raum für die Kinder.

Annette Habert: Ja. Wir nehmen natürlich auch die Trauer wahr darum, dass sie ihr Kind nur so selten sehen durch die großen Abstände. Da gibt es Eltern, die treffen ihr Kind einmal im Monat für drei Stunden. Man muss sich einmal hochrechnen, wie wenig das aufs Jahr gesehen eigentlich ist. Das ist ein großer Schmerz. Wenn die mir sagen: »Was kann ich denn schon für mein Kind tun, ich sehe es erst in vier Wochen wieder?«, dann sagen wir: »Du kannst jeden Tag etwas für dein Kind tun, indem du für dich selbst sorgst, denn dein Kind braucht einen gestärkten Papa und eine gestärkte Mama. Geh raus, tanz den nächsten Tanz für dein Kind. Geh in die Sonne. Sorg für die Regelung deiner Finanzen. Sorg für Struktur im Raum. Such dir eine Suchtkrankenhilfe« – und all diese Themen. Die Arbeit an sich selbst auch als eine Elternpflicht zu sehen betrachte ich als Hauptaufgabe.

Sabrina Fox: Sie sprachen über drei Stunden im Monat, in denen jemand sein Kind sieht. Warum nur so wenig?

Annette Habert: Manchmal wird der Umgang so vom Gericht angeordnet. Das ist nicht selten. Die meisten haben dann nur einen halben Tag, wenn sie das Kind lange nicht gesehen haben oder das Kind noch sehr, sehr klein ist. Dann gibt es erst mal nur begleiteten Umgang. Der findet wirklich nur für kurze Zeitabstände statt, und man versucht, die Beziehung in kleinen Schritten aufzubauen. Dann ist das vielleicht Freitagnachmittag drei Stunden und dann am nächsten Vormittag nochmal drei Stunden. Je besser der Umgang klappt, desto länger kann er ausgeweitet werden. – Es geht darum: Was entspricht dem Kindeswohl, und was gibt dem Kind genügend Bindungssicherheit zu beiden Elternteilen? Und würde ein zu großer Zeitrahmen beim Kind eine Verlustangst zu dem einen Elternteil produzieren, wäre das natürlich nicht gut fürs Kind; deshalb gibt es diese kurzen Zeitabschnitte. Je kleiner die Kinder sind, desto häufiger sollte der Umgang stattfinden. Wir nennen das »Mama-Zeit« oder »Papa-Zeit«. Das Wort »Umgang« gefällt mir nicht. Ich umgehe etwas, Umweg. Das wird alles damit assoziiert. – Bei unseren Eltern kommt natürlich auch noch die weite Entfernung dazu. Also, man kann normalerweise nicht dreimal in der Woche zum Beispiel zwischen Köln und Hamburg pendeln.

Sabrina Fox: Dies sind enorme Hürden, um mit seinem Kind in Kontakt zu bleiben. Bewundernswert, wenn man es trotzdem versucht.

Annette Habert: Fünfhundert Kilometer Anreise ist der normale Durchschnitt für unsere Eltern, um anderthalb oder drei Stunden Memory zu spielen. Das muss man erst einmal bringen. Wir haben Eltern, die fahren nach einem vollen Arbeitstag in die Nacht hinein, um noch ein ganzes Wochenende zu haben; oder sie fahren nach der Nachtschicht noch los. Diese Begleitkosten der Anreise werden ja auch im Unterhalt nicht berücksichtigt. Die Zeiten, die sie brauchen, um sich zu regenerieren für die Arbeitsstelle, die haben sie auch oft nicht. Die kommen am Montag dementsprechend erschöpft zur Arbeit. Die Hinfahrt geht in der Regel noch, aber die Rückfahrt ist wieder ein Abschied. Und dann wieder vier Wochen zuwarten.

Sabrina Fox: Die Eltern haben ja meistens zusammengewohnt. Was sind denn weitere Gründe außer der Rückkehr zur Herkunftsfamilie, dass jemand räumlich weit wegzieht?

Annette Habert: Vielerlei. Dass einer von beiden den größtmöglichen Abstand zur Familienbiografie sucht. Wir haben Eltern, da haben wir schon in der fünften Stadt Gastgeber gesucht, weil die Mutter innerhalb von zwei Jahren fünfmal umgezogen ist.

Sabrina Fox: Das hört sich nach Fluchtmechanismus an.

Annette Habert: Bei uns sind aber keine Eltern, bei denen möglicherweise solche Aggressionen im Spiel sind, also dass da Angst dahintersteckt. Die Folgepartnerschaft ist auch ein Grund, woanders hinzuziehen. Man verliebt sich, und dann entscheidet man sich: Bleibe ich hier, oder folge ich dem Ruf der neuen Liebe? Oft sind es auch berufliche Gründe, die einen Umzug erfordern.

Sabrina Fox: Die Reisekosten sind ja zum Teil enorm. Ist das der hauptsächliche Grund, warum sich Väter bei Ihnen melden?

Annette Habert: Wir haben Architekten, Zahnärzte, Arbeitssuchende. Jugendamtsmitarbeiter, die selbst betroffen sind. Lehrer. Sinfoniker. Da ist alles vertreten. Und wir haben auch Eltern, die sagen: »Ja, ich könnte das Hotel bezahlen, aber ich brauche auch diesen emotionalen Rückhalt durch die Ermutigung von den Gastgebern. Es ist mir einfach viel zu vereinsamt, so anonym im Hotel.« Viele unserer Eltern schätzen unsere pädagogische Kompetenz in der Elternbegleitung.

Sabrina Fox: Wie wichtig ist Mediation?

Annette Habert: Sie ist sehr wichtig und hilfreich. Was wir sehr wichtig finden, ist, die Mediation zusätzlich zum üblichen Ablauf zur Konfliktlösung zu benutzen. Aktuell ist es so, dass die Eltern Prozesskostenhilfe nur für einen Anwalt bekommen und nicht für einen Mediator. Das steht im völligen Widerspruch zu dem, wozu die Eltern eigentlich aufgefordert werden, nämlich zur kooperativen Elternschaft. Es ist wichtig zu lernen, die Paarebene und Elternebene auseinanderzuhalten. Dabei ist die Mediation hilfreich. Wir sind gerade dabei, bundesweit Mediatoren zu suchen und zu überlegen, wie wir das anbieten können. Geht das vielleicht auch schon durch Videokonferenzen? Denn die Eltern können nicht immer am selben Ort sein. Also, diesen Aspekt der Mediation finde ich sehr wichtig. Und wir sind im Grunde weiterhin daran interessiert, mit Menschen in Kontakt zu treten, die da Ideen haben.

Sabrina Fox: Und ich bin sicher, da gibt es einige, die da mithelfen können. Vielen Dank.

Hilfreiche Interviews für Patchworkfamilien

Yvonne Woloschyn, Initiatorin des ersten Kongresses, lebt seit Jahren in einer Familie mit fünf Kindern – eigenen und »geschenkten« – unter einem Dach. Als Patchworkmama hatte sie sich Unterstützung gesucht und auf den Weg zu diversen Experten gemacht, um herauszufinden, wie man das Leben in einer Patchworkfamilie leichter und harmonischer gestalten kann. So ist der erste Kongress im Internet entstanden. Bei Online-Kongressen werden Videointerviews mit Experten geführt, die dann beim ersten Mal jeweils eines nach dem anderen täglich kostenlos freigeschaltet werden und danach in einem Kongresspaket gekauft werden können.[8] Auf diesem Patchworkkongress wurde ich ebenfalls interviewt und habe mir einige der Interviews angeschaut. Ich war beeindruckt von der Vielfalt der Informationen. Stefanie Stahl, Gerald Hüther, Katia Saalfrank, Jan-Uwe Rogge und 32 weitere Experten geben in 33 Interviews wertvolle Tipps für ein leichteres Leben mit Patchwork.

Yvonne Woloschyn beschreibt das so: Experten aus den Bereichen Psychologie, Familientherapie, Recht, Coaching und Beratung sowie Eltern aus Patchworkfamilien geben wertvolle Tipps. Der Kongress gibt Antworten auf die Fragen:

- Wie kann ich in Harmonie mit den Kindern meines Partners leben?
- Wie befreie ich mich davon, allen alles recht machen zu wollen?
- Wie gehe ich mit ständig wiederkehrenden Konflikten um?
- Wie halte ich die liebende Verbindung zu meinem Partner?
- Wie befreie ich mich von Schuldgefühlen?

- Wie verwandle ich das Familiendrama in Frieden und Harmonie?

Der Kongress ist für Patchworkeltern, die

- nicht genau wissen, wie ihre Rolle als Patchworkmutter/-vater aussieht;
- in Konflikte mit dem Partner über die Kinder verwickelt sind;
- wissen wollen, wie sie mit Kindern umgehen, von denen sie abgelehnt werden;
- sich in Auseinandersetzungen mit den Ex-Partnern befinden;
- in ihrer Familie als starke Persönlichkeit wertgeschätzt werden möchten;
- einen Weg hin zu einer glücklichen Patchworkfamilie suchen.

Briefe an Eltern, Familie, Freunde und Kolleginnen

Wir haben Familie, Freunde und Kollegen, die uns nahe sind und denen unser Wohlbefinden am Herzen liegt. Jeder hat aber auch seine eigenen Meinungen, Erfahrungen und Einstellungen. Die mögen aus unterschiedlichen Quellen kommen, und doch bewegen sie sich zwischen Unterstützung und auch Manipulation.

Es ist wichtig zu erkennen, wie wir beraten werden. Nicht deswegen, weil wir automatisch das machen, was uns empfohlen wird, sondern weil ein steter Austausch, eine häufig wiederholte Meinung uns eben unterschwellig beeinflusst. Wenn wir nicht wissen, wie wir uns verhalten sollen, schauen wir uns um, wie es andere machen. Und ob das zu einer Entspannung beziehungsweise Heilung beiträgt, hängt davon ab, wie gesund sich andere verhalten.

Um diesen Einfluss so hilfreich und unterstützend wie möglich zu halten, sollten wir uns klar mitteilen. Selbst wenn wir das am Anfang nicht geschafft haben, ist es auch dann dafür nie zu spät.

Hier findest du ein paar Gedanken und Vorschläge für mögliche Briefe. Warum schriftlich? Es geht natürlich auch mündlich, und das ist immer erst mal vorzuziehen. Doch manchmal fällt uns das schwer, und etwas Geschriebenes hat noch eine andere Wirkung: Unter anderem kann man es immer mal wieder durchlesen und sich klar darüber werden, was man mal gesagt und sich mal gewünscht hat.

Was du auf den folgenden Seiten findest, sind allerdings nur Anregungen beziehungsweise Ideen, die sicher modifiziert werden müssen, um wirklich an eure Umstände angepasst zu werden.

Brief an die Eltern und Schwiegereltern

Liebe Eltern,

Ihr wisst, wir haben uns als Paar getrennt, aber nicht als Familie. Wir sind weiterhin Ursprungsfamilie und wollen weiterhin gute Eltern bleiben. Dazu brauchen wir auch eure Unterstützung. Bitte ergreift keine Partei. Das ist nicht notwendig. Manchmal übertreibe ich, manchmal übertreibt er. Wir üben da gerade noch, wie wir unsere Zeit jetzt gestalten wollen. Wir versuchen, unsere Emotionen zu verstehen und uns von ihnen nicht durchschleudern zu lassen.
Wir wollen keinem von uns und auch euch den Zugang zu den Kindern erschweren, und wir wollen auch nicht, dass ihr den jeweils anderen von uns schlechter behandelt. Die Frage, »wer schuld ist«, ist für uns keine Frage. Wir haben gemeinsam die Beziehung begonnen und werden uns jetzt gemeinsam als Paar trennen. Wie gesagt, als Familie nicht.

Wir möchten unsere Probleme unter uns Erwachsenen lösen. Natürlich können die Kinder euch weiterhin sagen, wie es ihnen geht, aber bitte bedenkt achtsam, was ihr sagt, und bezieht keine Partei.

Wenn es etwas gibt, was euch am Herzen liegt, bitte sagt es uns direkt. Wir können nur Probleme lösen, wenn wir auch wissen, dass sie existieren, und manches fällt uns vielleicht nicht auf.

Wir wollen eure Meinung hören, aber wir vertrauen darauf, dass ihr auch versteht, dass wir unser Leben so gestalten, wie wir es für richtig halten. Ja, das mag in euren Augen falsch sein, aber nicht alle von uns entscheiden sich gleich. Wie gesagt, sagt uns sehr gern, wenn wir da was übersehen, aber akzeptiert auch, wenn wir es vielleicht nicht so machen, wie ihr es euch vorstellt. Und wenn wir es ein paarmal gehört haben, dann haben wir es gehört.

Wir sind froh, dass es euch gibt, und wir sind dankbar, dass ihr uns auf diesem Weg helft. Wir bedanken uns von Herzen für eure Unterstützung, denn wir können uns vorstellen, dass es nicht leicht für euch ist, uns so durchgeschleudert beziehungsweise leidend zu sehen.

Aber mit eurer Hilfe werden wir das gemeinsam schon hinkriegen.

Alles Liebe

Liebe …,

wir lieben euch, und unser Wunsch ist es, dass wir auch weiterhin eine Familie sind – nur jetzt anders. Es tut uns leid, dass sich jetzt vieles ändert. Wir hoffen, ihr wisst, dass wir unser Bestes tun, damit es bald wieder übersichtlicher und entspannter wird.
Wahrscheinlich macht ihr euch einige Gedanken, und bitte sagt uns, was ihr euch wünscht, und natürlich auch, wenn etwas für euch nicht passt.

Das ist für uns alle eine ungewöhnliche Zeit, und wir wollen wissen, wie es euch geht und was wir tun können, um diese Zeit zu vereinfachen.

Keiner von uns wird beleidigt sein. Ihr müsst auch unsere Probleme nicht lösen. Das ist nicht euer Job. Das ist unser Job.
Falls wir uns mal »komisch« verhalten, dann könnt ihr uns das gern sagen, und wir können darüber reden und eine Lösung finden.

Wir lieben euch.
Mama und Papa

Liebe Freundin, lieber Freund,

ich bitte dich um deine Unterstützung. Ich gehe gerade durch eine anstrengende Zeit, und meine Gefühlswelt ist manchmal etwas überfordert. Es gibt Zeiten, da sehe ich nicht wirklich klar, und ich fürchte, ich übertreibe. Mein Wunsch ist es, diese Zeit der Trennung so anständig wie möglich zu gestalten. Ich brauche deinen Rat und deine Unterstützung für dieses Ziel, selbst wenn ich es vielleicht ab und zu mal aus den Augen verliere. Bitte sag nicht zu allem Ja und Amen, was ich tue. Bitte erinnere mich daran, was ich gestalten möchte:

Ich wünsche mir, dass wir als Eltern weiterhin verfügbar und aufmerksam unseren Kindern gegenüber bleiben. Das Ziel ist es, uns alle gegenseitig respektvoll und liebevoll zu behandeln. Auch mal Verständnis zu haben, wenn es dem anderen vielleicht phasenweise nicht so gelingt.

Bitte unterstützt mich und uns dabei. Falls ich mal überreagiere oder mich manipulierend verhalten sollte, bitte weise mich darauf hin. Bitte erinnere mich, was ich dir aufgetragen habe – selbst wenn ich ab und zu nicht begeistert darauf reagiere, kannst du dich trotzdem darauf verlassen, dass ich es zu schätzen weiß, wenn du mir mitteilst, was dir auffällt. Dafür bin ich dir jetzt schon dankbar. Du musst keine Partei ergreifen oder mir immer

zustimmen. Ich brauche den Blick von außen, wenn ich ihn mal verliere.
Wenn dir etwas auffällt, was du mir gern mitteilen möchtet, bitte tu's. Ich bitte aber um dein Verständnis, dass ich nicht jeden Rat befolgen werde, sondern ich beziehungsweise wir uns selbst entscheiden wollen, wie wir mit bestimmten Situationen umgehen.

Von Herzen danke!

Brief an die Kollegen, an die Vorgesetzten

Hier mag der erste Gedanke sein: »Nein, das will ich nicht. Die sollen das nicht wissen.« Meine Erfahrung ist, dass Menschen sehr viel verständnisvoller reagieren, wenn sie wissen, worum es geht. Sie merken sowieso, dass etwas anders ist. Und für uns selbst gilt: Geheimnisse sind immer anstrengend. Und wir haben mit der Trennung schon genug zu tun, wenn wir dann auch noch so tun müssen, als ob alles in Ordnung wäre, dann ist es doppelt schwer.

Liebe Kollegen,

wie Sie vielleicht wissen, haben wir uns gerade getrennt. Das ist emotional ja selten wirklich einfach, und ich bedanke mich schon mal für das Verständnis, dass ich gelegentlich vielleicht etwas anders als üblich reagiere.
Wir haben uns im Guten getrennt und möchten auch weiterhin Ursprungsfamilie bleiben. Dazu haben wir das Glück, viel Unterstützung zu bekommen.

Herzlichen Dank.

Brief vom Teenager an die Eltern

Wenn du das Buch bis hierhin gelesen hast, dann wirst du diesen Brief wahrscheinlich nie bekommen. Aber vielleicht kennst du ja jemanden, der ihn brauchen würde …

Liebe Mama, lieber Papa,
ich möchte nicht weiterhin zwischen euch hin- und hergerissen werden. Es ist für mich sehr schwer, damit zurechtzukommen. Ihr seid beide meine Eltern, und ich habe oft das Gefühl, dass ich mich entscheiden müsste. Das will ich nicht. Ich will euch beide behalten, und ich möchte, dass ihr nett und cool miteinander umgeht.
Bitte besprecht die Probleme nicht mit mir, sondern miteinander. Ich habe genug eigene Sachen, um die ich mich kümmern muss.
Ich möchte nicht das Gefühl haben, dass ich euch trösten oder mich um euch kümmern muss. Ich möchte nicht das Gefühl haben, dass ich jetzt die Verantwortung für euch übernehmen muss, weil ihr das nicht selbst schafft. Bitte sucht euch woanders Hilfe. Ich kann euer Erwachsenenleben nicht richten.

Ich liebe euch und wäre sehr erleichtert,
wenn euch das reicht.

Euer/Eure …

Fragen, Rituale, Übungen und Meditationen

Quellen und Anmerkungen

1 Vgl. Molly S. Castelloe: »5 Styles of Family Relating. How well does your family function emotionally?«, 25.11.2013, https://www.psychologytoday.com/us/blog/the-me-in-we/201311/5-styles-family-relating, abgerufen am 6.5.2019.

2 Thomas Meyer: *Trennt Euch! Ein Essay über inkompatible Beziehungen und deren wohlverdientes Ende*, Diogenes, Zürich 2018, S. 76.

3 Formal leicht modifiziert nach https://www.songtexte.com/songtext/roger-cicero/ich-hab-das-gefuhl-fur-dich-verlorn-73d8a6a9.html, abgerufen am 7.5.2019.

4 Zum Beispiel »Wie sage ich es? Endlich befreit sprechen«, der auch als Online-Kurs erhältlich ist, siehe www.SabrinaFox.com.

5 Vgl. Laura Ewert: »Getrennt ist das neue Zusammen«, *taz*, 25.2.2019, http://www.taz.de/!5573009, abgerufen am 7.5.2019.

6 Auch bei sozialen Projekten denkt man in dieser Hinsicht gerade um. Enthusiastische Helferinnen volontieren bei Kinderhilfswerken und überschütten die Kinder mit Aufmerksamkeit. Für zwei oder vier Wochen. Dann sind sie wieder weg, und die nächste Gruppe kommt. Die freiwilligen Helfer fühlen sich gut, denn sie haben doch etwas für andere getan. Die Zurückgebliebenen jedoch fühlen sich einmal mehr verlassen, denn Kinder schätzen langfristige Bezugspersonen. Man hat festgestellt, dass sich das kindliche Verhalten ändert, wenn dauernd neue Menschen in ihr engstes Umfeld kommen und dann plötzlich wieder verschwinden. Normalerweise sind Kinder in dem Alter eher zögerlich gegenüber Fremden. Diese Kinder aber fangen an, sich auf Fremde zu stürzen. Sie bekommen ja etwas (Aufmerksamkeit, Geschenke, körperliche Nähe) und müssen schnell sein – denn dann sind die ja wieder weg. Lernen sie so, langfristige Beziehungen aufzubauen? Wohl eher nicht.

7 Hier noch einmal zusammengefasst: Für Kinder mit zwei Elternhäusern schuf Annette Habert das Besuchsprogramm »*Mein Papa kommt*«. Mit diesem Angebot soll die Eltern-Kind-Bindung nach der Trennung und bei räumlicher Distanz gestärkt werden. »Papa kommt« senkt die Besuchsschwelle, indem es weit voneinander entfernt getrennt lebenden Vätern und Müttern kostenfreie Übernachtungen bei ehrenamtlichen Gastgebern sowie einen nicht konsumorientierten Aufenthalt in kooperierenden Kindergärten, Mütter-,

Väter- oder Familienzentren am Wohnort des Kindes vermitteln. Ergänzend stärken sie durch ein pädagogisches Elterncoaching die Elternkompetenzen zur kindeswohlsichernden Gestaltung des Umgangs vor Ort und aus der Ferne.

8 https://patchworkfamilien-kongress.de

Bisherige Bücher, Online-Kurse und weitere Infos

Sabrina Fox inspiriert seit knapp dreißig Jahren als Autorin, Künstlerin und spirituelle Beraterin. Mit ihren Veröffentlichungen, Online-Kursen, Blogs und Workshops möchte sie dabei unterstützen, sich selbst als Seele zu erspüren und dem eigenen Weg zu folgen.

Online-Kurse und Videos

Zu folgenden Themen gibt es praktische Online-Kurse zur eigenen Bearbeitung:

- Geist – Warum sind wir hier?
- Seele – Stille und Intuition
- Körper – Die Liebe meines Lebens
- Intuition und Achtsamkeit
- Selbstliebe und Beziehungen
- Gefühle und Emotionen
- Mut
- Spirituelles Leben – alles ist Bewusstsein
- Die beruhigende Ordnung
- Träume, Ziele oder einfach Sein
- Balance, Wohlfühlen und innerer Frieden
- Kommunikation: Wie sage ich es? Endlich befreit sprechen

Videos, Ausschnitte und Inspirationen gibt es ebenfalls auf YouTube, Instagram (Sabrinafoxspirit) und Facebook (Sabrina.Fox.Spirit)
Weitere Informationen unter www.SabrinaFox.com

Bücher
in der Reihenfolge der Veröffentlichung

»Endlich aufgewacht« – Peter Erd Verlag
»Wie Engel uns lieben« – Droemer Knaur Verlag
»Die Sehnsucht unserer Seele« – Goldmann Arkana
»Der klitzekleine Engel« (Kinderbuch) – Aquamarin Verlag
»Auf der Suche nach Wahrheit« – Goldmann Arkana
»Erleuchtung, Sex und Coca-Cola« Goldmann Arkana
»Stolpersteine auf dem spirituellen Weg« – Goldmann Arkana
»Von Engeln begleitet« (Buch und Kartenset) – Droemer Knaur Verlag
»Von Engeln begleitet« (Taschenbuch) – Droemer Knaur Verlag
»Über die Heilung von Krisen« – Droemer Knaur Verlag
»Der klitzekleine Engel hilft beim Abschied« (Kinderbuch) – Aquamarin Verlag
»Mrs. Fox will wieder heim« – Droemer Knaur Verlag
»BodyBlessing. Der liebevolle Weg zum eigenen Körper – Allegria Verlag
»Clara tanzt« – Ein Tango-Roman
»Kein fliegender Wechsel. Jede Frau wird älter, fragt sich nur wie« – Allegria Verlag
»Auf freiem Fuß. Ein Jahr ohne Schuhe?« – Allegria Verlag
»Die Sehnsucht unserer Seele« – überarbeitet – Goldmann Verlag

Eigene Notizen

Über Gefühle spricht man nicht
es ist still in unserer Familie.
Obwohl ich mich nach Ruhe sehne
gehe ich in den Kontakt, weil ich
Angst habe der andere mag mich nicht.
Mein Pflichtbewusstsein erdrückt,
engt andere ein. Jeder hilft sich selber.